W0389081

J'agis pour le climat

MANGER, S'HABILLER, VOYAGER, HABITER, S'ENGAGER :

le guide décalé des futurs héros climatiques

© **Hachette Livre, Marabout, 2020**
58, rue Jean-Bleuzen
92178 Vanves Cedex

Tous droits réservés. Toute reproduction ou utilisation sous quelque forme et par quelque moyen électronique, photocopie, enregistrement ou autre que ce soit est strictement interdite sans l'autorisation écrite de l'éditeur.

Création graphique : Flora Gressard et Mélissa Piallat
Illustrations : Flora Gressard
Mise en page : Mélissa Piallat
Relecture : Françoise Mathay et Valérie Poge

Hélène Binet – Louise Pierga

J'agis pour le climat

MANGER, S'HABILLER, VOYAGER, HABITER, S'ENGAGER :

le guide décalé des futurs héros climatiques

MARABOUT

Sommaire

Chauffe qui peut !

On imagine déjà les gros titres en 2030 : « Ils savaient que c'était impossible, alors ils l'ont fait », « Ils ont changé le cours de l'Histoire et de géographie », « Il n'y avait pas de planète B, ils ont imaginé un plan C, celui du climat ». En une, on verrait Simone, Louise, Stéphane, Élie, Olivier, Lina et des millions de citoyens qui, en 2020, ont décidé de se chauffer pour refroidir la planète. En ce temps-là, les experts avaient tiré mille fois la sonnette d'alarme. En substance, ils disaient : si on ne contient pas la hausse des températures en dessous des 2 °C d'ici à 2100, la vie va se compliquer pour tout le monde. Ça va s'emballer, chauffer, tanguer, déloger, affamer... Ils l'ont dit partout, tout le temps. Leur message a été repris par les étudiants, les youtubeurs, les journalistes, les entreprises, les politiques. Tout le monde a changé, bougé, s'est mobilisé. Massivement, jusqu'au point de bascule. En décembre 2029, la fièvre de la planète a commencé à tomber.

Scénario de climato-optimiste bisounours cucul la praline ? Peut-être, mais, dans le doute, le synopsis vaut la peine d'être déroulé. Reprenons les épisodes précédents. Depuis l'ère industrielle, la Terre prend quelques dixièmes de degrés ici et là. Et un de plus à cause des usines à charbon, et un autre pour le trafic routier et aérien, ajoutez-en un pour la consommation de viande industrielle, un autre pour le logement, et nous voilà en 2015 à Paris pour la 21e convention de l'ONU pour le climat. L'heure est grave, ça chauffe sévère, on arrête de considérer les écolos comme des rigolos. Les chefs d'État du monde entier se mobilisent pour prendre un engagement inédit : limiter individuellement et collectivement les émissions de gaz à effet de serre. Objectif ? Contenir le réchauffement planétaire à 2 voire 1,5 °C d'ici à 2100. La COP 21 est ratifiée par 195 pays, l'accord est historique. Le climat semble entre de bonnes mains. Enfin pas tout à fait, pas assez, pas comme il faut. Au fil du temps, à cette belle feuille de route, certains États préfèrent la déviation moins contraignante. Merci Trump, beau travail Bolsonaro ! Alors ça a continué de chauffer et les scientifiques ont brandi des études de plus

CLIMAT ET BIODIVERSITÉ SONT DANS UN MÊME BATEAU

La thématique climat est au centre de ce guide, mais cela ne nous a pas empêchées d'aborder ici et là d'autres problématiques environnementales et sociales comme la préservation des ressources et de la biodiversité, la solidarité, l'éthique...

en plus alarmantes, le thermomètre pourrait franchir la barre des 2, 3, 4... et même 7 °C. Tout le monde a commencé à flipper. La société civile s'est mobilisée. Tous les mois, les citoyens ont marché pour le climat, les lycéens et les étudiants se sont mis en grève. L'Affaire du siècle, pétition assignant l'État en justice pour inaction face aux changements climatiques, a recueilli plus de 2 millions de signatures en deux mois. Et puis, chacun s'est dit qu'il fallait vraiment qu'il agisse concrètement, mais par où commencer ?

Bonne question et c'est tout l'enjeu de ce guide. Sortir de la torpeur et de la sidération pour passer à l'action. Vous donner des infos pour comprendre le fonctionnement du climat, des repères pour faire les meilleurs choix, vous glisser de vraies bonnes idées, des conseils et des pistes pour rejoindre la tribu des Climato-actifs. Au cours de ces 216 pages, vous rencontrerez Louise dans sa cuisine, Olivier dans son grenier, Lina à une soirée, Élie sur son vélo. Vous prendrez le temps de reprendre les bases avec Simone et d'imaginer un autre monde avec Stéphane. Vous vous sentirez peut-être plus à l'aise avec l'une ou aurez envie de commencer votre transition avec l'autre. Laissez-vous porter par ce qui vous semble accessible, commencez léger et gravissez les échelons des difficultés. Avancez à petits pas ou sautez à pieds joints dans ce nouvel univers. Vous verrez, il n'est ni austère, ni triste, ni moralisateur, ni rétrograde. Bien au contraire. Vous devriez même vous amuser. Qui est chaud, chaud, plus chaud que le climat, hein, qui ? Allez, c'est parti !

DES CHIFFRES ET DES LETTRES

Vous trouverez dans ce guide des chiffres, des graphs, des pourcentages. Tous sont issus de sources fiables que vous trouverez à la fin de l'ouvrage. Ils peuvent néanmoins être différents de ce que vous auriez pu lire de votre côté. Question empreinte carbone, les modes de calcul varient souvent, les résultats aussi, forcément. Par ailleurs, ils évoluent vite. S'ils se trouvent périmés le jour où ils tombent sous votre nez, signalez-les-nous. On les mettra à jour lors de la prochaine édition. Aussi, vous trouverez pas mal d'acronymes dans le guide qu'on a chaque fois essayé d'expliciter. Retenez d'ores et déjà que : les GES sont les gaz à effet de serre ; le GIEC, le Groupe d'experts intergouvernemental sur l'évolution du climat ; l'Ademe, l'Agence de l'environnement et de la maîtrise de l'énergie ; la COP, la Conférence des parties ; les ENR, les énergies renouvelables...

La tribu des climato-actifs

SIMONE A 70 ANS, elle vit dans une petite bicoque au large de Quiberon. Un peu paumée sur les questions de dérèglements climatiques, elle n'a pas envie qu'on lui dise « OK boomer » à chaque faux pas. Dans son chapitre, elle va comprendre les bases, parce que sans les bases on ne peut pas se mettre en action. Effet de serre, acidification des océans, énergies… tout y est ! ↘ **Page 10**

LOUISE A 42 ANS, elle habite à deux pas de Lyon, capitale de la gastronomie. Elle veut organiser un bon dîner et qui sait, peut-être même une grosse teuf. Mais Louise veut faire les choses bien et conjuguer bons plats, alcools et écologie. Dans son chapitre, elle va découvrir les joies du bio et du circuit court, mais aussi comprendre pourquoi la viande mérite de ne pas s'inviter dans tous nos plats. ↘ **Page 42**

OLIVIER A 51 ANS, il vient de s'installer dans une maison en Normandie avec sa famille et son chat. Dans son chapitre, il va découvrir comment réaliser des petits travaux dans son garage et aménager sa maison en étant sympa avec le climat. Chauffage, peinture, isolation et jardinage seront au rendez-vous. ↘ **Page 78**

LINA A 31 ANS, elle loge à Paris dans le quartier de Montmartre. On la retrouve dans toutes les manifs, hyper engagée dans les marches pour le climat. Lina a envie de faire le ménage dans ses placards. Dans son chapitre, elle va faire le tri dans les cosmétiques, les fanfreluches et découvrir l'éco-féminisme. ↘ **Page 110**

ÉLIE A 26 ANS, il revient d'un échange universitaire en Nouvelle-Zélande et squatte le canapé d'une copine à Montpellier. Super fan du voyage, Elie va apprendre dans son chapitre à brûler un peu moins de kérosène lors de ses déplacements. Au programme : périples à vélo, destinations à mille lieues des complexes touristiques et loisirs qui ne font même pas mal aux océans. ↘ **Page 142**

STÉPHANE A 39 ANS, il vit à Grenoble, ville écolo par excellence, mais se sent prêt à aller encore plus loin. Devenir berger en Ardèche, pourquoi pas ? Dans son chapitre, Stéphane va côtoyer les théories de l'effondrement, comprendre comment tisser des réseaux d'entraide, convaincre son entourage, changer de boulot et, qui sait, apprendre à survivre en pleine forêt ? ↘ **Page 176**

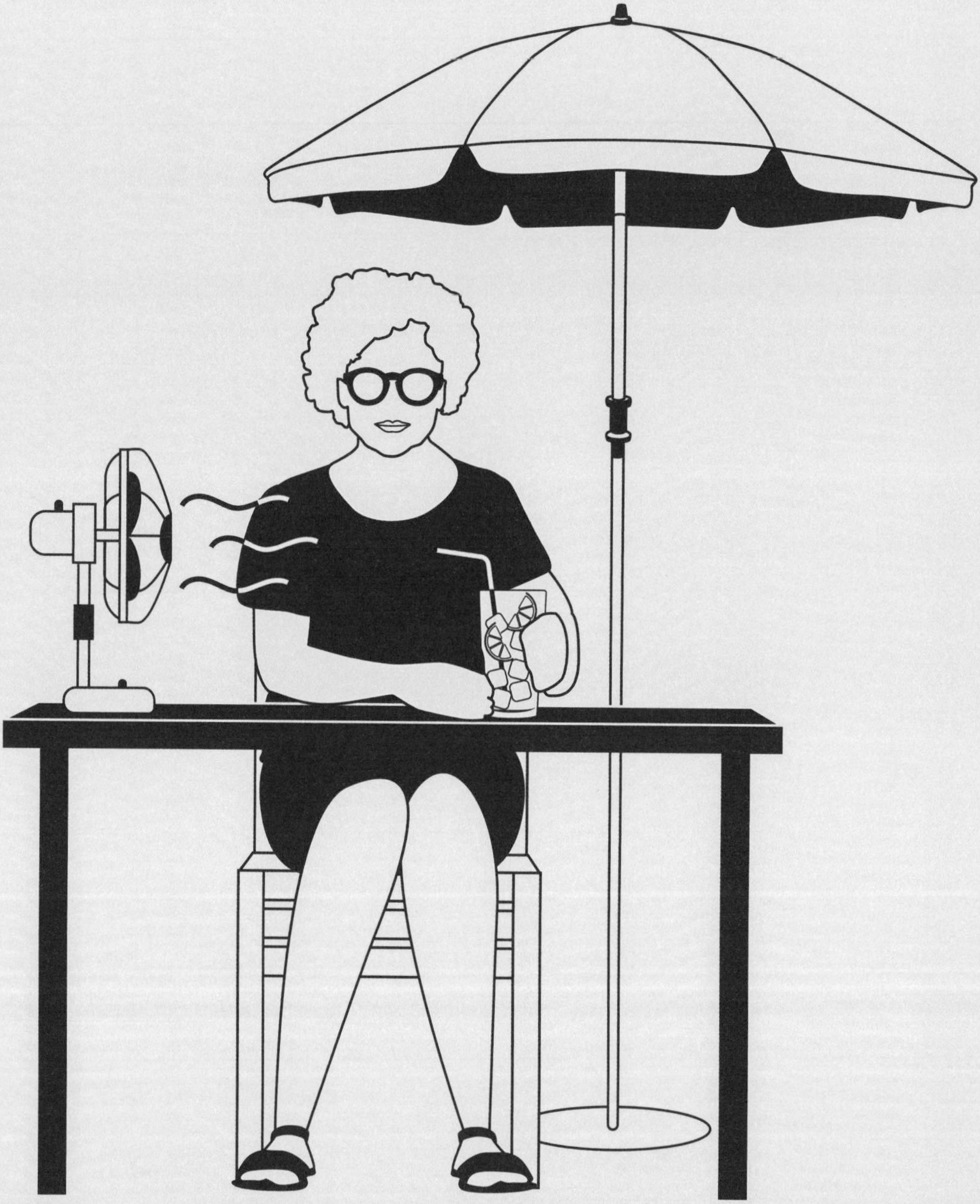

Simone rattrape le temps perdu

Simone se souvient encore du jour où Neil Armstrong était le premier homme à poser le pied sur la Lune. C'était le 21 juillet 1969. Elle avait 20 ans et comme 500 millions de téléspectateurs dans le monde, elle hallucinait grave. Il y a alors 3 milliards et demi d'humains sur Terre. On est au lendemain de mai 1968. Le Mouvement de libération des femmes est né. La contraception est légale depuis deux ans. On est en plein dans les Trente Glorieuses et l'avenir nous réserve de belles choses. Plus question de se priver comme ses parents ont pu le faire. Fini les restrictions et bienvenue le plein-emploi ! Simone est comme tous ses congénères nés entre 1945 et 1960 : une baby-boomeuse. Aujourd'hui, elle est à la retraite. Elle vit dans sa petite bicoque. Ses enfants viennent régulièrement lui rendre visite. Question entente, ça roule plutôt bien, même si c'est vrai qu'elle commence à se prendre des remarques... « Pourquoi tu laisses toutes les lumières allumées ? », « Pourquoi tu prends ta voiture pour aller chercher du pain ? », « Pourquoi on mange de la viande à tous les repas ? »... Dis donc, ils sont sacrément casse-noisettes, ces gosses ! Tu m'étonnes Simone !

Mais on n'est pas ici pour parler de tes enfants un poil moralisateurs. On est ici pour parler de toi, Simone ! Parce que malgré tout, avec toutes ces remarques tu commences à regarder d'un mauvais œil le monde qui nous entoure. C'est quoi, cette histoire de dérèglement climatique ? Tu savais pas que l'avion et la côte de bœuf, c'était pas bien. Tu pensais pas qu'on serait le double d'humains sur Terre en si peu de temps ! Et puis, si on a mis un pied sur la Lune en 1969, comment ça se fait qu'on ne puisse pas encore y habiter ? Relax, Simone ! **Dans ce chapitre on va faire un petit bilan pour se remettre les pendules à l'heure.** Garanti sans culpabilité. On va juste essayer de comprendre le pourquoi du comment du parce que du quand.

Quiz

À quel point le climat est en gueule de bois ?

Salut, Simone ! Bonne nouvelle, tu es le premier cobaye climato-actif de ce livre ! Avec toi, on va dresser un petit état des lieux de la planète sur le plan thermique parce que ça brûle, et personne n'est chaud patate pour que ça crame davantage. Dans ce petit quiz, tu pourras tester tes connaissances et peut-être, si ça se trouve, rire un peu. En voiture, Simone ! Enfin, à vélo. Enfin, t'as compris quoi !

(1) Pfiou, il commence à faire chaud, marre de ces canicules ! Mais, d'ailleurs, est-ce que la planète s'est vraiment réchauffée ?

- ☐ Rien qu'un peu. Trois fois rien. Juste assez pour passer des hivers plus au chaud.
- ☐ La terre s'est réchauffée de 2 °C en moins de dix ans, c'est le GIEC qui l'a dit.
- ☐ La température moyenne a augmenté de + 0,6 °C depuis la fin du XIXe siècle.

Réponse : + 0,6 °C. C'est une moyenne planétaire, en France métropolitaine, le réchauffement a atteint + 1 °C. Les derniers rapports du GIEC nous alertent sur le grave risque de dépasser les + 2 °C du réchauffement global d'ici à 2050 (et + 7 °C d'ici à 2100). Au-delà de ce seuil, il sera très difficile d'évaluer les conséquences du dérèglement climatique, mais en gros ça sent pas bon à part le bacon frit.

(2) Le pergélisol, à ton avis c'est quoi ?

- ☐ Un groupe de rock.
- ☐ Une marque de parasol.
- ☐ La version française du « permafrost ».

Réponse : plus connu sous le nom de « permafrost », le pergélisol est une partie du sol constamment gelée depuis plus de 2 ans, ce qui la rend dure comme un roc et imperméable. Il couvre un cinquième de la surface terrestre et le problème, c'est qu'il commence à dégeler et à libérer beaucoup de gaz à effet de serre. Un truc qu'on n'avait pas du tout prévu. Oups.

(3) À l'heure actuelle, dans l'océan, il y a... :

- ☐ Plus de poissons que de plastique.
- ☐ Plus de plastique que de poissons.
- ☐ Plus de poissons en plastique.

Réponse : plus de poissons que de plastique. Mais ne nous réjouissons pas trop vite. Les estimations prévoient que la courbe s'inverse d'ici à 2050. On aura alors un océan contenant plus de plastique que de faune maritime. Cela dit, c'est pratique, ça fera des bouées à disposition de toute personne égarée en mer. Hâte.

(4) Combien d'espèces animales sont menacées d'extinction (à 2, 3 près) ?

- ☐ 1 seule, nous.
- ☐ Une cinquantaine (dont les dragons et les licornes).
- ☐ Un million (et même pas le moustique, pff).

Réponse : le million ! En effet, le dernier rapport de l'ONU estime entre un demi-million et un million (plus probable) le nombre d'espèces menacées de disparaître (soit environ 1 espèce sur 8).

C'est pourquoi on parle actuellement de la sixième extinction de masse. La dernière avait lieu il y a soixante-cinq millions d'années et éjectait les dinosaures du tableau (jusqu'à ce que Spielberg les mette dans un parc. Totalement irresponsable). Petite nouveauté : l'Homme est intégralement responsable de cette nouvelle extinction.

(5) Si, là tout de suite, on arrêtait d'émettre le moindre gaz à effet de serre, que se passerait-il ?

- ☐ Tout rentrerait dans l'ordre ; y' aurait plus qu'à attendre que la température baisse et on pourrait reprendre nos activités normalement. Ouf, c'était moins une !
- ☐ La température continuerait de monter. L'arnaque, quoi.
- ☐ Il ferait vachement plus froid. Sortez les polaires.

Réponse : la température continuerait de monter ! En réalité, l'empreinte carbone de l'humain est telle qu'il faudrait plusieurs siècles pour que le climat retrouve une stabilité complète. Raison de plus pour calmer nos ardeurs dès maintenant.

(6) Avec le réchauffement climatique, le niveau des mers augmente ! Mais de combien de centimètres l'océan a-t-il déjà grimpé depuis 1900 ?

- ☐ 2 centimètres. Mouais, c'est pas comme ça qu'on va se baigner demain au pied de notre immeuble.
- ☐ 20 centimètres.
- ☐ 5 mètres.

Réponse : 10 à 20 centimètres. Ça vous semble peu ? Rassurez-vous, c'est parti pour empirer et d'ici à 2060, plus d'un milliard de personnes seront directement menacées par cette montée des eaux. Pas génial, le grand bain.

(7) Qu'est-ce qui prend le plus de place ?

- ☐ L'eau chaude.
- ☐ L'eau froide.
- ☐ Mon chat quand il squatte dans mon lit.

Réponse : l'eau chaude. C'est ce qui explique la montée des océans, car en se réchauffant l'océan se dilate : l'eau chaude étant moins dense que l'eau froide (les molécules d'eau sont plus espacées), elle prend plus de place.

(8) Est-ce à l'humanité que l'on doit l'invention des gaz à effet de serre ?

- ☐ Bien sûr. Salauds d'humains qu'on est.
- ☐ Non. Les gaz à effet de serre ont toujours existé.
- ☐ C'est Michel Serres qui les a inventés, d'où leur nom.

Réponse : non, évidemment ! Les gaz à effet de serre sont totalement naturels, c'est grâce à eux qu'on peut vivre sur une planète à peu près habitable avec une moyenne globale de 15 °C. Sans les gaz à effet de serre il ferait - 18 °C, et on se les pèlerait sévère.

Si tu as tout bon, on peut estimer que tu as le niveau bac + 12 du GIEC (n'hésite pas à utiliser les résultats de ce quiz comme un diplôme de l'enseignement supérieur, c'est au moins équivalent). Bravo, Simone !

Si tu as moins de 7 bonnes réponses, c'est pas bien grave puisqu'on est justement là pour te dresser un joli portrait du climat qui part en cacahouète. Et, si tout va bien, à la fin de ce livre tu pourras refaire ce quiz et obtenir un 10/10. Sinon, tu peux relire le livre encore une fois. On n'est jamais trop prudent.

Le changement climatique, en vrai c'est quoi ?

« Quand c'est fondu, c'est foutu », « Les bronzés ne feront plus de ski », « Quatre saisons, c'est pas qu'une pizza ». À chaque marche pour le climat, de nouvelles pancartes agitent le spectre du changement climatique. Mais quel est ce phénomène qui réchauffe notre planète et nos esprits ? Allez, Simone, on reprend tout du début.

Il était une fois, le changement climatique…

Certains parlent de réchauffement planétaire, d'autres de dérèglement ou de changement climatique, ne te laisse pas déstabiliser, Simone ; il s'agit en gros du même phénomène : une hausse pas du tout naturelle du mercure qui a commencé avec l'ère industrielle. « Au XXe siècle, explique Météo France, la température moyenne du globe a augmenté d'environ 0,6 °C et celle de la France métropolitaine de plus de 1 °C. » Depuis vingt ans, c'est la bérézina, le thermomètre s'emballe et les records s'enchaînent : les quatre dernières années ont été les plus chaudes depuis que les relevés de températures existent (1880). De 2016 à 2019,

Les trois étés les plus chauds depuis 1900 ont été au XXIe siècle.

on a gagné 0,2 °C de plus que pendant la période 2011-2015. Et c'est grave, docteur ? Parce que si l'on y regarde bien, il y a 635 millions d'années, la terre n'était qu'une énorme boule de neige alors qu'à l'époque des dinosaures (il y a entre 150 et 65 millions d'années), les calottes glaciaires n'étaient plus de ce monde. La Terre n'en est pas à son premier changement climatique, elle devrait pouvoir s'en remettre ! Tu as raison, Simone, la terre n'est pas en danger, en revanche du côté de ses passagers rien n'est moins sûr. « En période

QUI SUIS-JE ?

« Je suis né en 1988 et généralement on kiffe pas trop les nouvelles que j'apporte même si en 2007 j'ai reçu le prix Nobel de la paix que j'ai partagé avec l'ancien vice-président des États-Unis Al Gore (qui a participé à la super comédie *Une vérité qui dérange* sortie en 2006 sur les conséquences du dérèglement climatique). L'argent de poche qu'on me donne chaque année s'élève à 6 millions d'euros, ce qui me permet de réunir pas moins de 2 500 scientifiques issus de 195 gouvernements, tous membres de l'ONU. Je suis… Je suis ? »

Le GIEC ! Le groupe d'experts intergouvernemental sur l'évolution du climat.

CÉKOILEKLIMA ?

Le mot « climat » vient du grec *klima* qui signifie « inclinaison », ce qui montre bien que le climat est tributaire des saisons, elles-mêmes existant grâce à l'inclinaison de la planète Terre par rapport au soleil.

glaciaire, rappelle l'Ademe, avec 4 °C en moins en moyenne, le niveau des océans avait baissé de 100 mètres et toute l'Europe du Nord était recouverte de glace. »

Question d'équilibre

On ne le dit pas assez, s'il fait bon vivre sur notre planète, c'est grâce à un échange de bons procédés entre la Terre et le Soleil. En fait, les échanges thermiques, c'est un peu comme un jeu de jokari. Le Soleil nous envoie ses rayons chauds bouillants (6 000 °C à sa surface), 30 % sont réfléchis par les nuages ou par les surfaces claires du globe et renvoyés directement à l'expéditeur ; 70 % arrivent à bon port et viennent chauffer la surface de la Terre, qui émet à son tour des rayons infrarouges dans l'atmosphère. Certains sont retenus autour de notre planète par une muraille invisible et viennent réchauffer l'atmosphère alors que d'autres se fraient un chemin entre les fissures de la muraille et repartent dans l'espace. À propos, tu sais de quoi est faite cette muraille, Simone (à ne pas confondre avec la couche d'ozone située dans la partie supérieure de la stratosphère qui filtre les rayonnements ultraviolets, dangereux pour l'homme) ? De gaz à effet de serre qui jouent le même rôle que les serres des maraîchers, ils laissent passer la lumière du soleil et ralentissent la sortie de la chaleur. Sans eux, il ferait -18 °C sur Terre et personne ne pourrait y vivre. Ils sont donc bien utiles, sauf quand il y en a trop. Dans ce cas, leur rôle de barrage invisible devient dangereux puisqu'ils finissent par empêcher les infrarouges de repartir dans l'espace. L'énergie se retrouve piégée autour de la Terre et tout le monde reste confiné à l'intérieur de la muraille. L'atmosphère chauffe, un peu, beaucoup, à la folie...

L'EFFET DE SERRE, ON VOUS FAIT UN DESSIN ?

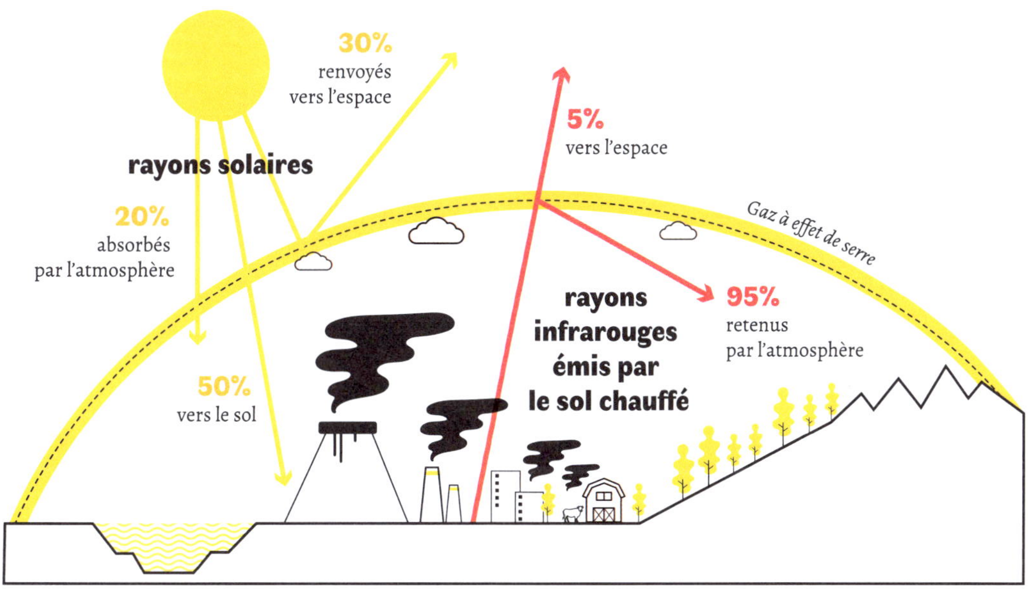

Source : CEA

La crise climatique expliquée à mon neveu

Le réchauffement climatique, c'est tellement compliqué que l'association **La Fresque du climat*** a décidé de créer un jeu de cartes pour les avoir toutes en main. Basée sur les rapports du GIEC, la partie se joue plutôt à plusieurs, lors d'ateliers animés. Voici un avant-goût avec la version enfant légèrement remasterisée. Suivez les flèches !

J'achète des trucs qui, pour la plupart, viennent de l'industrie, qui émet beaucoup de CO_2.

Je prends la voiture qui roule à l'essence ou l'avion qui carbure au kérosène. Ça dégage du CO_2.

J'allume la clim ou le chauffage qui utilisent de l'énergie. Encore des émissions de CO_2.

À cause des activités humaines (transport, industrie, bâtiment), la concentration en CO_2 a augmenté dans l'atmosphère.

Depuis un siècle, l'effet de serre augmente à cause du CO_2 et du méthane. Conséquence : la Terre se réchauffe.

À cause de l'effet de serre, la température sur terre a augmenté de + 1 °C et elle va continuer de monter, ce qui peut avoir des conséquences graves pour la planète.

À cause de l'effet de serre, l'océan se retrouve à absorber une grande partie de la chaleur. Du coup, sa température augmente.

La banquise fond mais ne fait pas monter le niveau de l'eau (c'est pareil pour un glaçon dans un verre d'eau).

Les glaciers fondent un peu partout. Ceux du Groenland ou de l'Antarctique font monter le niveau de la mer.

Le niveau de la mer monte, les glaciers fondent, le niveau de la mer monte…

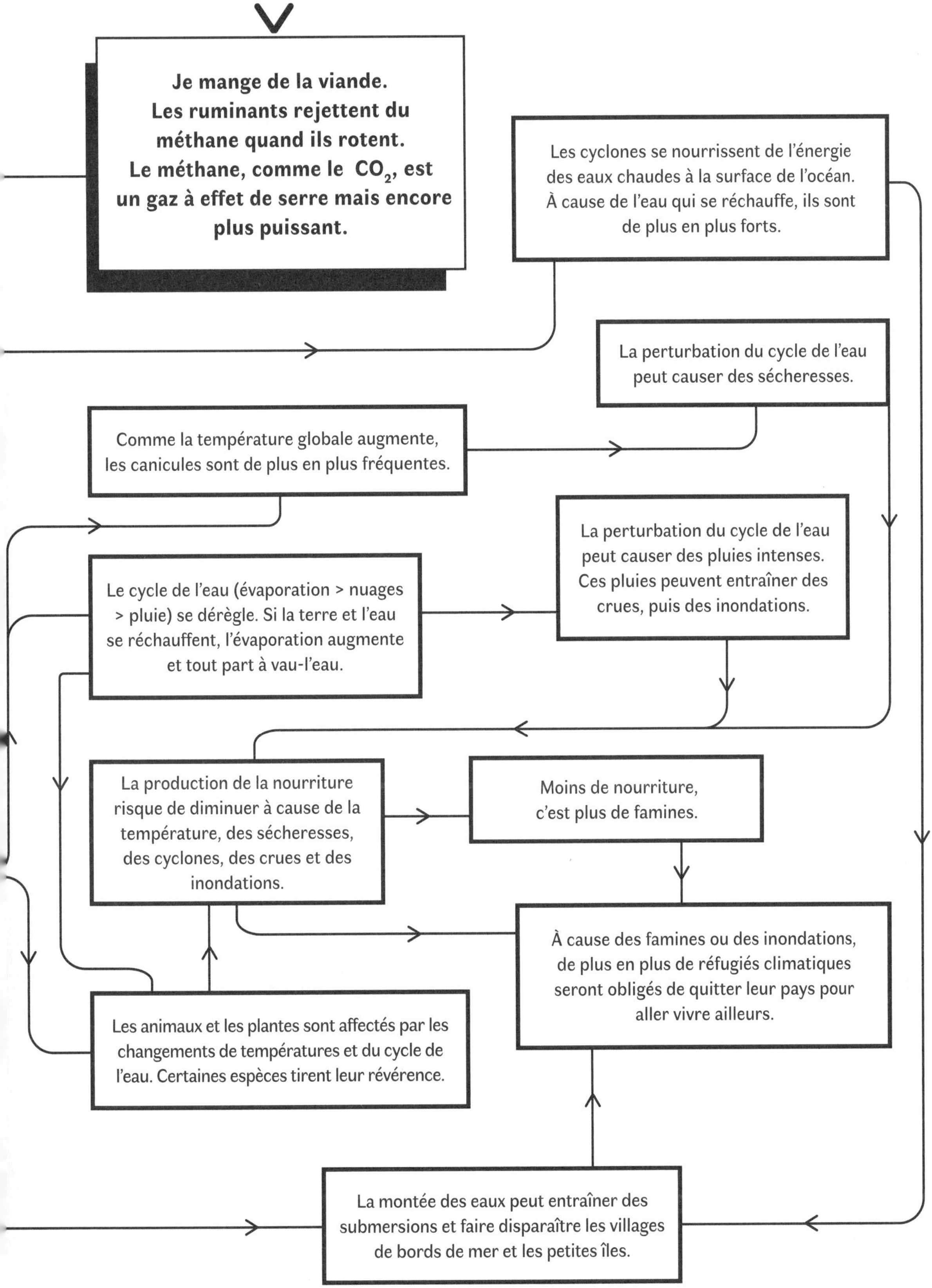

*Jeu créé par Cédric Ringenbach, **www.fresqueduclimat.org**

Pourquoi ça s'emballe ?

Même si ça fait des années qu'on en parle, on pense toujours pouvoir remettre à plus tard les décisions sur le climat. Pourtant, ça devient carrément urgent de s'y coller parce que pendant ce temps-là, ça s'emballe. Suis-nous, Simone, on t'explique ce qui donne souvent le déclic.

Les calottes sont cuites

Est-ce que tu as entendu parler des calottes glaciaires, chère Simone ? On t'explique en deux mots. Les calottes (qu'on appelle aussi « inlandsis », terme suédois qui signifie « la glace de l'arrière-pays ») sont comme des chapeaux glaciaires. On les trouve dans les régions polaires, où les températures sont négatives, ce qui empêche la pluie de se former. À la place, il neige. Et comme il fait très froid, la neige ne fond pas et se tasse sous le poids des précipitations neigeuses. À force de se tasser, elle se transforme en glace. La voilà, ta calotte ! Ensuite, l'effet d'accumulation de la glace crée un glissement naturel vers les océans, ce qui finit par former le pire ennemi du *Titanic* : un iceberg. Une petite partie de cette glace tassée descend verticalement dans le sol plutôt que de glisser vers l'océan. Elle enferme des bulles d'air au fil du temps, c'est pourquoi son extraction sous forme de carotte (carotte ≠ calotte) fournit des informations fondamentales sur les évolutions du climat : c'est un échantillon en bonne et due forme de la composition atmosphérique du passé. Mais si on te raconte tout ça, c'est parce que les calottes sont dans la panade…

Le réchauffement entraîne… le réchauffement

Bienvenue dans le formidable cercle vicieux de la rétroaction positive ! Reprenons nos petites calottes. Leur surface blanche réfléchit les rayons du Soleil (on appelle ce pouvoir réfléchissant, l'albédo). Or, quand le glacier glisse et se détache sous forme de banquise, il est amené à fondre puisque l'eau se réchauffe. Cela entraîne donc la diminution des surfaces blanches réfléchissantes au profit de surfaces bleues et sombres (celles de l'océan et de la terre). La réduction de cette surface blanche des glaciers et de la banquise entraîne à son tour la réduction de son albédo. Et qui dit moins d'albédo, dit plus de réchauffement climatique, et qui dit plus de réchauffement climatique dit moins d'albédo. Sans compter que l'eau chaude est plus volumineuse que l'eau froide. Donc, plus il y a d'eau, moins les rayons du soleil sont réfléchis, plus ça chauffe, plus l'eau prend de la place. La rétroaction positive est en marche et ça n'a rien de positif du tout. C'est pourquoi on parle d'emballement de l'effet de serre pour qualifier un hypothétique changement rapide du climat après le franchissement d'un certain niveau de bascule.

QUAND C'EST FONDU, C'EST FOUTU

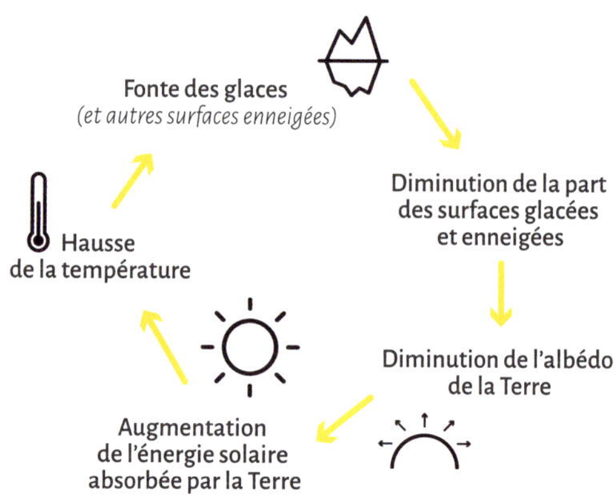

Source : École des Mines Saint-Etienne

Pergélisol *la si do*

Et le permafrost dans tout ça ? Géologiquement, ce terme désigne une partie du sol dont la température ne dépasse pas 0 °C pendant plus de 2 ans consécutifs. C'est un sol gelé en permanence, ce qui le rend aussi imperméable. Il recouvre 25 % des terres émergées de l'hémisphère Nord. Et mauvaise nouvelle : il dégèle. Le Centre national de la recherche atmosphérique américain (NCAR) estime que la moitié de sa surface aura fondu d'ici à 2050 et presque son intégralité d'ici à 2100. Et ça, c'est pas bon du tout pour nos affaires. Non seulement ce sol qui devient mou met à mal les constructions, qui s'écroulent, mais surtout le dégel entraîne la libération de grandes quantités de matières organiques qui se font grignoter par les microbes. Ces derniers produisent ensuite du dioxyde de carbone et du méthane. Le dégel du permafrost émettrait ainsi en moyenne autant de gaz à effet de serre chaque année que la France tout entière ! Le dégel du permafrost est lui aussi pris dans l'infernale boucle rétroactive puisque plus il fond, plus il accélère le réchauffement, et plus il fond. Gloups. Et encore, on ne t'a pas parlé des vieux virus qui risquent de remonter à la surface, jusque-là piégés dans de la glace... Double gloups.

ARCHIMÈDE, MON AMOUR

Contrairement à une idée reçue, ce n'est pas la fonte des banquises qui entraîne la montée des océans. En effet, si ton glaçon fond dans un verre d'eau, la quantité d'eau contenue dans ton verre n'augmente pas. Ce qui pose problème, c'est la fonte des glaciers et des calottes glaciaires puisqu'ils ne sont pas immergés dans l'eau mais sur la terre ferme.

Wanted gaz à effet de serre

	Gaz carbonique (CO_2)	**Méthane (CH_4)**	**Protoxyde d'azote (N_2O)**	**Halocarbures (HFC, PFC, SF_6)**
Source naturelle	Respiration des êtres vivants, feux de forêts, volcans	Digestion des ruminants, décomposition des végétaux	Marécages	N'existent pas à l'état naturel
Source humaine	Combustion des énergies fossiles, déforestation	Élevages intensifs de ruminants, décharges d'ordures, rizières	Utilisation d'engrais azotés en agriculture	Aérosols, climatiseurs
Durée de séjour dans l'atmosphère	100 ans	12 ans	120 ans	Jusqu'à 50 000 ans
Proportion des gaz à effet de serre d'origine humaine	65 %	15 %	10 %	5 %
Pouvoir de réchauffement global	1	25	298	De 120 à 22 800 (pour le SF_6)

Tout est question d'énergie

« L'énergie est notre avenir, économisons-la. » Merci EDF pour ton sens aigu de l'observation ! Mais l'énergie, ce n'est pas que le chiffre indiqué en bas de notre facture d'électricité. Quand tu montes les escaliers tu produis de l'énergie, Simone, mais aussi pour envoyer un mail ou te laver les dents. L'énergie est partout. Mais dans le fond l'énergie, c'est quoi ?

Énergie partout, justice nulle part

Quand tu as un coup de mou, Simone, il t'arrive de te dire que tu n'as plus aucune énergie. De son côté, ta facture EDF semble en avoir toujours trop. Mais qu'est-ce que l'énergie ? Un truc qu'on ressent, un truc qu'on perçoit ou juste un truc qu'on paye ? Jean-Marc Jancovici, le Beyoncé des ingénieurs climat, la définit comme la grandeur qui caractérise le changement d'état d'un système. Mouais, tu y comprends quelque chose, toi ? En réalité, c'est très abstrait tout ça. On reprend depuis le début. Le mot « énergie » vient du grec : « force en action ». C'est ce qui est nécessaire pour provoquer du mouvement, chauffer, déformer, créer du courant électrique, du rayonnement électromagnétique ou différentes réactions chimiques. Par exemple, un glaçon qui passe de l'état solide à l'état liquide génère de l'énergie. Tu nous suis, Simone ? Il faut savoir que toutes les énergies ne sont pas exploitables en tant que telles, certaines ont

Le mot « énergie » vient du grec : « force en action ».

besoin d'être converties pour être utilisées dans notre vie quotidienne. Pour produire de l'électricité par exemple, le vent peut faire tourner les pales d'une éolienne qui entraînent un générateur qui lui-même produit de l'énergie électrique. Dans ce cas, l'éolienne a transformé l'énergie cinétique du vent en énergie mécanique, elle-même convertie en électricité. On te l'accorde, c'est complexe, mais en même temps c'est pour ça qu'on a inventé les ingénieurs.

Démesure des mesures

Définir l'énergie n'est pas une mince affaire. Alors la mesurer, c'est une autre paire de manches. Tu connais certainement le kilowattheure, qui reste la mesure la plus courante dans la vie de tous les jours puisque c'est ce qui est indiqué sur notre facture d'électricité (on la confond souvent avec le kilowatt, qui lui est une unité de puissance). Viennent ensuite les joules, moins utilisées dans le

COMPLÈTEMENT LUNAIRE CETTE ÉNERGIE

Quand on parle d'énergie renouvelable, on pense toujours aux rayons du soleil, à la force du vent, à la puissance des courants marins. Et l'air froid de la nuit pourrait bien rejoindre la belle équipe. Des chercheurs américains sont parvenus à générer une petite quantité d'énergie en utilisant le refroidissement d'un objet lors du passage du jour à la nuit. À ce jour, l'expérience n'a pu produire qu'une très petite quantité d'énergie, mais elle pourrait bien être l'objet d'explorations futures dans les énergies renouvelables.

langage courant puisqu'elles calculent de toutes petites quantités d'énergie, elles sont néanmoins la mesure d'énergie de référence selon le système international d'unités. 1 kWh équivaut à 3,6 MJ (mégajoules.) Enfin, la tonne d'équivalent pétrole (tep) permet de comparer les différentes sources d'énergie entre elles.

On est tous des super-héros fainéants

Jean-Marc Jancovici a créé sa propre unité de mesure de l'énergie : l'esclave énergétique. Elle permet d'évaluer en moyenne le nombre d'« esclaves énergétiques » dont nous avons besoin au quotidien. Oublie l'image des robots enchaînés dans les égouts, Simone, c'est un peu plus subtil ! En fournissant une dose d'effort conséquente, un humain adulte de bonne composition produira une très faible quantité d'énergie par la simple force de ses jambes et de ses bras. Une machine sera plus rapide, plus puissante et moins coûteuse qu'un humain. Mais pour nourrir cette machine il faut aussi de l'énergie. C'est comme ça qu'à l'heure actuelle Jean-Marc Jancovici estime que la consommation énergétique d'un être humain lui permet de décupler 200 fois l'énergie qu'il serait capable de produire tout seul. C'est comme si on avait 200 esclaves énergétiques qui bossent à plein temps et qui nous permettent d'envoyer des textos, des mails, de regarder la télé, mais aussi de lire un livre, de nous faire des pâtes ou de faire un trajet en voiture. Autrement dit, si nous n'avions pas de machines (et que nous n'utilisions pas d'autre énergie que celle que nous sommes capables de produire par nous-mêmes), il faudrait 1 400 milliards d'humains sur Terre pour produire ce que les machines produisent dans le monde.

ÉNERGIES PLUS VIEILLES QUE CRO-MAGNON

Les énergies fossiles reviennent de loin, il leur a fallu au bas mot 350 millions d'années pour se former.

↘ **Le pétrole** vient de la décomposition de plancton et autres organismes marins qui se sont accumulés au fond des océans ou des lacs. Pendant sa formation, les dinosaures peuplaient notre planète.

↘ **Le gaz naturel** a suivi à peu près le même processus que le pétrole. Il s'est formé à partir d'éléments terrestres et marins qui ont macéré sous terre. Comme le pétrole, on le trouve dans le sol, emprisonné dans les roches, mais cette fois-ci sous une forme naturellement gazeuse.

↘ **Le charbon** doit son existence aux végétaux qui, il y a 350 millions d'années, ont été recouverts d'eau et étouffés par des boues et des sables. Privés d'air, les arbres et les fougères se sont peu à peu transformés en charbon, qui compte dans sa famille la houille, le lignite, l'anthracite ou la tourbe.

QUI SUIS-JE ?

« Je suis née en 1991. Ma passion, c'est de mettre en place des politiques publiques de protection de l'environnement, dans les entreprises mais aussi au sein des foyers. J'émets des rapports super chouettes (si, si, je t'assure, lis-moi) pour réduire notre empreinte carbone, et perso je pense que le nucléaire on pourra largement lever le pied d'ici à 2050. À une consonne près, je porte le même nom que la chanteuse qui chante *"Someone liiiike youuuuuuuuu"*. Je suis… je suis ? »

L'Ademe ! L'agence de l'environnement et de la maîtrise de l'énergie.

Lampe populaire
Dans les années 1905-1910, c'est le début de l'électrification. En ville, chaque foyer reçoit une lampe populaire pour éclairer la pièce principale. Sa durée d'utilisation est strictement encadrée : « du coucher du soleil à onze heures du soir et de cinq heures du matin au lever du jour ». Des petits filous réussiront quand même à installer plusieurs prises supplémentaires et à éclairer ces « douilles voleuses ».

Vous n'investirez pas chez nous par hasard
Georges Clemenceau pousse un cri d'alarme en 1918 à destination des Américains : « L'essence est aussi nécessaire que le sang dans les batailles de demain. » En 1924, l'État français crée la Compagnie française des pétroles (CFP) pour assurer son indépendance énergétique. Quelques dizaines d'années plus tard, la CFP changera de nom pour devenir... Total.

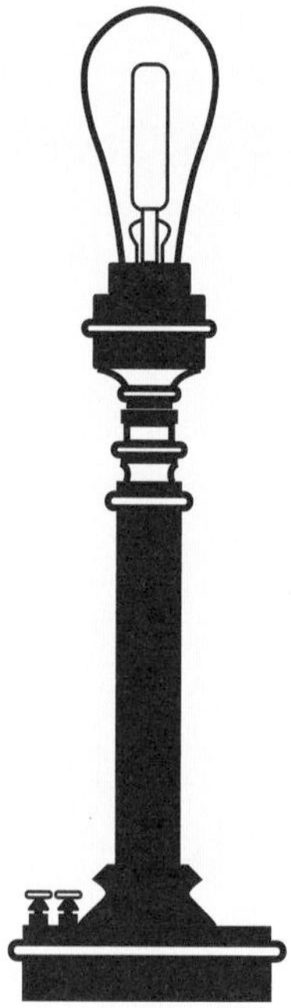

La France au charbon !
En 1920, les centrales nucléaires n'existent pas (il faut attendre la fin des années 1950). Pour produire de l'énergie, on s'en remet beaucoup aux centrales au charbon et un peu aux centrales hydroélectriques, qui existent déjà depuis la fin du XIXe siècle.

Tube de l'été
On la trouve pour la première fois au salon de l'automobile de Paris en 1910. La lampe néon inventée par Georges Claude fait fureur et trouvera très vite sa place du côté des enseignes publicitaires.

Il était une fois en 1920

1920/2020 : la révolution des énergies

Pays des lumières
En cent ans, la consommation d'électricité a littéralement explosé en France. Elle a triplé de 1973 à 2010. Depuis, heureusement, elle se stabilise.

Watts's up ?
Si au début du xxe siècle, l'électricité ne servait qu'à s'éclairer, aujourd'hui, on consomme des watts pour tout : le chauffage (27,6 %), le froid et le lavage (18,5 %), les équipements multimédias et informatiques (13,5 %), l'eau chaude sanitaire (12,8 %), divers appareils électroménagers (aspirateur, cafetière... 12,1 %), la cuisson (7,8 %), l'éclairage (5,6 %) et la ventilation (1,7 %).

Éclairage mania
Dans chaque maison, on compte en moyenne 25 points lumineux qui brillent de mille feux entre six et sept heures par jour.

L'atome de Savoie
Une fois encore, la France ne fait pas comme tout le monde. Dans le monde, l'électricité provient essentiellement du charbon (40 %) et du gaz (22 %). Chez nous, elle est à 75 % d'origine nucléaire et à 17 % issues des énergies renouvelables.

Un siècle plus tard, en 2020

« Vous les écolos, vous voulez qu'on retourne à la bougie », mouais, pas vraiment. D'ailleurs, c'était quand qu'on s'éclairait à la bougie ? Petit tour des énergies inventées hier et aujourd'hui.

Qui réchauffe quoi ? Les coupables, les victimes

En 2015, pendant la conférence de Paris sur les changements climatiques (COP 21) tout le monde semblait d'accord. 195 pays s'engageaient à « contenir d'ici à 2100, le réchauffement climatique bien en dessous de 2 °C par rapport aux niveaux préindustriels » et si possible visaient à « poursuivre les efforts pour limiter la hausse des températures à 1,5 °C ». Paroles, paroles...

Palmarès de l'enfer

D'après toi, Simone, quels sont les pays qui émettent le plus de CO_2 ? En tête du peloton et de loin, on trouve la Chine qui carbure au charbon et produit tout un tas de biens issus du pétrole pour notre propre consommation. Arrivent derrière les États-Unis qui, en prime ont entamé leur sortie de l'Accord de Paris (merci Trump), puis l'Inde. La France, qui tourne à l'énergie nucléaire, figure parmi les bons élèves et n'est responsable que de 1 % des émissions mondiales de CO_2 et de 10 % de celles de l'Union européenne. Cocorico ! Enfin, globalement, il n'y a pas de quoi fanfaronner. En 2018, les émissions de CO_2 ont augmenté de plus de 2 % dans le monde alors qu'elles devaient sérieusement commencer à diminuer pour respecter l'Accord de Paris (voir ci-contre). L'idée de cet accord jugé historique, tu te rappelles Simone, c'était de diviser les émissions mondiales de CO_2 par deux d'ici à 2030.

Polluer ici, trinquer là-bas

Avec le climat, il n'y a aucune morale. Ce n'est pas parce qu'on relargue du CO_2 à Pékin que la capitale chinoise en paiera les pots cassés. Non, l'équation est plus sournoise. C'est ce qu'on appelle l'effet papillon cher au météorologue Edward Lorenz. En gros, un battement d'ailes de papillon au Brésil peut provoquer une tempête au Texas. Aujourd'hui, s'il est difficile de dresser un palmarès parfaitement juste des pays qui souffrent le plus, on peut dire que les plus vulnérables se situent dans la ceinture intertropicale et sont souvent des pays en développement. L'ONG Germanwatch dresse tous les ans un panorama des violences climatiques les plus extrêmes (les sécheresses ne sont pas prises en compte, ni le réchauffement des eaux). Le dernier montre que les pays les plus affectés sur la période 1998/2017 sont, dans l'ordre des malheurs : Porto Rico, Honduras, Birmanie, Haïti, Philippines, Nicaragua, Bangladesh, Pakistan, Vietnam, République dominicaine.

Sociologie climatique

On poursuit les devinettes pas drôles, Simone ? Sais-tu quels sont dans un même pays, les individus qui rejettent le plus de gaz à effet de serre ? En 2010, l'institut Ipsos a publié l'Observatoire du bilan carbone des ménages. Ça date un peu, mais les résultats restent éclairants. Ils montrent que les 18-24 ans et les plus de 65 ans ont les bilans carbone les plus élevés. Pourquoi ? Parce que les premiers utilisent un véhicule individuel (et n'ont pas de siège bébé) et que les seconds ont gardé la maison de famille alors que les enfants sont devenus grands et ont quitté le nid. Résultat, ils ne sont plus que deux, voire une seule personne, dans une grande maison. Dans le même esprit, à cause de l'impact du logement sur le climat, une personne célibataire émet trois fois plus de CO_2 qu'un membre d'une famille nombreuse. Aussi, habiter au bout du monde n'est pas la panacée climatique. Plus la ville est petite et plus on sort sa voiture pour aller faire ses courses. Les habitants des villes sont donc souvent plus climato-compatibles que ceux des champs. Enfin, l'étude nous rappelle que les foyers aux revenus les plus élevés ont les bilans carbone les plus mauvais et que les plus modestes sont bien meilleurs élèves (malgré eux). Et tu sais pourquoi, Simone ? Parce que 59 % des cadres supérieurs et 40 % des retraités font au moins un voyage en avion au cours de l'année.

RESPECT DE L'ACCORD DE PARIS, PRENONS LE BON CHEMIN !

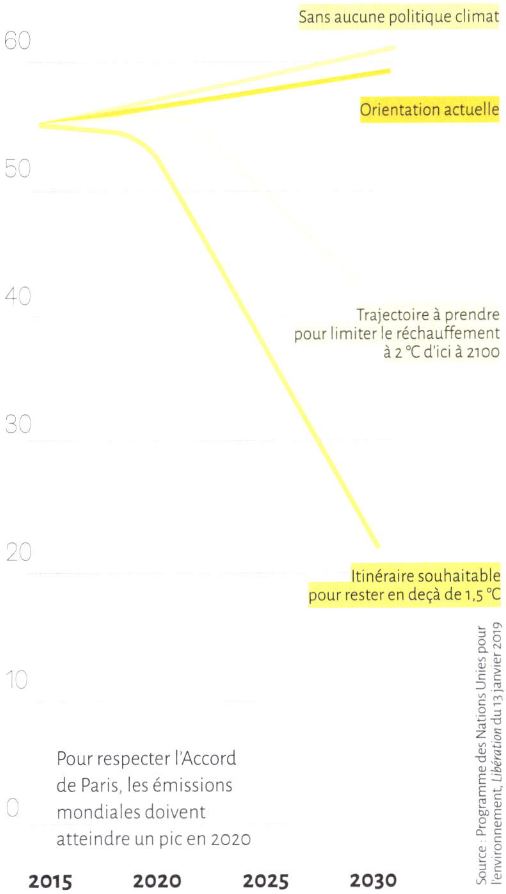

Source : Programme des Nations Unies pour l'environnement, *Libération* du 13 janvier 2019

LES DIX CATASTROPHES LIÉES AU CHANGEMENT CLIMATIQUE LES PLUS COÛTEUSES DANS LE MONDE EN 2018
(ESTIMATIONS EN MILLIARDS DE DOLLARS)

ÉTATS-UNIS | OURAGANS FLORENCE ET MICHAEL
32

ÉTATS-UNIS | FEUX EN CALIFORNIE
9 à 13

JAPON | INONDATIONS
9,3 à 12,5

CHINE | INONDATIONS
9,3

AUSTRALIE | SÉCHERESSE
5,8 à 9

EUROPE | SÉCHERESSE
7,5

ARGENTINE | SÉCHERESSE
6

INDE KERALA | INONDATIONS
3,7

Source : Christian Aid

ÉLECTRICITÉ À TOUS LES ÉTAGES ?

En France, plus de 5 millions de ménages vivent en situation de précarité énergétique, c'est-à-dire qu'ils consacrent plus de 10 % de leur budget pour s'éclairer et se chauffer.

Un monde trop chaud, c'est glaçant !

Début septembre 2019, le journal *Le Monde* a publié un article au titre anxiogène : « Jusqu'à + 7 °C en 2100 : les experts français du climat aggravent leurs projections sur le réchauffement. » On se voyait déjà totalement grillés et puis on a lu qu'il s'agissait d'un des huit scénarios modélisés par la communauté scientifique. On a respiré et on a regardé de plus près le reste. Assieds-toi, Simone ; on te fait un topo de la situation pas vraiment reluisante.

Testé et approuvé il y a 100 000 ans

L'Accord de Paris, en 2015, a statué sur une limitation du réchauffement global de 2 °C (voire moins) d'ici à 2100. Pourquoi 2 °C et pas 3 °C ou 1 °C : les dirigeants ont-ils joué la température aux dés ? Le chiffre n'a pas été donné au hasard. Il y a plus de 100 000 ans, cette température moyenne de + 2 °C a déjà été atteinte sur terre sans que ce soit la cata intégrale. Alors on s'est dit que ce serait le même scénario en 2100. Évidemment, tout ça roule si la machine ne s'emballe pas.

Relooking express

Depuis 1900 on s'est déjà pris 1,4 °C dans la face, selon les chiffres de Météo France. Tous les dix ans, Toulouse gagne cinq jours à plus de 25 °C et Paris quatre. Alors forcément, ça change pas mal le paysage. Les stations de ski ont perdu 40 centimètres d'enneigement en trente ans, le moustique tigre s'est incrusté dans 45 départements. Le monde animal est à la ramasse et nous aussi. En 2011, plus de 28 000 oies cendrées se sont arrêtées en France pour hiverner alors qu'elles n'étaient qu'une dizaine en 1968 (les autres descendaient plus au sud, au bord de la Méditerranée). Ambiance Costa Brava au lac du Der-Chantecoq (dans la Marne), tu vois le tableau, Simone ?

Les stations de ski ont perdu 40 cm d'enneigement en 30 ans.

Les mondes engloutis

Admettons qu'on n'arrive pas à rester en dessous de la barre des 2 °C, mais qu'on continue sur la trajectoire actuelle. La vie, elle ressemblera à quoi ? D'abord, on risque de boire la tasse. D'ici à 2100, selon l'ONU, la mer pourrait monter de 84 centimètres engloutissant non seulement 10 à 20 000 îles, mais aussi certaines grandes villes. Adieu Maldives, Philippines, Miami, New York, Tokyo, Singapour, Amsterdam ou encore Rotterdam ! Les habitants qui auront les pieds dans l'eau seront alors de plus en plus nombreux à prendre les jambes à leur cou, rejoints par les victimes de typhons, de cyclones et d'inondations. Dans son rapport de 2019, l'ONU prédit 280 millions de déplacés dans le monde en 2050. Et ce, dans le scénario « optimiste » d'une hausse de 2 °C.

QUAND LA MER MONTE

Sur le site choices.climatecentral.org, il suffit d'entrer une destination pour savoir si elle sera recouverte par les flots quand la terre aura pris + 2 ou + 4 °C.

Le début de la faim

Une hausse des températures rime forcément avec une baisse de la nourriture, parce que les cultures n'auront plus assez d'eau, que les champs brûleront, que des insectes sans foi ni loi viendront tout saccager. La Banque mondiale s'inquiète de la précarisation des populations déjà les plus pauvres à cause des mauvaises récoltes et des prix alimentaires qui risquent de flamber dans un marché de plus en plus tendu. Dans le livre *Comment tout peut s'effondrer*, Pablo Servigne et Raphaël Stevens partagent les résultats de nombreuses études, notamment celle de Gwynne Dyer qui décrit les conséquences d'un réchauffement à + 2 °C, comme la baisse de 24 % de la production agricole en Inde, ce qui entraînera une vague de famine. Bref, l'ONU s'attend à ce qu'entre 2030 et 2050 « le changement climatique entraîne près de 250 000 décès supplémentaires par an, dus à la malnutrition, au paludisme, à la diarrhée et au stress lié à la chaleur ». Ouais, t'as raison, Simone, il est super déprimant ce chapitre, on aurait dû fournir un Xanax avec.

ON FAIT LE BILAN !

C'est bien joli de voir des chiffres sur le bilan carbone moyen des Français, mais vous dans tout ça, elle en est où, votre consommation ? Il existe désormais des outils en ligne servant à faire notre bilan carbone à l'échelle individuelle. On nous soumet une série de questions : taille de l'habitat, nombre d'appareils électroménagers, moyens de transport, etc. ; et nos réponses permettent d'établir la quantité d'équivalent carbone due chaque année à notre mode de vie. Ces résultats sont comparés à la moyenne française et aux objectifs qu'on devrait tenir d'ici à 2050. Alors forcément, si on a le sens du challenge, on est vite tenté de réduire son bilan. Ah oui, et vous saviez qui a inventé l'outil « bilan carbone » ? C'est Jean-Marc Jancovici lui-même. Pour faire le test, on vous recommande la plateforme MicMac développée par l'association Avenir Climatique. Et puis, guettez au printemps 2020 la sortie de *MyCO*$_2$ signée Carbone 4 (cabinet de conseil sur la transition énergétique.)

L'EMPREINTE CARBONE DES FRANÇAIS

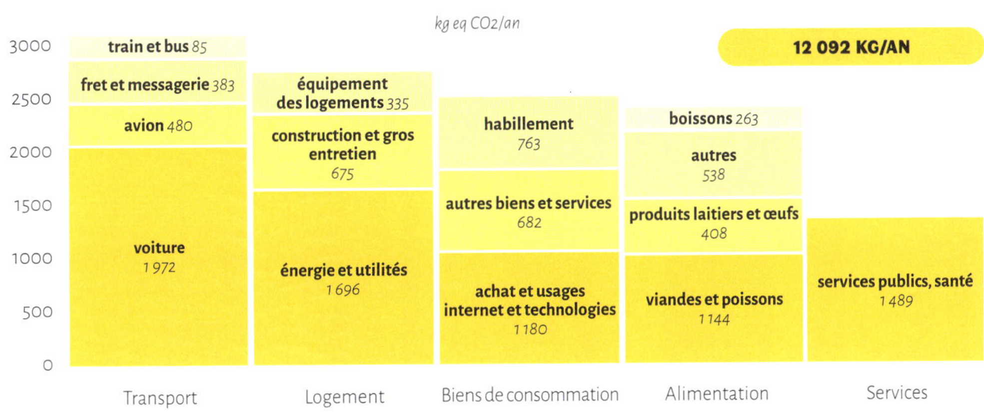

Source : Blog ravijen.fr d'après les données de consommation 2015/2017 de Carbone 4, Agreste, INSEE, www.statistiques.developpement-durable.gouv.fr

9 milliards, c'est jouable ?

Nous sommes 7,5 milliards d'humains sur la planète. Il y a un siècle, on était 4 fois moins. Et, bizarrement, la planète faisait, fait, et fera toujours 12 742 kilomètres de diamètre. Alors forcément, si notre population continue d'augmenter alors que les surfaces terrestres habitables se réduisent, plusieurs questions se posent : à partir de quel seuil sommes-nous trop nombreux ? Ce seuil est-il déjà franchi ? Comment nourrir tout le monde en respectant la planète ?

La bombe humaine

Dans son ouvrage *La bombe P* publié en 1968, le biologiste Paul Ehrlich estimait qu'au-delà d'un milliard d'individus on commençait déjà à se marcher dessus. Aïe. OK, c'était un néo-malthusien partisan d'une politique antinataliste. Mais aïe quand même. Et si on continue de suivre cette courbe exponentielle de croissance démographique pendant encore neuf siècles (peu probable, certes) on atteindrait alors 60 millions de milliards d'humains sur terre, on te raconte pas le marché du mètre carré à Paris. Toutefois, il y a fort à parier que la démographie prenne un autre tournant. D'abord, cet accroissement prodigieux de la population s'explique par l'abondance de l'énergie dont nous bénéficions depuis la révolution industrielle. L'électricité a envahi presque l'intégralité de la surface de la planète, facilitant les progrès techniques, l'accès aux soins et les transports. Autant de facteurs qui permettent d'avoir des enfants (qui ne mourront pas avant la première bougie d'anniversaire), mais aussi de vivre plus longtemps. Dans cette conjoncture, il est tout à fait normal que la population augmente.

Est-ce qu'on arrête de faire des gosses ?

La surpopulation fait partie des suspects numéro 1 en cause dans le dérèglement climatique. Certains écolos revendiquent alors une limitation des naissances (comme l'association Démographie responsable ou des super radicaux comme le mouvement pour l'extinction volontaire de l'humanité, le VHEMT). D'autres refusent tout simplement d'avoir des enfants dans un monde où l'avenir est de plus en plus incertain (les Ginks, pour Green Inclination No Kids, ou les Childfree). Mais est-ce si simple de contrôler la démographie mondiale, et surtout est-ce souhaitable ? Rappelle-toi, Simone, il n'y a pas si longtemps la politique de l'enfant unique sévissait en Chine (de 1979 à 2015) et a eu des conséquences désastreuses sur sa société : stérilisations forcées, avortements sélectifs (pour éviter d'avoir une fille, ce qui a créé un déséquilibre entre le nombre d'hommes et de femmes), vieillissement de la population dû à la baisse de la natalité, etc. Par ailleurs, il serait malhonnête de dire que les pays qui ont la plus forte natalité polluent le plus. C'est tout

ON MANGE TROP (MAL)

Contrairement à une idée reçue, ce n'est pas la famine qui cause le plus de mortalité, mais l'obésité. 10 % de la population mondiale ne mange pas à sa faim tandis que 13 % est obèse selon l'Organisation mondiale de la santé. Ce qui nous montre que le problème n'est pas fondamentalement le nombre de bouches à nourrir sur notre belle planète, mais plutôt l'égalité de l'accès à la nourriture.

l'inverse qui se passe : les pays qui ont une croissance démographique élevée sont aussi souvent ceux qui ont une empreinte carbone moindre. Par exemple, un habitant du Niger émet 200 fois moins de gaz à effet de serre qu'un habitant des États-Unis alors même que le Niger est nettement plus exposé aux conséquences du dérèglement climatique. Pourtant sa croissance démographique est cinq fois supérieure à celle des États-Unis. Il semblerait donc que ce ne soit pas tant le nombre qui pose problème, mais plutôt le mode de vie et une mauvaise redistribution des richesses au niveau mondial. Bah voilà, on a trouvé la solution du problème ! En fait, il faut juste plus d'égalité dans le monde ! Pfiou. Fastoche.

NAME-DROPPING SUR MALTHUS

Dès qu'on parle de surpopulation, c'est le jeu de : « Qui sortira la carte Thomas Malthus en premier ? » Mais c'est qui, ce Thomas ? Si Malthus est si connu, c'est parce qu'il a publié le texte *Essai sur le principe de population* à la fin du XVIIIe siècle, ce qui a donné son nom à un courant de pensée dénataliste : le malthusianisme. Pour Malthus, « le pouvoir multiplicateur de la population est infiniment plus grand que le pouvoir qu'a la terre de produire la subsistance de l'homme ». Bon. En réalité l'agriculture moderne a montré qu'il se plantait un peu et qu'on était capable de nourrir le plus grand nombre. Toutefois, les néo-malthusiens subsistent toujours et s'inscrivent dans une perspective de décroissance (économique et démographique).

ON SE RAPPROCHE ?

Si les 7,7 milliards d'humains vivaient...

À LA MÊME DENSITÉ QUE LES HABITANTS DE :	ILS OCCUPERAIENT À PEU PRÈS LE TERRITOIRE :	OU BIEN CELUI :
HOWLOON (Hong Kong, Chine) 48 000 habitants par km²	**DE LA TUNISIE** 163 000 km²	**DE LA GEORGIE** 154 000 km²
PARIS (France) 20 000 habitants par km²	**DU ZIMBABWE** 390 000 km²	**DU MONTANA** 380 000 km²
HOUSTON (États-Unis) 1 500 habitants par km²	**DE L'EUROPE** (sans l'Ukraine et la Biélorussie) 390 000 km²	**DE PLUS DE LA MOITIÉ DES ÉTATS-UNIS** 380 000 km²

Source : *Le Monde diplomatique*, Manière de voir #167

Mille millions de mille sabords

On était 1 milliard au début du XIXe siècle, 2 milliards au début du XXe et presque 8 milliards aujourd'hui. Tout comme les émissions de gaz à effet de serre, la croissance démographique est exponentielle. Le biologiste Paul Ehrlich écrivait déjà en 1968 : « Si on maintient notre croissance démographique actuelle, on sera 60 millions de milliards dans 9 siècles ».

Enfant d'un soir, espoir

Pablo Servigne, Gauthier Chapelle et Raphaël Stevens grands papes de la collapsologie ont tous des enfants : « Cela participe d'un élan vital, c'est le même élan qui m'empêche de me suicider, explique Pablo dans Reporterre [...]. Ça m'a ancré, m'a amené vers le sauvage, vers les émotions. Ça m'a fait sortir la colère [...] et m'a aidé à trouver une posture pour les tempêtes, les catastrophes et l'effondrement. »

Être né quelque part

Une étude menée en Suède estime qu'un enfant en moins, c'est 58,6 tonnes d'émissions carbone en moins par an. Un chiffre à prendre avec des pincettes toutefois, d'abord parce qu'il ne s'applique qu'aux pays riches, bien plus pollueurs que les autres : individuellement, un Américain pollue 15 fois plus qu'un Indien.

Chat ou enfant, faut-il choisir ?

Crottes et croquettes

Un chat mange des croquettes. Et dans les croquettes, il y a quoi ? Du bœuf ! C'est bien la peine de réduire votre dose si ce poilu n'en fait qu'à sa tête. En plus, on jette en moyenne 30 kilos de litière de chat chaque année, celle-ci est le plus souvent minérale et modifiée chimiquement pour que le doux fumet des déjections n'ait pas le temps de parvenir jusqu'à nos chastes narines.

Félins extincteurs

On estime à 400 millions le nombre de chats dans le monde (dont 13 millions en France). Gros mangeurs de souris et d'oiseaux, en cinq siècles, ils ont entraîné la disparition d'une soixantaine d'espèces animales comme le Bandicoot-lapin à queue blanche en Australie, espèce éteinte depuis une soixantaine d'années (faut dire que les chats ont été ramenés sur l'île au XIXe siècle et ont proliféré depuis au détriment d'autres petits animaux).

Chatons mignons ?

La vidéo trop mignonne de votre chat partagée sur tous les réseaux pollue. Dix minutes de visionnage en streaming émettent 1 gramme de CO_2.

Mauvaise éducation

Même avec beaucoup d'efforts, il sera toujours très difficile de sensibiliser un chat au dérèglement climatique (d'aucuns diraient que les chats sont même carrément climato-sceptiques).

Vous l'avez bien compris, tout est une question de choix ! Si la volonté de ne pas faire d'enfants est légitime, il est hors de question d'accabler les jeunes parents, n'en déplaise à Malthus. Quant aux passionnés du poil de chat, on peut limiter l'impact de son animal en faisant plein de trucs simples : l'adopter dans un refuge et ne pas lui acheter de jouets, car n'oublions pas que les chats ne croient plus au Père Noël.

Sur une planète qui dépassera les 10 milliards d'habitants d'ici à 2050 la course galopante à la surpopulation a de quoi donner le vertige. C'est pourquoi certains et certaines remettent en question leur désir d'enfant. Mais qu'en est-il du désir de chats ? Entre bébé et matou, qui pèse le plus sur la planète ?

Les climato-sceptiques : relous des temps modernes

Attention, Simone, si un jour tu te retrouves face à une personne qui t'affirme fermement que le dérèglement climatique, c'est une vaste fumisterie, tire la sonnette d'alarme ! Tu es… face à un.e climato-sceptique. Pas de panique, on décrypte les arguments du fourbe.

Le grand bingo des arguments climato-sceptiques

« Ça va rien changer d'éteindre la lumière de ta chambre ! Vu comment les entreprises polluent. »
C'est vrai que les petits gestes semblent bien insignifiants par rapport à l'ampleur des dégâts. Mais ils ne sont pas inutiles. Selon Carbone 4, si on fait un maximum d'efforts sur le plan individuel, on peut réduire de 25 % notre empreinte carbone. Sans compter que ces changements auront une incidence sur les systèmes de production. Alors oui, les gestes individuels ont une valeur inestimable, et c'est pas parce que tout le monde ne les fait pas qu'il faut retarder notre passage à l'acte !

« L'Homme est super fort, on va bien trouver des solutions. »
Eh oui, l'humain est toujours plus fort que tout. La preuve, il planche sur des techniques de géo-ingénierie pour nous sortir de la mouise ! Ça fait du bien de rêver et de garder espoir, mais les ressources nécessaires pour nous permettre d'aller tous migrer sur Mars et d'élire Elon Musk, PDG de Space X, en président planétaire sont franchement insuffisantes par rapport à l'urgence climatique. Pas de bol, la planète se réchauffe un peu trop vite pour envisager ce genre de scénario de SF.

« Le climat a toujours changé. »
OK Gilbert, pas totalement faux, mais l'argument est biaisé parce qu'en l'occurrence le changement climatique qui s'opère depuis plus d'un siècle est principalement dû à l'activité humaine et à elle seule et s'opère à un rythme jamais observé. C'est vrai qu'on est super fortiches, parce qu'on a réussi comme des chefs à faire dévier la trajectoire écologique de notre planète. Chapeau.

« Le GIEC raconte n'importe quoi. »
2 500 scientifiques provenant de 195 pays, on peut estimer que ça donne un rapport relativement fiable. D'autant plus que leurs prédictions se sont toujours vérifiées par la suite. Mais les climato-sceptiques aiment bien revenir sur le climate-gate de 2009 qui mettait en cause le groupe à cause d'une omission volontaire de rapporter une baisse de température dans leur relevé (ce qui allait à l'encontre de la thèse du réchauffement climatique). Dans les faits, cela ne changeait rien aux résultats globaux.

« KEUAAA ? Arrêter de prendre l'avion ? Les écolos sont des dictateurs ! »
La menace de la dictature verte est souvent brandie par nos amis les climato-specticos. Les écolos veulent qu'on arrête de prendre l'avion et de manger de la viande, et puis quoi encore ! En réalité l'écologisme vise l'égalité et la justice sociale, ce qui implique des changements auprès des populations privilégiées. C'est sûr que si en Occident nous devons diviser par 10 notre empreinte carbone (idéalement nous ne devrions pas dépasser les 2 tonnes éq. CO_2 par

personne par an d'ici à 2050 pour respecter l'Accord de Paris), cela nous impactera plus que la majorité des pays d'Afrique, qui émettent bien moins que ce seuil maximal.

« Le réchauffement, c'est super cool, ça veut dire qu'on pourra bronzer en hiver ! »

Et brûler en été ! C'est sûr que, dit comme ça, ça donne envie ! N'oublions pas qu'en France nous vivons dans un climat tempéré, peu exposé aux conséquences directes du réchauffement (sauf pour les canicules en été et les inondations). Pourtant, quand on parle d'une augmentation de 7 °C en 2100 comme s'avançaient les dernières prévisions du GIEC (certes ce n'est qu'un scénario possible, pas le plus sympa), ça veut dire qu'il faut tout de même envisager potentiellement des étés entiers de canicules avec des pics à plus de 50 °C. Et on ne parle que de la France. Pas top.

« C'est pas compliqué, il suffit que les espèces animales s'adaptent. »

Bah oui, voyons. Après tout, elles n'ont qu'à se débrouiller, ces idiotes de bestioles. Malheureusement, il semblerait que ça ne se passe pas vraiment comme ça. Un nombre imposant d'espèces s'éteignent à vitesse grand V, faute de n'avoir pu s'adapter assez rapidement au dérèglement climatique. Et comme tu le sais sans doute, chaque espèce dépendant d'une autre (c'est ce qu'on appelle les « interactions écologiques »), on se retrouve en train de vivre en ce moment même la sixième extinction de masse. RIP, la vie !

DÉNI DE CHAUFFERESSE

1979 : le commandant Cousteau sur le plateau d'Antenne 2, contredit les propos du géologue Haroun Tazieff sur l'effet de serre : « C'est du baratin, ça ! »

1997 : Claude Allègre (celui qui voulait aussi dégraisser le mammouth) déclare dans *Le Point* : « Après l'hiver sévère que l'on vient de subir, tout un chacun peut légitimement s'interroger sur la réalité du réchauffement de la planète. » Un argument qui persiste puisqu'en novembre 2018, Donald Trump se demandait où était passé le réchauffement climatique alors que les températures indiquées étaient au plus bas.

2007 : Channel 4 diffuse le documentaire *The Great Global Warming Swindle (La Grande Arnaque du réchauffement climatique)* pour qui le consensus sur le changement climatique est le résultat « d'une industrie mondiale de plusieurs milliards de dollars créée par des écologistes fanatiques anti-industriels ; soutenus par des scientifiques colportant des histoires effrayantes pour récolter des fonds ; et consolidés par la complicité des politiciens et des médias ».

2019 : le Brésilien Bolsonaro met à la porte le directeur de l'Agence spatiale brésilienne qui vient de rendre publics les chiffres de la déforestation. Pour le président, les chiffres de l'Agence ne sont que mensonges.

De Joseph Fourier à Greta Thunberg, les héros du changement climatique

On les a tantôt raillés, tantôt écoutés, menacés ou pris au sérieux : en deux cent ans, les défenseurs du climat de tous poils ont tout entendu. Certains sont scientifiques, d'autres médiatiques. Sans eux et tous ceux qu'on n'a pas pu citer, on n'en serait jamais arrivés là. Qui sont ces héros d'un temps moderne complètement déréglé ?

JOSEPH FOURIER

Le mathématicien et physicien français né en 1768 découvre qu'en plaçant une vitre au-dessus d'une boîte noire exposée au soleil, les températures grimpent. S'il s'est un peu embrouillé les pinceaux sur l'explication physique du phénomène, il est sans doute le premier à avoir émis des hypothèses sur l'effet de serre.

GILBERT NORMAN PLASS

Pendant de nombreuses années, les scientifiques du XXe siècle tournent autour de l'idée que l'augmentation du dioxyde de carbone dans l'atmosphère réchauffe la planète. Gilbert, physicien canadien, confirme ces dires par de savants calculs simulés sur les premiers ordinateurs (oui Simone, on est dans les années 1950).

SVANTE AUGUST ARRHENIUS

Ce Suédois, Prix Nobel de chimie en 1903, découvre que plus l'air est riche en dioxyde de carbone, plus les températures terrestres augmentent. En 1896, dans son article « De l'influence de l'acide carbonique dans l'air sur la température au sol », il explique qu'un doublement du taux de CO2 causerait un réchauffement d'environ 5 °C. Trop fort ce Svante, ce sont carrément les prévisions du prochain rapport du GIEC à paraître en 2021 (sauf qu'il imaginait qu'il fallait au moins trois mille ans pour en arriver là).

BERT BOLIN

Le professeur de météorologie suédois né en 1925 est à l'origine des grandes initiatives internationales sur le climat. On lui doit la création du Comité du CIUS (le Conseil international des unions scientifiques) sur les sciences de l'atmosphère en 1964. Le Comité a lancé le Programme mondial de recherche atmosphérique (GARP) en 1967 qui est devenu le Programme mondial de recherches sur le climat en 1980. Bert a aussi été à l'origine de la création de l'IPCC plus connu dans la langue de Maître Gims sous le nom de GIEC.

CLAUDE LORIUS

Grand baroudeur des pôles, directeur de recherche au CNRS, le chercheur français né en 1932 et bardé de titres honorifiques a fait sa principale découverte en buvant un verre de whisky ou, plus précisément, en observant l'air libéré par son glaçon lors d'une expédition en Terre Adélie. Après avoir bu son scotch, il prélèvera de profondes carottes dans la glace, observera avec attention ses bulles d'air et montrera les liens entre les taux de gaz à effet de serre et les modifications du climat. Grâce à lui, on sait notamment comment a évolué le climat ces 800 000 dernières années.

ALBERT ARNOLD GORE

Al Gore n'a pas été que vice-président des États-Unis de 1993 à 2001. Il est aussi un ardent défenseur de la cause climatique. En 2006, il sort *Une vérité qui dérange*, un film sur les dangers du réchauffement climatique qui a effectivement dérangé les climato-sceptiques mais aussi séduit le public et le jury des Oscars (il en recevra deux). En 2007, consécration ultime : Al Gore et le GIEC reçoivent conjointement le Prix Nobel de la paix pour « leurs efforts de collecte et de diffusion des connaissances sur les changements climatiques provoqués par l'homme... ».

DENNIS ET DONELLA MEADOWS

Ces deux-là sont un peu les Bonny and Clyde de l'écologie. Dennis est un scientifique du MIT qui a une passion inégalée pour la dynamique des systèmes. Avec la collaboration de sa femme, Donella, pionnière écologiste, et de deux autres scientifiques, il sort en 1972 le rapport du club de Rome : *Les Limites de la croissance*, connu aussi sous le nom de « rapport Meadows ». Dans cette bible de la pensée décroissante, les auteurs ont modélisé notre mode de vie (celui des années 1970) et effectué différentes projections. Le résultat est sans appel : on ne peut pas espérer une croissance démographique et économique infinie sur une planète aux ressources finies.

JEAN-MARC JANCOVICI

Son site **jancovici.com** sur les questions d'énergie et de changement climatique est une mine d'informations. Pour une fois, grâce à ses explications claires et simples, on arrive à comprendre des concepts hyper compliqués. Jancovici est polytechnicien, diplômé de l'École nationale supérieure des télécommunications de Paris, enseignant à Mines ParisTech, auteur, conférencier, associé fondateur de Carbone 4, fondateur et président de The Shift Project (voir page 199). Il est aussi l'auteur du bilan carbone de l'Ademe. Sa méthode permet d'estimer les émissions directes et indirectes de gaz à effet de serre de toute activité industrielle ou tertiaire. À ce jour, plus de 2 000 structures ont fait leur introspection climatique.

JEAN JOUZEL

Scientifique mondialement connu, à 73 ans, Jean Jouzel collectionne les bons points. Il est passé de l'étude des grêlons à celle des glaciers, a côtoyé de près Claude Lorius, a reçu la médaille d'or du CNRS, est membre de l'Académie des sciences. Il a été vice-président du GIEC de 2002 à 2015, s'est engagé médiatiquement et politiquement en créant avec l'économiste, Pierre Larrouturou, le Pacte Finance-Climat européen. L'idée ? La création d'une banque du climat pour financer la transition dans tous les pays européens. Chaque pays aurait droit à un petit billet représentant 2 % de son PIB, soit un prêt de 45 milliards d'euros à taux zéro par an pour la France. Enfin, Jean Jouzel est résolument optimiste et ça, ça fait du bien.

GRETA THUNBERG

Reconnaissable entre toutes avec ses deux longues nattes, son anglais impeccable et sa détermination infaillible, la Suédoise Greta Thunberg née en 2003 secoue les vieilles branches. À l'été 2018, elle se poste devant le Parlement suédois pour dénoncer son inaction climatique. Quelques mois plus tard, elle lance le **Skolstrejk för klimatet**, la grève scolaire pour le climat, qui s'étendra dans le monde entier. En juillet 2019, elle prend la parole à l'Assemblée nationale française et, quelques mois plus tard, s'exprime à la tribune de l'ONU (elle s'est rendue aux États-Unis en bateau). Face aux dirigeants de la planète, elle les accuse de lui avoir « volé ses rêves et son enfance avec des paroles creuses », et de ne parler que d'un « conte de fées de croissance économique éternelle ». Cette insolente audace lui vaut louanges et critiques du monde entier. Certains la voient nobélisable, d'autres comme une gamine autiste manipulée.

Quand la société se mobilise, les mouvements pro-climat

Depuis quelques années, le climat n'est plus seulement l'affaire des spécialistes. La société civile s'empare du sujet, s'organise, se mobilise, pétitionne, marche, crie, sort les pancartes et les dents. Son credo ? Le climat, il passera par moi ! Prête à grossir les rangs, Simone ?

Associations de bienfaiteurs

Ce n'est pas nouveau, les ONG environnementales se soucient du climat depuis des lustres. Pour porter leurs voix plus fort et plus loin, elles se sont regroupées au sein du Réseau Action Climat en 1996. Le RAC, c'est comme ça qu'on dit Simone, regroupe 22 associations nationales parmi lesquelles les Amis de la terre, le WWF, la Ligue pour la protection des oiseaux (LPO), Greenpeace, France Nature Environnement, mais aussi 9 associations locales et régionales. Le RAC représente la France au CAN, le Climate Action Network, un réseau mondial qui regroupe aujourd'hui plus de 1 300 ONG dans 120 pays. Concrètement, le RAC incite les gouvernements et les citoyens à prendre des mesures pour limiter l'impact des activités humaines sur le climat. Comment ? Par plein de rapports, d'expertises, de guides, de cahiers de recommandations (la section « nos publications » du site est une vraie malle aux trésors), mais aussi par des notes de position et un travail actif de plaidoyer aux niveaux local, régional, national, européen et international. Le RAC est aussi à l'origine avec le CLER (Réseau pour la transition écologique), – pardon Simone, c'est pénible, tous ces acronymes – de l'Observatoire Climat-Énergie pour voir si les engagements du gouvernement en matière de transition énergétique sont bien respectés. On veut pas te spoiler Simone, mais la réponse est... non.

Fin de la récré

Ça bouge dans les cours des grandes écoles et des universités. À l'automne 2018, les étudiants d'HEC Paris, d'AgroParisTech, de CentraleSupélec, de l'École Polytechnique et de l'ENS Ulm lancent un premier pavé dans la mare des entreprises avec leur manifeste pour un réveil écologique. Leur texte dit en substance : « Les gars, on n'ira pas bosser chez vous si vous n'agissez pas rapidement pour le climat. » Le deal est clair : soit les grands groupes prennent en compte les enjeux environnementaux, soit ils se dispenseront des meilleurs élèves. Au début novembre 2019, 31 197 étudiants avaient ratifié le manifeste.

En septembre 2019, c'est du côté des profs que ça s'agite. 150 directeurs d'établissements d'enseignement supérieur et 1 000 chercheurs répondent à l'appel de The Shift project, think tank autour de la transition énergétique lancé par Jancovici (voir page 199). Le texte engage les enseignants à fournir des connaissances et clés de compréhension aux élèves pour qu'ils puissent relever les défis du climat. « Aucun étudiant, quel que soit son âge, ne doit pouvoir valider une formation dans l'enseignement supérieur sans avoir compris les causes, les conséquences du changement climatique et travaillé, à son niveau, à l'identification de solutions possibles », peut-on lire dans cet appel signé par 8 400 citoyens. En 2020, le texte devrait être remis officiellement au ministère de l'Enseignement supérieur et aux porteurs du manifeste pour un réveil écologique. On avance.

Les youtubeurs likent le climat

Quand tu pèses près de 12 millions d'abonnés sur YouTube comme @Norman ou 5 millions sur Instagram comme @Enjoy Phoenix, c'est sûr que tu as du poids pour faire passer tes idées. Alors pourquoi pas celles autour du climat ? C'est dans cet esprit qu'à l'automne 2018 plus de 60 youtubeurs ont rejoint le mouvement On est prêt et encouragé leurs fans à adopter chaque jour un nouveau geste pour le climat. Devant le succès, la campagne a été reconduite en 2019. Dans le même style, la plateforme Il est encore temps a été mise en place en septembre 2018 pour mobiliser massivement les énergies autour du climat. Une vidéo regroupant des personnalités comme Pablo Servigne, Akim Omiri, Et tout le monde s'en fout, Démos Kratos, Professeur Feuillage, Vincent Verzat a enregistré plus de 11 millions de vues et a donné envie à 187 000 personnes de s'inscrire sur le site pour rejoindre l'une ou l'autre des initiatives concrètes existantes.

BANDES DE JEUNES

Créée en 2019, l'association Youth for climate fédère aujourd'hui plein de petits groupes locaux qui s'engagent à leur échelle et leur manière pour le climat. Ils organisent des clean walks (demande à Elie), des lights off (extinctions d'enseignes lumineuses) ou tout autre chose : « Nous sommes ouverts à toutes les propositions de modes d'action ; il n'y a pas de sujets interdits, et pas de dirigeants pour créer de l'interdit. »

L'AFFAIRE CARRÉMENT DU SIÈCLE

C'est un peu la mobilisation de tous les records. Fin 2018, quatre associations, Notre Affaire à Tous, la Fondation Nicolas Hulot pour la Nature et l'Homme, Greenpeace France et Oxfam France décident au nom de l'intérêt général d'attaquer l'État français en justice pour qu'il respecte ses engagements climatiques.

Une vidéo dans laquelle apparaissent une trentaine de personnalités, dont Marion Cotillard, Juliette Binoche ou Guillaume Meurice, lance la pétition. En quelques jours, plus de 2 millions de signatures sont recueillies, du jamais-vu ! Au printemps 2019, les quatre assos déposent un recours de plein contentieux devant le tribunal administratif de Paris, puis leur mémoire complémentaire. Le 20 mai 2019, l'instruction peut réellement commencer. Verdict au printemps 2021.

Et moi, je sers à quoi dans tout ça ?

Devant l'ampleur de la tâche, on se demande parfois si nous autres, modestes humains, on a un rôle à jouer dans l'histoire qui se trame devant nos yeux. Nos petits pas vont-ils suffire à faire un bond en avant ? On est comme toi, Simone, on s'est déjà posé la question en long en large et en travers, et, coup de bol, on a trouvé au moins 50 raisons de s'y mettre vraiment.

Pourquoi se lancer ?

1. Parce que l'environnement est enfin la première préoccupation des Français.
2. Parce que les éco-gestes individuels peuvent faire baisser de 25 % notre empreinte carbone nationale.
3. Parce que personne ne peut le faire à notre place.
4. Parce qu'on ressemblera un peu à Marion Cotillard et à Brad Pitt.
5. Parce que Nicolas Hulot n'a pas dit son dernier mot.
6. Parce que l'application Yuca téléchargée par plus de 18 millions de Français a fait modifier 900 recettes à Intermarché.
7. Parce que Coluche disait : « Il suffirait que les gens n'achètent pas pour que ça ne se vende pas. »
8. Parce que le trou dans la couche d'ozone n'a jamais été aussi petit.
9. Parce que Jean-Marc Jancovici dit qu'il faut y aller.
10. Parce que ceux qui m'aiment prendront le train.
11. Parce que la CNN a organisé un débat de 7 heures sur le climat avec les candidats démocrates.
12. Parce qu'on aime bien écouter Pablo Servigne.
13. Parce qu'un jeune sur deux accepterait de gagner moins pour travailler dans une entreprise écolo.
14. Parce que 49 % des séniors considèrent que l'environnement est une priorité.
15. Parce que les zadistes de Notre-Dame des Landes ont fait plier le projet d'aéroport.
16. Parce qu'un simple individu, Maxime Lelong, a lancé la Marche pour le climat.
17. Parce que sinon personne ne regarderait la série *Years and Years*.
18. Parce que c'est le grand retour des vélos vintage.
19. Parce que le pape François a écrit l'encyclique *Laudato si*. Et si le pape s'y met...
20. Parce que la maison brûle et qu'on ne peut plus regarder ailleurs. Pensée pour Chirac.
21. Parce qu'on est vivant, après tout.
22. Parce qu'en Europe, en 2021, les plastiques à usage unique seront interdits.
23. Parce que la superficie de la forêt française a presque doublé depuis le XIXe siècle.
24. Parce que tout le monde connaît la phrase de Saint-Exupéry : « Nous n'héritons pas de la terre de nos parents, nous l'empruntons à nos enfants. »
25. Parce que 86 % des Français aimeraient vivre demain dans une société où la consommation prend moins de place.
26. Parce que les mioches de 8 ans commencent à nous faire la morale quand on prend l'avion.
27. Parce que Lewis Hamilton, champion de formule 1, s'est acheté une smart électrique, et Nagui aussi.
28. Parce que la face du monde est sur le point de changer, on vous dit.
29. Parce qu'on est un citoyen mais aussi un

collaborateur d'une entreprise, un membre de la famille, un voisin, un ami et qu'on peut montrer l'exemple partout.

30 Parce que sept personnes sur dix veulent des aliments sans huile de palme.

31 Parce que la pétition L'Affaire du siècle a recueilli plus de 2,3 millions de signatures.

32 Parce qu'on ne va quand même pas se passer du beaujolais nouveau.

33 Parce qu'il y a eu en 2019 la Convention citoyenne sur le climat.

34 Parce qu'on aime bien la jouer collectif.

35 Parce qu'on a vu l'Amazonie en flammes et c'était déjà un drame, puis l'Australie, et c'était encore pire.

36 Parce que 57 % des Français estiment qu'il faut revoir notre système économique et sortir du mythe de la croissance infinie.

37 Parce qu'on a le droit de vote.

38 Parce que les discours de Greta Thunberg se retrouvent dans les tubes du DJ Fatboy Slim.

39 Parce qu'on va bientôt réhabiliter le train de nuit.

40 Parce que les mobilisations qui rassemblent 3,5 % de la population réussissent à faire basculer un système.

41 Parce qu'en France ça ne fait que 2,5 millions de personnes à mobiliser.

42 Parce que si tu as ce livre dans les mains c'est que tu es déjà un tout petit peu convaincu.

43 Parce que si tu ne le fais pas pour ton enfant, fais-le pour ton chat !

44 Parce que plus on commence à faire des gestes écolos, plus on a envie d'en faire.

45 Parce que de toute façon ça commençait à nous saouler de faire du shopping.

46 Parce que le changement est plus simple quand on s'y met à plusieurs.

47 Parce que si les autres se bougent, tu devrais te bouger aussi.

48 Parce qu'on aimerait bien partir en vacances avec Aurélien Barrau.

49 Parce que mine de rien, depuis les années 1990, la France a déjà réduit de 15 % ses émissions de gaz à effet de serre.

50 Parce qu'il n'y a aucune bonne raison de ne rien faire.

TOUS ENSEMBLE

L'agence Carbone 4 a étudié le poids des gestes individuels dans l'effort collectif exigé pour atteindre les engagements de la COP 21. « Nous avons établi une liste d'une douzaine d'actions relevant de la seule volonté d'un individu, en agrégeant "petits gestes du quotidien" (acheter une gourde, équiper son logement de lampes LED…) et changements de comportement plus ambitieux (manger végétarien, ne plus prendre l'avion, faire systématiquement du covoiturage…), expliquent les spécialistes. Ces actions sont toutes réalisables sans aucun investissement. Nous avons ensuite regardé ce qu'il était possible d'espérer en termes de baisse de l'empreinte carbone si un Français activait conjointement et systématiquement l'ensemble de ces actions, tous les jours de l'année. Il en ressort que la baisse serait de l'ordre de - 25 %. » Bonne ou mauvaise nouvelle ? C'est une histoire de verre à moitié plein ou à moitié vide. On peut se dire que 25 % de pouvoir de changement au niveau purement individuel, c'est déjà énorme, non ? À chacun ensuite de faire pression sur son entreprise, sa mairie, son quartier pour faire essaimer le mouvement.

J'ai lu, j'ai vu, j'ai vaincu :

Les documentaires

Une vérité qui dérange de Davis Guggenheim (2006) : Al Gore nous raconte tout sur le dérèglement climatique. C'est une entrée en matière incontournable pour piger les enjeux actuels. Même si le film a déjà une quinzaine d'années...

Demain de Cyril Dion et Mélanie Laurent (2015) : moins anxiogène que le précédent. La démarche ici est plutôt de nous montrer les solutions locales qui ont été mises en place pour changer les choses.

Tous au Larzac de Christian Rouaud (2011) : en 1971, un groupe de paysans du Larzac refusent de céder leurs terres pour l'extension du camp militaire décidée par Michel Debré. Difficile de rester en place en regardant le film sans avoir envie de sortir faire la révolution.

Les bandes-dessinées

Saison brune de Philippe Squarzoni, éditions Delcourt (2012). Un gros pavé de 480 pages aux nouvelles peu réjouissantes. Pour éviter de vous taper une dépression, on vous conseille de le lire avec un verre de vin ou d'alterner votre lecture avec des épisodes de *L'Âne Trotro*. En revanche, après l'avoir lu vous serez hautement renseigné sur le dérèglement climatique. Youpi.

La recomposition des mondes d'Alessandro Pignocchi, éditions du Seuil (2019). L'auteur nous raconte son expérience dans la ZAD de Notre-Dame des Landes. Non seulement c'est drôle, mais ça donne sincèrement envie de se reconvertir en zadiste. Du même auteur, on vous conseille aussi ***Petit Traité d'écologie sauvage,*** éditions Steinkis (2017).

Les livres

Un autre regard sur le climat d'Emma, éditions Florent Massot (2019). Petit ouvrage qui se lit simplement et rapidement (ce qui le rend d'autant plus accessible à tous) et qui a le mérite de raconter le principal.

Comment tout peut s'effondrer de Pablo Servigne et Raphaël Stevens, éditions du Seuil (2015). Alerte ! Gros choc en perspective. Ouvrage de référence sur la théorie de l'effondrement qui annonce la fin de notre civilisation thermo-industrielle. Si ces projections restent hypothétiques, pas mal d'indices sur le bilan actuel des dégâts les rendent malheureusement crédibles. Même si les auteurs nous invitent à conserver une part de déni salutaire pour ne pas totalement déprimer. Sympa.

Petit Manuel de résistance contemporaine de Cyril Dion, éditions Actes Sud (2018). Ouvrage qui peut se lire rapidement et qui dresse aussi un bilan peu réjouissant de la situation, mais appelle davantage à une mobilisation collective qui passe forcément par une prise de conscience individuelle.

Le changement climatique expliqué à ma fille de Jean-Marc Jancovici, éditions du Seuil (2015). Parce qu'il ne faut pas mettre les enfants de côté dans cette sombre histoire qui s'écrit sous nos yeux, mais aussi parce qu'on ne comprend pas toujours nous-mêmes les mécanismes du dérèglement climatique. Cet ouvrage est utile pour tout le monde.

Les trucs qui nous ont fait marrer

Le faux documentaire ***La Boucherie éthique*** du collectif Les Parasites. Disponible gratuitement sur Youtube, ce film raconte l'histoire de Daniel,

bibliographie climato-sélective

un éleveur qui en a marre d'abattre son bétail et qui a trouvé l'idée du siècle : prélever au lieu de tuer. Il crée alors le label de « boucherie éthique » où les vaches se retrouvent amputées, mais pas tuées afin de rendre plus acceptable notre consommation carnée.

Le Petit Guide de l'effondrement. Quand on a découvert ce projet sur Ulule, on a été tenté de leur transférer toutes nos économies. Mais la raison a pris le dessus et on a juste donné de quoi avoir un exemplaire de cette BD frappadingue qui propose de vivre l'effondrement « dans la joie et la bonne humeur ». Grosse poilade garantie.

Super-écolo, la série audio d'Arte Radio qui livre à chaque épisode le témoignage fictif d'un écolo pur jus dont les engagements vont beaucoup trop loin au point de devenir un calvaire pour son entourage. C'est drôle et ça donne presque envie d'élever une vache dans son salon au 12e étage.

Les sites qu'on a saignés jusqu'à la dernière goutte

www.ademe.fr : l'Agence de l'environnement et de la maîtrise de l'énergie a constitué la principale source des données chiffrées qu'on donne dans ce livre. Cette institution française met en place des politiques publiques de développement durable qui s'inscrivent dans la protection de l'environnement.

jancovici.com : il y a un truc agaçant avec Jean-Marc Jancovici, c'est qu'il a déjà traité presque toutes les questions qu'on se pose aujourd'hui sur l'énergie, l'impact carbone et les solutions pour réduire nos émissions. Son site est une mine d'or. Ses conférences aussi, et en plus elles sont entièrement disponibles sur YouTube. (Voir son interview en fin de livre.)

futura-sciences.com : quand on cherche à comprendre un truc scientifique compliqué, c'est ici qu'on va faire un tour. Et si on ne trouve pas la réponse, on pose sa question sur le forum. Bref, on ne ressort jamais bredouille.

Les podcasts qui ont nourri nos oreilles

Thinkerview : pour écouter des entretiens longs, pas coupés au montage, avec des personnalités intéressantes (même si on ne partage pas toujours leurs idées), qui abordent sans langue de bois des questions de société, d'écologie et de politique.

Présages : entretiens dédiés à la question de l'effondrement. Des personnalités écologistes y racontent comment elles appréhendent l'avenir et de quelle manière elles s'y préparent.

CO_2 mon amour (France Inter) : parce qu'il y a aussi des émissions bonnes à prendre sur le service public, Denis Cheissoux y aborde les questions d'environnement et célèbre la nature.

Là encore on aurait pu vous faire une liste longue comme le bras, il y a aussi Basilic ; Transition(s) ; LSD, La Série Documentaire (France Culture) ; Ça commence par moi ; Social Calling ; Des idées pour demain (France Inter) ; Sismique, etc.

Louise cuisine la planète à feu doux

Pour les repas de la semaine, Louise est du genre à faire sain et simple, des frichtis vite faits bien faits à partir de recettes dégotées sur le Web ou improvisées avec des restes. En mode zéro prise de tête. Mais là, c'est pas pareil : elle vient d'inviter quelques anciens du lycée, et il y aura Léo. Un vieux copain plutôt beau gosse dans son souvenir, malgré son acné juvénile (faisons table rase du passé boutonneux). Demain soir, c'est fête et Louise compte bien mettre les petits plats dans les grands et comme disait sa grand-mère Marcelle : « Qui aime bien, nourrit bien. » Facile à dire ! Entre les reportages d'Élise Lucet, les posts de son fil Facebook et les pubs des supermarchés, Louise est un peu larguée. Brûlera-t-elle en enfer si elle achète des tomates bio cultivées sous serres chauffées ? Comment choisir de la viande qui ne met pas l'Amazonie en flammes ? Ça se lit comment, les étiquettes ? C'est quoi la saison du chou-fleur ? Et puis, est-ce que c'est vraiment bon, les produits végans ? Bonjour la galère ! Est-ce bien la peine de se compliquer autant la vie pour un simple dîner ?

Eh bien, oui ! Mais rassure-toi, Louise, il n'y aura pas de cauchemar en cuisine. Ce chapitre est fait pour toi et pour tous tes potes du lycée. **Ici on va t'apprendre à cuisiner pour le climat.** Plat à plat. Sans paniquer. On commencera par la base : le bio, le local et le calendrier des saisons. On enfilera les bottes pour aller dans les champs et comprendre comment fonctionne ce petit monde-là. Tu verras, tout s'éclaircira. Côté viande, tu pourras te payer une bonne tranche d'informations. On t'apprendra à lire les étiquettes, à cuisiner « zéro déchet » et à organiser une bonne grosse teuf garantie sans gaz à effet de serre. Dis, Loulou, on pourra s'inviter ?

Quiz

À quel point es-tu climato-compatible avec la bouffe ?

Salut Loulou ! Range donc ce plat préparé, saturé en sucre et suremballé que je ne saurais voir. Dans ce chapitre, on cause ripaille, mais avant de devenir accro au bio et au circuit court faisons un point sur tes habitudes afin de dresser un profil psychologique ultra fiable.

1 Là tout de suite, si on ouvre ton frigo, qu'est-ce qu'on y trouve principalement ?

A - Du tarama périmé depuis trois semaines, une barquette de steak haché, des œufs marqués 3 (« plus le chiffre est élevé, plus j'ai bon, c'est ça ? »).

C - Rien. Tu n'as plus de frigo, tu achètes des aliments frais au jour le jour et le reste, tu le conserves au sec dans des bocaux.

B - Plein de produits bio du marché. C'est dommage, parce que comme tu manges pas chez toi les trois prochains soirs, ça va certainement finir à la poubelle.

2 À quelle fréquence manges-tu de la viande ?

B - Pas plus de deux fois par semaine. Mais, parfois, c'est vrai que tu as la pupille qui se dilate à la vue d'une vache dans un pré.

C - De la... quoi ?

A - Tu es en ce moment même en train de ronger l'os de ta côte de bœuf. Il est 8 h 30.

3 Quel est le meilleur moment pour te faire une bonne salade de tomates ?

A - En entrée pour le repas de Noël.

B - Entre mars et novembre. Au pire, tu prends des tomates cultivées sous serre et ça passe crème.

C - En été, quand elles poussent naturellement dans ton potager.

4 Qu'évoque pour toi le mot « compost » ?

C - Un processus de transformation qui permet de valoriser les déchets organiques et d'enrichir un sol d'éléments nutritifs.

A - Un truc qui permet d'envoyer des cartes à sa grand-mère pendant les vacances.

B - Un seau rempli de déchets immondes que tu as abandonné sur ton balcon, il y a plus de six mois, en espérant qu'il se désintègre tout seul par l'opération du Saint-Esprit.

5 Pourquoi est-ce plus intéressant d'acheter des fruits et légumes bio ?

B - C'est meilleur pour la santé. Toi de toute façon, tu prends toujours du bio. Tes kiwis de la Nouvelle-Zélande par exemple, c'est du bio.

C - Ça te permet de réduire ton exposition aux pesticides et d'encourager une agriculture raisonnée, *what else* ?

A - Parce que c'est plus cher, encore un bon moyen pour les agriculteurs de s'en mettre plein les fouilles.

6 Quand tu vois une carotte avec une tronche cheloue, que fais-tu ?

A - Tu lui tires dessus à balles réelles.

B - Tu l'achètes par acquit de conscience, mais tu l'abandonnes bien vite dans le fond de ton bac à légumes. Elle ne sera pas retenue au casting de ton repas.

C - Si c'est sa forme naturelle, c'est qu'elle doit être meilleure que n'importe quelle carotte chimiquement bien calibrée.

7 Pour l'apéro, tu prépares des radis. Que fais-tu des fanes ?

C - Tu les gardes, bien sûr. Avec une pomme de terre et un oignon, tu auras de quoi faire une bonne sousoupe.

B - Tu les mets dans un pot de fleurs, c'est super joli, non ?

A - Tu achètes des radis en sachets déjà préparés, ils sont donc sans fanes, sans goût et sans honneur.

8 Comment te nourris-tu le midi à ton travail ?

C - Tu ramènes des plats préparés de chez toi dans un Tupperware® en verre.

A - Tu te fais livrer tous les midis un plat à base de bœuf, de veau ou d'agneau (ou les trois à la fois).

B - Tu raffoles de sushis ou d'un bon poke bowl à base de saumon et d'avocat.

9 Par quel intermédiaire te fournis-tu en nourriture ?

A - Deliveroo® pour les repas et pour les courses Amazon®, évidemment.

C - Tu es inscrit.e dans l'AMAP de ton quartier, c'est toi qui gères la distribution hebdomadaire des paniers.

B - Le supermarché du coin. Mais attention hein, tu achètes principalement des produits bio. Enfin, souvent. Enfin, de temps en temps quoi.

Tu as un maximum de A, tu es à 0 % climato-compatible. Même si tu as du plastique qui coule dans tes veines et un bloc de béton à la place du cœur, ton cas n'est pas complètement désespéré. La preuve, tu tiens ce livre entre tes mains, c'est que tu es un tout petit peu prêt.e à changer les choses, non ? La bonne nouvelle, c'est que tu as tout à apprendre, à commencer par les bases : le marquage des œufs (en dehors de 0, c'est non !), les aliments bio et locaux, la consommation de saison, lutter contre le gaspillage alimentaire. Promis, c'est pas trop compliqué !

Tu as un maximum de B, tu es à 50 % climato-compatible. Chez toi, l'engagement est mi-figue bio mi-raisin hors de saison. Tu fais des efforts, c'est vrai. Tu connais bien les réseaux de circuits courts et quand tu fais tes courses au supermarché tu achètes bio de préférence (« le bio, c'est quand l'emballage est vert, c'est ça ? »). Tu aimerais bien manger mieux, mais la cuisine, c'est pas ton fort. Ton terrain est tout à fait propice au changement. Et si tout se passe bien, à la fin de ce chapitre, tu devrais gagner des points de karma et atteindre le niveau supérieur de l'écolo-climato-végano-composto-antigaspillo-actif.

Tu as un maximum de C, tu es une pomme de maraîcher local bio. Tu peux fermer ce livre. Car on pourra dire ce qu'on veut, les pommes ne savent pas lire.

Mon bio, ma bataille

Louisette, c'est la fête. Pour une fois on a une bonne nouvelle à t'annoncer. Voilà quelques années que le secteur du bio fait des bonds à deux chiffres. Regarde un peu : en cinq ans, la production française de produits bio a doublé ; en 2018, 5 000 fermes ont pris la clé des champs garantis sans intrants chimiques. Évidemment, cette insolente santé excite les industriels qui s'y mettent à gogo. Mais le bio industriel, est-ce encore du bio ?

Au-delà du label

Vous êtes-vous déjà demandé pourquoi certains disent « le bio » et d'autres « la bio », alors qu'au départ c'est simplement le diminutif du mot « biologique » ? Eh bien, figurez-vous que cette distinction traduit depuis peu deux courants de pensée différents. Pour faire simple, il y a ceux qui pensent que « bio » qualifie une production sans intrants chimiques, point barre ; et ceux qui font référence à une vraie philosophie de vie où toute production doit, en plus d'être biologique, s'appuyer sur des valeurs d'équité, de proximité, d'autonomie et de partage. En théorie, la première catégorie (ceux qui disent « le bio ») ne voit pas de problème à importer des poires biologiques du Chili, récoltées par des sans-papiers par exemple. La seconde, (qui préfère « la bio »), si. Dans la vraie vie, les grandes enseignes parlent parfois de la bio alors qu'elles ne font que du bio, et nous, dans ce guide, on parle du bio alors qu'on défend la bio. Tu piges le délire, Louise, ou on t'a déjà perdue ?

Gaz pas du tout hilarant

Bon, et, niveau climat, pourquoi préférer l'agriculture biologique ? Essentiellement pour réduire l'émission du protoxyde d'azote (N_2O pour les intimes), champion toutes catégories de la destruction de la couche d'ozone. On le trouve en grandes quantités dans les engrais minéraux de synthèse interdits en agriculture biologique, mais aussi dans les gros cacas de nos amis les animaux. Bilan des courses : l'agriculture est responsable de 86,6 % des émissions françaises du fameux N_2O. Les anesthésistes le surnomment gaz hilarant, mais il ne fait pas marrer grand monde quand on sait qu'il subsiste 120 ans dans l'atmosphère et que son potentiel de réchauffement est 298 fois celui du CO_2. L'avantage du lisier et du fumier, Loulou, c'est qu'ils on été émis naturellement sans avoir consommé d'énergie.

Ça chauffe côté serres

Il est sur toutes les lèvres, on ne jure que par lui : le bio. Il est bon pour notre pomme, pour la qualité de nos cours d'eau, pour la biodiversité, pour le bien-être animal (puisque l'agriculture biologique interdit l'élevage en cage) et pour le climat à condition qu'on ne fasse pas venir des produits bio de l'autre bout de la planète. Mais il faut bien faire gaffe aux étiquettes ! Le bio est surtout top s'il est aussi local.

DES COCHONS, DES SALADES ET DES ARBRES

Mêler l'arbre aux cultures et à l'élevage, quelle bonne idée ! L'agroforesterie considère l'arbre comme un véritable allié. Parce qu'il filtre l'eau, fait de l'ombre, améliore la fertilité des sols, nourrit les animaux et, surtout, stocke du carbone. On réfléchit actuellement à un label distinguant l'agriculture du vivant (dont l'agroforesterie), ouvrez l'œil !
agricultureduvivant.org

Mais attention ! Il faut également que les fruits et légumes biologiques n'aient pas poussé sous des serres chauffées. « Bah ouais, j'savais ça ! » nous dis-tu. Alors bravo, mais les industriels n'ont pas l'air au parfum. Malgré un cahier des charges bio imposant le « respect des cycles naturels » et une « utilisation responsable de l'énergie », ils ont réussi à faire plier le comité national de l'agriculture biologique durant l'été 2019. Désormais, en France, le chauffage des serres est autorisé en bio, mais encadré pour limiter les dégâts. La commercialisation de fruits et légumes bio produits sur le territoire est interdite entre le 21 décembre et le 30 avril et le recours aux énergies renouvelables sera obligatoire dès 2025. Louise, avant de te ruer sur la tomate bio bretonne du 1er mai qui aura forcément grandi sous serre chauffée, tu peux tatouer sur ton corps ce chiffre de l'Ademe : une tomate produite sous serre chauffée émet sept fois plus de gaz à effet de serre qu'une tomate produite en France en saison (sans chauffage).

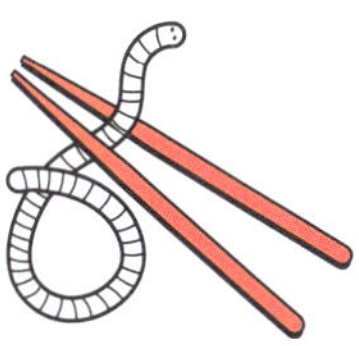

QUAND ON ATTRAPE DES MOUCHES AVEC DU VINAIGRE

Qu'est-ce qu'on vous sert ? Un petit criquet au paprika, des vers au wasabi ou des grillons en poudre ? Dans le monde, on compte deux milliards d'entomophages, mais la pratique reste encore peu répandue en France. Seules quelques rares entreprises se sont emparées de cette alimentation hors norme avec un impact carbone très réduit : Jimini's, Micronutris...

LES BONS RÉSEAUX POUR MANGER BIO ET EN CIRCUIT COURT

(CEUX AVEC QUI ON AIMERAIT BIEN SE MARIER)

- **Les AMAP :** dans ces associations, on préfinance la récolte de l'agriculteur avec lequel on s'est associé pour l'année (ou pour six mois). En contrepartie, on récupère chaque semaine un panier d'aliments frais, souvent bio et toujours de saison.

- **La Ruche qui dit Oui :** sur cette plateforme en ligne, on commande ce que l'on veut quand on veut auprès de producteurs locaux. Ensuite, on récupère ses courses dans une Ruche près de chez soi.

- **La Fourche :** autre plateforme en ligne où le distributeur ne fait pas de marge. Les clients doivent s'abonner pour bénéficier de produits bio pas chers.

- **Les points de vente collectifs :** ces magasins sont gérés par les producteurs fermiers eux-mêmes et on y trouve de belles pépites locales.

- **Les marchés paysans :** ici ce sont de vrais producteurs qui vendent eux-mêmes leurs produits locaux (toutes les infos sur le site bienvenue-a-la-ferme.com).

- **Les supermarchés coopératifs :** même s'ils ne proposent pas que des produits bio, et que tous ne sont pas issus de circuits courts, il faut reconnaître que le principe d'associer le consommateur à la gestion des boutiques est vraiment intéressant.

Menu des 4 saisons

Ce n'est pas parce qu'il n'y a plus de saisons qu'il faut manger des produits qui ne sont pas de saison. Parce que sinon, ça veut dire qu'on les a fait venir de loin. Et, sauf preuve du contraire, les fruits et les légumes voyagent rarement à pied. Résultat, une ratatouille en hiver, c'est souvent le Pékin Express de l'assiette et un zéro pointé sur le bilan carbone.

Stop aux légumes qui voyagent plus que toi

C'est fou comme on peut être impatient parfois, incapable d'attendre gentiment le mois de juillet avant de croquer dans la première tomate. Pareil pour les crustacés qu'on fait venir du bout du monde parce que c'est Noël. Idem pour le frometon. Louise, sache qu'en France, la part des fruits et légumes importés dépasse les 40 % pour les tomates, les concombres, les pêches, les nectarines et que le raisin caracole à 74 %. Les aliments baroudeurs de tous bords prennent l'avion un peu (0,5 %), le bateau beaucoup (57 %) et le camion pour le reste… Ils parcourent des milliers de kilomètres et viennent plomber encore un peu plus l'addition climatique.

L'antisèche de la courgette

Manger des fruits et légumes de saison, c'est facile pour la fraise puisqu'on nous a mille fois rabâché qu'elle ne poussait pas en hiver, mais côté chou-fleur, aubergine, radis, poire ou concombre l'exercice se corse surtout quand on nous en sert toute l'année sur un plateau d'argent. Pour être incollable sur le sujet, voici deux options :

1- L'observation : devant un étal, lis bien les étiquettes ; la provenance nationale des fruits et légumes est obligatoire. Quand c'est du coin, c'est souvent précisé.

2- L'antisèche : si tu ne veux pas réciter tous les soirs la liste des légumes du mois, prends en photo la page suivante et consulte-la à la moindre hésitation.

Des coquillages de chez nous

Voici une bonne et une mauvaise nouvelle. La bonne, c'est que les crustacés, huîtres et coquillages contribuent à la réduction des gaz à effet de serre puisqu'ils absorbent du carbone pour confectionner leur coquille. La mauvaise, c'est que si on ne fait rien, notre plateau de fruits de mer sera l'une des premières victimes du réchauffement climatique. En effet, la hausse des températures entraîne une modification chimique de l'eau et donc de son acidification (ça ne veut pas dire que l'océan se transforme en Coca, mais juste que son pH diminue) ce qui ralentit la constitution des coquilles. Du coup, Louise, on s'offre des huîtres de nos côtes quand c'est la saison (de septembre à janvier), des moules de juin à octobre et on oublie les crevettes de Madagascar. Et pour les bulots, c'est la teuf : on peut en manger toute l'année, matin midi et soir, en mode métro, bulots, dodo.

LE TRIBUNAL DE L'AVOCAT

Grand favori des plats végans, l'avocat n'est pas si chouette que ça car il vient souvent du Mexique, du Pérou ou du Kenya, même s'il pousse aussi en Corse ou en Espagne. Sachez que la production d'un avocat nécessite par ailleurs en moyenne 500 litres d'eau.

LA PLANÈTE, VOUS L'AIMEZ BLEUE OU TROP CUITE ?

Selon l'Ademe, en France on ingurgite chaque jour 2,4 kg d'aliments et de boissons. Dans les aliments, ⅓ sont d'origine animale et ⅔ d'origine végétale, tandis que quasiment la moitié des fruits et légumes que nous mangeons sont importés. Sympa la facture carbone !

Pour nous aider à y voir un peu plus clair, l'appli collaborative **Etiquettable** s'est associée à **la Fourche** pour produire un système de notation CO_2 prenant en compte l'emballage, le transport ou les modes de production pour évaluer le contenu de notre assiette :

A+

Vive les légumes et les légumineuses, les purées, les soupes et les jus (les vrais jus)
> 0 à 130 g de CO2 / 100 g

A

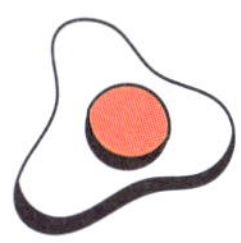

Joli score pour les œufs et les végétaux transformés : la farine,les pâtes,les huiles, les sauces.
> 130 à 250 g de CO2 / 100 g

B+

Le café ne s'en sort pas mal. Pareil pour les oléagineux (tous les fruits secs et riches en acides gras)
> 251 à 370 g de CO2 / 100 g

B

C'est pas si mauvais pour le riz, le chocolat, le poulet et le fromage de chèvre.
> 371 à 490 g de CO2 / 100 g

C

L'horizon se trouble avec les produits transformés qui contiennent des protéines animales : rillettes (mais les cornichons, ça va), pâtés, fromages de lait de vache (adieu la raclette)
> 491 à 740 g de CO2 / 100 g

D

Ça commence à craindre avec les autres produits en grande partie d'origine animale : le beurre (adieu les tartines), le poisson sauvage (ciao les sushis)… *> 741 à 960 g de CO2 / 100 g*

E

Alerte côte de bœuf ! Les viandes rouges brutes, voilà le pire du pire
> 960 g de CO2 / 100 g

L'année 2016 a été déclarée année internationale des légumineuses par les Nations unies.

Des fruits et légumes

JANVIER

Légumes • chou de Bruxelles, navet, chou frisé, chou rouge, chou vert, chou blanc, chou-fleur, crosne, topinambour, salsifis, panais, céleri, céleri-rave, mâche, betterave, pomme de terre, ail, échalote, courge, carotte, endive, poireau, cresson.

Fruits • poire, pomme, kaki, kiwi.

FÉVRIER

Légumes • chou de Bruxelles, navet, chou frisé, chou rouge, chou vert, chou blanc, crosne, topinambour, salsifis, panais, céleri, céleri-rave, endive, cresson, mâche, betterave, pomme de terre, ail, oignon, échalote, courge, poireau, carotte.

Fruits • pomme, poire, kiwi.

MARS

Légumes • chou frisé, chou rouge, chou vert, chou blanc, betterave, endive, frisée, cresson, mâche, poireau, chou-rave, céleri, céleri-rave, topinambour, navet, salsifis, panais, ail, oignon, échalote, carotte, pomme de terre.

Fruits • kiwi, pomme, poire.

AVRIL

Légumes • asperge, fève, petit pois, radis, ail nouveau, cresson, morille, oseille, endive, navet nouveau, oignon, échalote, chou rouge, chou vert, chou blanc, chou-fleur, chou-rave, épinard, blette, frisée, laitue, pissenlit, artichaut.

Fruits • fraise, pomme, poire.

MAI

Légumes • chou rouge, chou romanesco, endive, artichaut, fève, petit pois, haricot vert, radis, fenouil, carotte primeur, épinard, laitue, roquette, oseille, cresson, concombre, oignon, échalote, ail nouveau, pissenlit, brocoli, pomme de terre.

Fruits • fraise, rhubarbe, cerise.

JUIN

Légumes • asperge, chou-rave, chou romanesco, artichaut, brocoli, fève, haricot vert, radis, carotte primeur, concombre, courgette, poivron, tomate, oignon, ail nouveau, échalote, laitue, épinard, blette, fenouil, oseille, petit pois, pomme de terre.

Fruits • fraise, framboise, cerise, rhubarbe.

pour chaque saison

JUILLET

Légumes • artichaut, aubergine, courgette, tomate, concombre, poivron, chou-rave, chou romanesco, petit pois, blette, oignon, ail nouveau, échalote, carotte primeur, brocoli, haricot vert, laitue, maïs, fenouil, pomme de terre.

Fruits • fraise, framboise, cerise, figue, groseille, myrtille, mûre, abricot, pêche, prune, melon.

AOÛT

Légumes • chou romanesco, carotte, tomate, courgette, aubergine, concombre, artichaut, blette, brocoli, maïs, poivron, pomme de terre, betterave, céleri, chou-rave, laitue, fenouil, haricot vert, ail, oignon, échalote, frisée, oseille.

Fruits • mûre, framboise, fraise, cerise, pêche, prune, figue, groseille, myrtille, mirabelle, abricot, poire, melon.

SEPTEMBRE

Légumes • chou romanesco, chou de Bruxelles, carotte, tomate, courgette, aubergine, concombre, artichaut, blette, brocoli, maïs, poivron, pomme de terre, betterave, céleri, courge, chou-rave, laitue, fenouil, ail, oignon, échalote.

Fruits • mûre, framboise, fraise, raisin, cerise, pêche, prune, figue, myrtille, mirabelle, poire, pomme, melon, châtaigne, noix.

OCTOBRE

Légumes • chou de Bruxelles, navet, chou frisé, chou rouge, chou vert, chou blanc, chou-fleur, épinard, brocoli, frisée, endive, panais, céleri, chou-rave, poireau, betterave, pomme de terre, ail, échalote, courges, carotte, champignons, fenouil, aubergine, mâche, poivron, blette, courgette, laitue, oignon.

Fruits • figue, coing, pomme, poire, raisin, kaki, châtaigne.

NOVEMBRE

Légumes • chou de Bruxelles, chou frisé, chou rouge, chou vert, chou blanc, chou-fleur, navet, panais, céleri, poireau, betterave, pomme de terre, ail, échalote, courges, carotte, mâche, salsifis, endive, topinambour, frisée, cresson, céleri rave, épinard, fenouil.

Fruits • kaki, coing, pomme, poire, kiwi, châtaigne.

DÉCEMBRE

Légumes : chou de Bruxelles, chou frisé, chou rouge, chou vert, chou blanc, chou-fleur, navet, panais, céleri, céleri-rave, poireau, betterave, pomme de terre, ail, échalote, courge, carotte, mâche, salsifis, endive, cresson, crosne, topinambour.

Fruits : kaki, pomme, poire, kiwi, châtaigne.

Source : La Ruche qui dit Oui !

Toujours près !

Manger local, c'est moins de kilomètres dans l'assiette, alors forcément c'est bon pour le climat. Dit comme ça, la sentence est imparable. Surtout quand on imagine une société post-pétrole où les 20 % de gaz à effet de serre du secteur agroalimentaire émis par les transports et la commercialisation ne seront plus qu'un lointain souvenir. Voici tout de même quelques ingrédients à ajouter à son assiette locale pour que la digestion soit véritablement durable.

Trinité climatique

Si manger local semble être le sésame pour entrer au paradis des climato-actifs, d'autres attributs sont nécessaires pour pouvoir réellement franchir la porte. On le dit et on le redit, mais dans le secteur de l'alimentation, le mode de production pèse trois fois plus lourd dans la balance climatique que le transport. Pour bien faire ses courses, il faut donc veiller à ce que les aliments soient produits proprement (le poulet élevé en batterie de la voisine, c'est niet) et qu'ils n'aient pas fait trois fois le tour de la planète. Dans ton panier, Louise, il faudra donc cumuler trois critères : local, bio et de saison. Le combo gagnant. Comme l'explique Stéphanie Pageot, ex-présidente de la FNAB (Fédération nationale d'agriculture biologique) : « Si on consomme des produits locaux mais qu'ils ont été faits à partir de soja OGM provenant d'Amérique du Sud, cela perd tout son sens. D'où la nécessité de consommer local ET bio. »

Transparence kilométrique

Comment savoir combien de kilomètres ont parcourus les ingrédients dans ton assiette ? Bonne question, Louise. Certes, l'origine géographique des fruits et légumes fait partie des mentions obligatoires sur les étals depuis 10 ans, mais elle n'indique que le pays (or, entre Lille et Marseille, il y a quand même plus de 1 000 bornes). D'accord, les viandes doivent afficher le pays de naissance, d'élevage et d'abattage des bêtes… Pour le reste, c'est le grand flou. Essayez de calculer le nombre de kilomètres parcourus par un pot de miel quand les seules indications géographiques données sur l'étiquette sont « UE » ou « hors-UE » (et souvent les deux). Tentez de décrypter codes-barres et estampilles sanitaires ! Même avec des lunettes à double foyer, la succession de chiffres et de lettres n'est compréhensible que pour les initiés. Dans ce monde sans foi ni loi, il n'existe qu'une seule issue : acheter directement aux producteurs. Vous connaîtrez ainsi le code postal du moindre brin de persil (et vous pourrez même lui envoyer une carte postale lors de vos prochaines vacances).

Courses à pied

D'après toi, Louisou, combien de kilomètres parcours-tu chaque année pour aller chercher de quoi manger ?… 1 360 ! Alors évidemment, si tu prends ton SUV (formellement interdit sous peine de flagellation à coups de poireaux bio), ou ta vieille titine toute pourrie pour aller récupérer ton panier de légumes dans ton AMAP à dix bornes de chez toi, tu vas considérablement plomber ton bilan carbone. Pour limiter les émissions de gaz à effet de serre liées au déplacement du consommateur, l'Ademe conseille d'acheter au moins 2,5 kilos de produits par kilomètre parcouru en voiture pour se rendre sur le lieu de vente. Et si on s'organisait avec ses voisins ou que l'on ressortait sa bonne vieille bicyclette ?

QUAND LE CARBONE S'AFFICHE

Et si on indiquait le bilan carbone sur chaque produit ? Ouais, pas bête ! Plusieurs applications ont vu le jour pour nous aider à mieux choisir le contenu de notre Caddie :

↘ **Karbon :** en scannant le code-barres de n'importe quel produit, vous obtenez une estimation de l'empreinte carbone (avec une équivalence en kilomètres parcourus en voiture et le nombre de jours nécessaires à un arbre pour aspirer la même quantité de CO_2). Cette appli indique aussi l'impact sur la déforestation et la nocivité de l'emballage (tout en précisant s'il est recyclable ou non).

↘ **Etiquettable :** l'appli de cuisine durable fournit un calendrier interactif des aliments de saison, indique quelles espèces de poissons sont menacées et propose tout un tas de recettes durables (et l'impact carbone de chacun de vos repas).

↘ **Open Food Facts :** c'est un peu le Wikipédia des courses. Cette appli collaborative sert de base de données pour la communauté et permet d'obtenir une évaluation du produit scanné en fonction d'un grand nombre de critères.

Toutes ces applis concernent surtout les produits industriels. Le poulet fermier de votre petit producteur n'a pas de code-barres et est souvent bien meilleur pour le climat et pour votre estomac.

MA FOURCHETTE, MA PLANÈTE

En France, l'alimentation représente un quart de notre empreinte carbone. On dégaze du champ à l'assiette. Voyez plutôt.

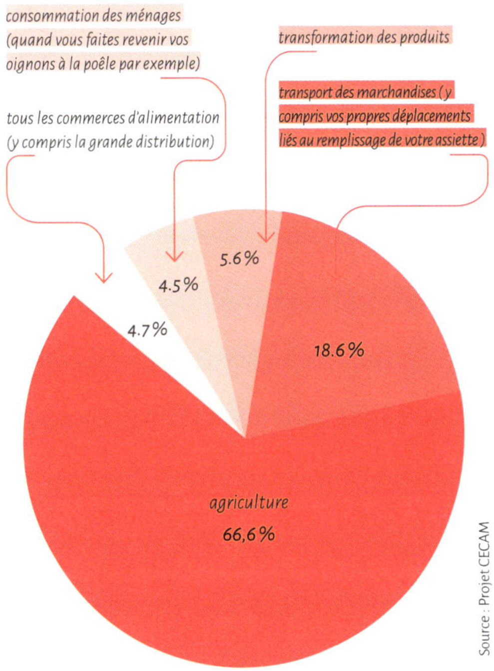

Source : Projet CECAM

CASSE-TÊTE DANS L'ASSIETTE

C'est pas parce qu'un produit vient de l'autre bout du monde qu'il a forcément une plus grosse empreinte carbone. La preuve ! Tomate française hors saison (sous serres chauffées) vs. tomate d'Espagne de saison : l'empreinte de la tomate française est 10 fois supérieure. Oui, oui, on sait, on disait un peu plus haut que le bio importé n'était pas forcément mieux, là on dit que le local peut être pire que l'importé, s'il est produit sous serres chauffées. Il y a de quoi s'arracher les cheveux.

Mollo sur la barbaque

Il faut se rendre à l'évidence, on mange trop de viande. C'est mauvais pour la planète et nos artères. Le Réseau Action climat rappelle que la production de bidoche représente la moitié des émissions de gaz à effet de serre agricoles en France et que nos besoins nutritionnels journaliers en protéines sont de 52 g alors qu'en moyenne on s'en engloutit 90 g. Sans risquer l'anémie, on peut donc sereinement lever la fourchette sur le steak.

Histoire de rots et de tourteaux

Louise, si tu fais partie de ceux qui se damneraient pour une côte de bœuf, il va falloir être forte.
Les experts sont formels : si la terre est trop cuite, c'est à cause de notre steak. D'abord parce que notre tournedos vient du flanc d'une vache et que la vache, elle rote (elle pète aussi, mais on n'est pas là pour refaire son éducation et niveau réchauffement climatique, le rot est bien plus problématique) et pas qu'un peu, vu qu'elle a quatre estomacs.
Les éructations des ruminants, c'est 44 % des gaz à effet de serre imputés à l'élevage ! À chaque rototo une bonne dose de méthane (CH_4) va pourrir l'atmosphère. De plus, si la vache se nourrit essentiellement d'herbe, il lui faut aussi quelques compléments en protéines, du genre tourteaux de soja dont on importe en France chaque année 3,5 millions de tonnes. Pour cultiver ce soja, on connait l'histoire, il faut de nouvelles terres...
On déforeste à gogo et on se prive du rôle de poumon vert de la forêt amazonienne. Bref, plus de rots, de pets et moins d'arbres = pas bon pour le climat.

Plus c'est petit, mieux c'est

Figure-toi que plus un animal est petit et moins il envoie de gaz à effet de serre. La calculette de la BBC, qui évalue l'impact climatique des aliments, estime qu'une à deux portions de bœuf par semaine (de 75 g, ce qui représente un mini steak haché, pas une côte entière en plus), équivaut sur une année entière aux émissions d'un Londres-New York en avion, mais aussi à 1 735 m^2 de terre utilisée, soit 6 terrains de tennis souvent pris du côté de l'Amazonie. Pour améliorer ton climato karma, il suffit de remplacer le bœuf par du porc (une part de filet mignon, c'est l'équivalent CO_2 de 577 kilomètres en voiture à essence). Avec du poulet tu descendras à 438 bornes. Et avec du tofu, c'est royal : 51 kilomètres !

Plus un animal est petit et moins il produit de gaz à effet de serre.

Et la viande de synthèse, on s'en bat les steaks ?

Dans les laboratoires de la Silicon Valley et d'ailleurs, des chercheurs arrivent aujourd'hui à fabriquer de la viande cellulaire. C'est ainsi que le professeur de physiologie néerlandais Mark Post a mis au point un « steak in vitro » 100 % synthétique, à base de fibres musculaires et de jus de betterave pour la modique somme de 250 000 euros. Ça fait cher le burger. D'autant plus que depuis le 19 février 2019, la désillusion est complète. Dans une étude publiée dans la revue *Frontiers in Sustainable Food Systems*, des chercheurs de l'université d'Oxford expliquent que la viande de synthèse pourrait être plus néfaste sur le long terme que l'élevage conventionnel, en raison de l'énergie nécessaire à la production in vitro. *Bad news*.

QUI SUIS-JE ?

« Je suis naturellement présent dans l'atmosphère, toutefois je suis aussi un gaz à effet de serre très puissant. Mon autre nom est hydrure de méthyle (mais ma maman m'appelle CH_4) et je suis super fort car je suis 25 fois plus nocif que le dioxyde de carbone. En revanche, j'en ai ras la casquette qu'on se foute de moi parce que je suis principalement associé aux pets et surtout aux rots des vaches. Je suis… je suis ? »

Le méthane !

QUEL RÔTI POUR LA PLANÈTE ?

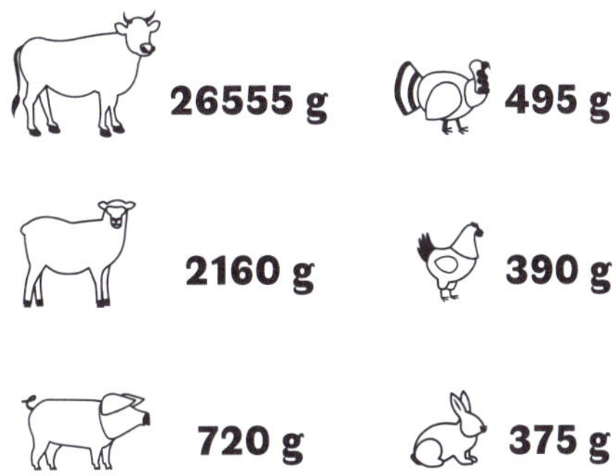

**Émissions de gaz à effet de serre pour une portion de 150 grammes produite (en grammes équivalent CO_2).*

ÉTIQUETTE DE VIANDE DE BŒUF À LA LOUPE

Depuis l'épisode de la vache folle,
il est obligatoire d'indiquer plein de choses sur les étiquettes de la viande de bœuf.

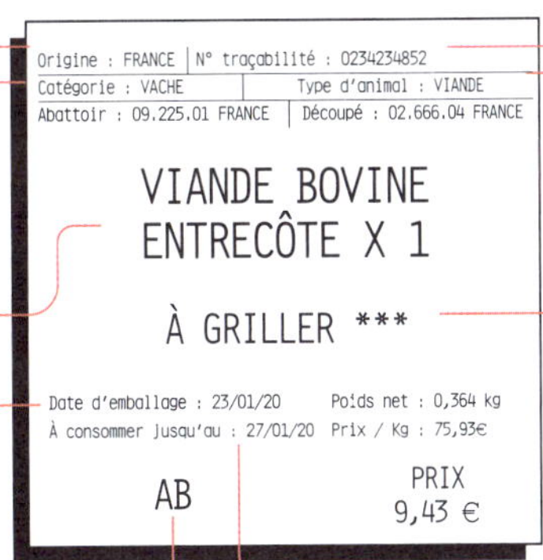

Lieu de naissance*
Lieu d'élevage
Lieu d'abattage

Catégorie à laquelle appartient l'animal
Jeune bovin *(mâle de - 2 ans)*
Génisse *(femelle n'ayant pas eu de veau)*
Vache *(femelle ayant eu des veaux)*
Bœuf *(animal castré de + 2 ans)*

Le nom du morceau

La date de l'emballage

Labels qui garantissent un animal élevé selon un ensemble de pratiques de qualité

N° de traçabilité

Type d'animal :
Race à viande
Race laitière
Race mixte

Destination culinaire et potentiel de tendreté

Date limite de consommation ou DLC

*Si un seul pays est indiqué, c'est que la bête y a passé toute sa vie. Sinon on donne tous les pays qu'elle a traversés.

Conquête de l'espace
Dans les élevages extensifs, les bêtes ne sont pas sur la ligne 13 du métro parisien. Sur un hectare de prairie (100 x 100 m), il ne peut pas y avoir plus d'1,4 vaches.

Brouter sous son museau
Quand les animaux peuvent gambader dans les prés, ils se nourrissent une grande partie de l'année avec ce qu'ils trouvent sous leurs sabots.

Sous les prairies, le carbone
Les prairies sont de vrais aspirateurs à carbone grâce au phénomène bien connu de la photosynthèse. Les plantes produisent de la matière organique pour fabriquer leurs tiges et leurs feuilles tout en relarguant de l'oxygène. Au niveau national, l'élevage de ruminants permet de conserver 11 millions d'hectares de prairies permanentes qui, si elles étaient labourées, relâcheraient 1 000 kilos de carbone par hectare et par an.

Marguerite, de la ferme des Prés-Jolis

Toutes les vaches ont-elles le même impact sur le climat ?

Tourteaux pas jojos

Quand une vache vit toute la journée enfermée, elle ne risque pas de trouver une quelconque herbe à brouter. BZ3465497X mange donc ce qu'on lui sert : du fourrage et des tourteaux de soja ou de maïs OGM cultivés en Amazonie.

Soja déforesteur

Vu que 75 % de la production de soja dans le monde est destinée à l'alimentation animale, on fait comment pour trouver des terres ? On dé-fo-reste ! « 91 % des terres "récupérées" dans la forêt amazonienne servent ainsi aux pâturages ou à la production de soja qui nourrira plus tard le bétail », explique le journal *Le Monde*. C'est donc la double peine pour le climat. Le soja ou le maïs boostés aux engrais chimiques relarguent dans l'atmosphère du protoxyde d'azote (N_2O), un des pires gaz à effet de serre (voir chapitre « Mon bio, ma bataille »). Et comme on a moins de forêts, on a moins de gaz carbonique absorbé et moins d'oxygène rejeté.

BZ3465497X, vache réformée et enfermée

Entre Marguerite, vache Salers qui broute paisiblement dans les prairies de l'Aubrac et BZ3465497X, entassée avec 39 999 autres congénères au Brésil, toutes les viandes se valent-elles ? Pas vraiment.

Mon régime flexitarien

Quand un mot fait son entrée dans le dictionnaire, c'est qu'il a déjà bien tourné dans la langue française. Depuis 2018, à la lettre F du Petit Robert, on trouve le terme « flexitarien » qui désigne quelqu'un qui mange principalement des végétaux, mais qui s'autorise de temps en temps une raclette ou une blanquette de veau. Une sorte d'hybride omnivore, raisonnable mais pas coupable.

Vive les protéines végétales !

Qu'on se le dise, les protéines ne se trouvent pas uniquement dans la viande, le poisson et les produits laitiers… Il y en a à la pelle dans les légumineuses (lentilles, pois, fèves, haricots de toutes les couleurs, sauf les verts) et les céréales (blé, avoine, riz, boulgour, épeautre, sarrasin, quinoa – ce dernier n'est pas complètement une céréale, mais ça marche aussi) qu'il est bon d'associer dans le cadre d'un régime sans viande. Pour avoir ta bonne dose de protéines, retiens bien la formule magique, Louise : ⅔ de céréales + ⅓ de légumineuses. La plupart des pays où la viande est réservée aux jours de fête pratiquent déjà ce savant dosage. Au Népal, le dal bat, soupe de lentilles corail accompagnée de riz, est le plat national. Au Maroc, le couscous marie à ravir blé et pois chiche. La Chine décline à l'envi riz et soja. En France, les chefs étoilés s'y mettent aussi et proposent des menus 100 % végétaux. Et je peux te dire, Louisette, que le sushi végétal fleuri aux feuilles de figuier d'Alain Passard fait plutôt saliver. Quant au Gargouillou de Michel Bras qui invite 70 plantes dans l'assiette, on se pâme.

Produire 1 litre de lait revient à rejeter 1 kilo d'équivalent CO_2.

Moins, mais mieux

Pour manger moins de viande et privilégier des élevages respectueux de l'environnement, il y a une technique infaillible : ne s'autoriser que de la viande dont on connaît la provenance. Exit donc la salade aux lardons industriels, terminé le burger double steak ! Vous choisirez le poulet fermier au marché, le rôti de veau du boucher qui travaille avec le producteur local, la meilleure tranche de jambon du monde de cette ferme merveilleuse qui fait gambader ses bêtes entre les chênes. Le seul moyen d'apprécier la viande, c'est de la respecter et donc d'en consommer moins et mieux.

Boire du petit lait… d'amande

Eh oui, désolé, mais il va falloir aussi réduire sa consommation de produits laitiers. Pour vous donner une idée, produire 1 litre de lait revient à rejeter 1 kilo d'équivalent CO_2. Certes, c'est moins qu'un kilo de bœuf qui émet 18 fois plus de gaz à effet de serre, mais tout de même 5 fois plus qu'un kilo de légumes secs. Toutefois, Louise, si tu as du brillat-savarin qui coule dans les veines et une passion malsaine pour le livarot, ne pleure pas, il y a encore de l'espoir. En 2018, la filière laitière française a signé une nouvelle feuille de route climatique « Ferme laitière bas carbone » pour réduire ses émissions de gaz à effet de serre de 20 % d'ici à 2025. Enfin, sache qu'on peut faire le plein de calcium en mangeant des épinards, des brocolis, des noix, des oranges, des dattes, des noisettes ou des amandes avec lesquelles on fait d'ailleurs de délicieux laits végétaux.

GARE À LA RACLETTE !

Si la raclette est devenue une tradition, son empreinte carbone est loin d'être aussi réjouissante. On a calculé ses émissions pour une portion d'une personne (pas ouf cette soirée solo) sur le site bonpourleclimat.org. 200 g de fromage + 100 g de charcuterie + 400 g de patates = 1 700 g de CO_2 émis, et encore on a oublié le vin. Mais ce n'est pas la viande qui charge le plus la facture, c'est le fromage qui est à base de lait cru de vache, tandis que la charcuterie vient essentiellement du porc.

QUI SUIS-JE ?

« Je suis une plante légumineuse qui se nomme glycine max (mais on me connaît rarement sous ce blase-là). Si je suis mangée par les humains, je sers tout de même principalement à faire de l'huile, du tofu, mais surtout... à nourrir le bétail. Or comme on mange de plus en plus de viande, on me consomme indirectement de plus en plus. Et ce n'est pas du tout une bonne nouvelle car ma culture entraîne une forte déforestation. Je suis... je suis ? »

Le soja !

LES LABELS À SUIVRE POUR MANGER DE LA VIANDE SANS ALLER EN ENFER

- **Nature & Progrès :** la mention oblige ses adhérents à ne pas séparer les petits de leur mère et à laisser vivre les animaux plus longtemps dans un espace minimum de 1 hectare pour 1 bœuf. Ou 2 veaux. Ou 70 poules. Mais pas tous en même temps !

- **Demeter :** le bien-être animal est là aussi au cœur des préoccupations qui visent un élevage le plus proche possible des conditions naturelles de l'animal.

- **Bio Cohérence :** ce label a vu le jour suite aux relâchements du cahier des charges du label AB qui avait perdu de son exigence en s'alignant sur le label bio européen.

- **AB :** peut-être le moins exigeant des labels bio français, mais il a l'avantage d'être plus accessible et répandu au niveau européen.

Picoler pour le climat

Bonne nouvelle ! Avec le pinard, on a peut-être trouvé la corde sensible pour convaincre les derniers climato-sceptiques de s'engager pour le climat. En effet, les températures qui grimpent c'est pas très bon pour les vignes accrochées à un terroir. Et soyons sérieux : qui sur terre veut être obligé de boire du vin norvégien ?

Du vin du Pas-de-Calais ?

En 2013, l'étude américaine du climatologue Lee Hannah parue dans la revue de l'Académie nationale des sciences américaines fait trembler tous les sommeliers. Elle annonce une réduction de 39 à 89 % des surfaces viticoles dans notre bonne vieille Europe d'ici à 2050. T'imagines, Louise ? Il semblerait que tout n'aille pas si vite, mais chaque année, les vignerons voient rouge. « L'augmentation de température moyenne constatée pendant la maturation au cours des trente dernières années est de 2,4 °C à Avignon, 1,5 °C à Bordeaux et 3 °C à Colmar », expliquent les spécialistes de l'INRA (Institut national de la recherche agronomique). Ainsi, la date des vendanges est avancée chaque année (d'un mois depuis les années 1970 pour le vin d'Alsace par exemple). Tout feuillit, fleurit et mûrit plus tôt. Résultat, le délicat équilibre sucres/acides se trouve perturbé, les vins sont plus chargés en alcool et moins en acidité.

Naturellement nature

Pour s'enivrer vert, il n'y a pas 36 solutions en dehors du vin archi bio, biodynamique ou le vin nature fabriqué avec du raisin bio et rien d'autre. Ces bouteilles-là n'ont pas connu les intrants chimiques (et n'ont donc pas relargué du protoxyde d'azote, voir le chapitre « Mon bio, ma bataille »), pas plus que les 70 additifs autorisés en conventionnel ou les 35 permis en bio. Non, les vins nature ne sont que raisin, patience, sols préservés, savoir-faire et amour du travail bien fait… En plus, les vignerons nature aiment réhabiliter les anciens cépages de leur région. Grâce à eux, macabeu, bia blanc ou picpoul noir, viennent diversifier la douzaine de cépages qui, aujourd'hui, assurent les ¾ de la production vinicole dans le monde.

Jéroboam ou cubi ?

Difficile d'avoir des chiffres précis sur l'impact climatique du vin tellement les calculs peuvent varier d'un domaine à l'autre. L'Ademe avance tout de même le chiffre de 1,1 kg éq. CO_2 en moyenne pour une bouteille en verre de 75 cl. Le bilan s'alourdit avec le poids de la bouteille qui compte pour près de 50 % dans l'émission de gaz à effet de serre. Aujourd'hui, les viticulteurs tentent de réduire l'épaisseur de leurs boutanches, certains se mettent même aux bouteilles en plastique. Louise, pour tes grands dîners, choisis du vin en cubi, nettement moins lourd et gourmand en énergie. Tu le verseras dans la belle carafe de Mamie, tu verras, ce sera tellement écolo chic !

NOTRE PATRIMOINE A DE LA BOUTEILLE

Depuis 2015, le climat du vignoble de Bourgogne est inscrit au patrimoine mondial de l'Unesco ! Mais attention, ce n'est pas le climat tel qu'on le connaît. Ici, « climat » est un terme spécifiquement bourguignon qui désigne une parcelle de vigne. Chaque parcelle a sa propre histoire et c'est cette richesse viticole que veut préserver l'Unesco. Pour l'amour du pinard.

ZONES FAVORABLES À LA CULTURE DE LA VIGNE

Bonne nouvelle, le potentiel de production de raisins de qualité augmentera significativement à l'horizon 2050. Mais dans les régions méridionales la culture de la vigne deviendra plus difficile à la fin du siècle selon les scénarios les plus pessimistes.

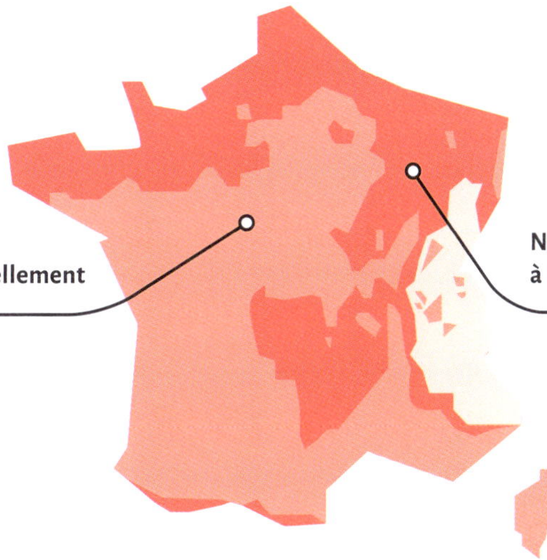

Source : Projet LACCAVE

DESCENTE CLIMATIQUE

Pour info, 1 litre d'essence émet 2,3 Kg de CO_2.

Une bouteille de vin de 75 cl
*> 1,1 kg de CO_2***

Une bouteille de jus d'orange de 2 l
> 1,7 kg de CO_2

Une bouteille de champagne de 75 cl
*> 2,2 kg de CO_2**

Pack de 6 bières
> 3,5 kg de CO_2

L'impact carbone des spiritueux est très complexe à chiffrer, et bien plus élevé que celui des boissons ci-dessus.

** Ces émissions ne prennent pas en compte le carbone contenu dans les bulles de champagne, qui est biogénique (les atomes proviennent de la biomasse).*
*** Selon l'Ademe, ce chiffre peut doubler pour les grands vins ou le champagne.*

Yolo, la teuf écolo

Allez, on se parle franco. Avoue que si tu n'es pas la dernière pour faire la teuf, les sulfites aidant, tu finis bien souvent par laisser tes gestes écolo dans les chaussettes et tes mégots de soirée dans le fond d'une bouteille. On juge pas. Comment rendre compatibles les joies de l'ivresse avec nos convictions ? Voici notre ange gardien des orgies : BiodynaMan.

On dit adieu à la « bouffe dégueu way of life »

Ce n'est pas parce qu'on se prépare à avoir l'esprit brumeux après deux verres qu'il faut se mettre n'importe quoi dans le gosier. Premier conseil de BiodynaMan : garder la mainmise sur la nourriture, histoire de ne pas crouler sous les plats entamés et les paquets de chips glanés à la dernière minute à l'épicerie du coin. Pour info, la production d'un sachet de chips de 34 grammes émet en moyenne 75 grammes de carbone et coûte bien plus cher que de réaliser ses propres chips maison avec des pelures de légumes. Autre conseil de BiodynaMan : se passer du saucisson et miser plutôt sur les cakes maison qui ne nécessitent pas d'avoir visionné tout Top Chef et qui ont le mérite de remplir allègrement notre estomac. Et, bonne nouvelle, si tout le monde ne s'est pas jeté sur les cakes à la courgette et au comté, vous pourrez vous empiffrer le lendemain pour éponger votre gueule de bois tout en invoquant les cieux de ne plus jamais vous laisser boire autant.

On fait tourner le matos

Si tu veux impressionner la galerie avec des plats gourmets de type crêpes ou gaufres (allez, soyons fous !), mais que tu n'as pas le matos pour mener à bien tes ambitions culinaires, pas de panique, Louise ! Inutile d'acheter un appareil que tu utiliseras deux fois dans ta vie. De nombreuses plateformes permettent aux habitants d'un même quartier de se rencontrer afin de se prêter ce genre d'outils (voir encadré). Une belle économie et de sympathiques rencontres en perspective ! Si ça se trouve, Louise, tu tomberas éperdument amoureuse de ton prêteur de gaufrier et tu finiras par vivre avec lui afin de profiter quotidiennement d'un produit fort utile pour ton bien-être moral.

Le bon glouglou

Qui ne s'est jamais désespéré le lendemain d'une soirée devant l'étalage de bouteilles de bière 33 cl en phase terminale peuplant n'importe quelle zone

DE L'EAU DANS NOTRE VIN

Aux États-Unis, une start-up a mis au point une recette pour concevoir du vin de synthèse fait à 85 % d'eau à laquelle on a ajouté de la glycérine, des tanins, de l'éthanol et quelques arômes. Bon, pour les papilles gustatives on repassera, mais peut-être que la chimie finira par sauver nos beuveries du futur !

horizontale de son appartement ? Il est possible de lutter contre ce fléau. Premier conseil de BiodynaMan : mieux vaut boire moins et mieux que trop et mal (l'un allant généralement avec l'autre). Difficile de dire quel alcool représente la plus grosse empreinte carbone (voir chapitre « picoler pour le climat ») tant il y a de paramètres à prendre en compte : poids de la bouteille, méthode de production, emballage, origine, méthode de préservation (frigo, etc.). Si ta bière vient de loin, il vaut peut-être mieux l'acheter en canette en aluminium (voire en fût), tandis que si elle vient d'à côté le verre reste de mise. Autant le vin est cantonné à des régions ensoleillées, autant la bière peut être fabriquée n'importe où et même dans ton salon si ça te chante. Il est donc préférable d'opter pour une bière de proximité.

PARTAGE DE GAUFRIER

Voici quelques sites Web pour récupérer du matériel de cuisine ou glaner des services chez ses voisins.

- **Mutum**
- **Allovoisins**
- **ShareVoisins**
- **Stootie**
- **Smiile**

Ces sites proposent tous plus ou moins le même service, mais leur utilité dépend naturellement de votre emplacement. Certaines zones étant plus fournies en voisins partageurs que d'autres. À vous de jeter un coup d'œil !

LA DÉCO EN FOLIE, OU COMMENT ÊTRE ÉCOLO ET FESTIF ?

Si vous avez été biberonnés aux cotillons et autres langues de belle-mère, voici 2 conseils ultimes :

- Oubliez tout ce qui est déco éphémère à usage unique : paillettes, ballons et confettis.

- Convertissez des trucs inutiles en objets de déco : tickets de caisse, publicités injustement récupérées dans votre boîte à lettres, épluchures de clémentines…

Avec ce matériel, des ciseaux, des tutos glanés sur Internet, le guide d'Emmanuelle Vibert *Faire la fête sans détruire la planète* et un goût prononcé pour la patience, vous pourrez concourir au trophée de la déco la plus écolo.

LES 5 COMMANDEMENTS ALCOOLÉCOLO

1. Ne pas prévoir TROP d'alcool pour éviter les tentations d'excès qui finissent dans le vomi (pas bio à voir).

2. Du vin nature sinon rien. Un peu de radicalité sans sulfite dans ce bas monde, ça ne fait jamais de mal.

3. Choisir une bière fabriquée le plus près de chez soi.

4. Faire ses cocktails maison (pour les vitamines bien sûr, avec des fruits de saison, bio et issus de circuit court, mais avait-on besoin de le rappeler ?).

5. Réduire sa consommation d'eau en buvant son Pastis sec*.

** Nan, on blague. Ne lésinez pas sur la flotte, il en va de votre survie de lendemain de soirée. Et puis l'abus d'alcool est dangereux pour votre santé. À consommer avec modération.*

Vade retro plastique

N'en déplaise à Elmer Food Beat, le plastique n'a rien de fantastique. Bien que tout le monde le sache, il n'est pas toujours évident de bannir le plastique de sa vie. Chaque année, 100 000 animaux marins meurent à cause des 13 millions de tonnes de plastique qui se trouvent dans les océans. Sur la tête de Nemo, Loulou, jure que tu n'achèteras plus jamais une bouteille de soda.

Des vrais chiffres pas en plastoc

Demandez des chiffres sur le plastique ! Le réseau Zéro Waste France en a plein ses sacs réutilisables. C'est parti ? Aujourd'hui, 1 million de bouteilles en plastique sont achetées chaque minute dans le monde. Cinq milliards de sacs plastique sont utilisés chaque année. 50 % des plastiques qui servent à la consommation sont à usage unique. Ce qui nous mène à ce constat : tous les ans, 17 millions de barils d'or noir sont utilisés pour la production de plastique, soit 6 % de la production mondiale de pétrole. « On estime que ce chiffre sera de 20 % en 2050 », ajoute le rapport de Zéro Waste France pour nous plomber encore un peu plus. Mais ce n'est pas tout. La Commission européenne estime que la production et l'incinération du plastique sont responsables de l'émission de 400 millions de tonnes de CO_2 dans le monde chaque année, autant que les émissions annuelles de la France tous secteurs confondus. Ça calme !

Halte au jetable !

D'après toi, Loulou, combien ta voisine (et la moyenne des Français) utilise-t-elle de pailles jetables chaque année ? 49 ! Et de gobelets de café ? 40 ! Et de bouteilles plastique ? 90 ! L'idée, c'est donc de remplacer tout ce petit monde par son équivalent… durable. Pour les pailles, c'est facile, on

LE COMPTE N'EST PAS BON

1 SECONDE
pour fabriquer un sac plastique

20 MINUTES
d'utilisation

DES SIÈCLES
de pollution

Source : Surfrider

s'en passe. De toute façon, elles sont interdites depuis le 1er janvier 2020 dans la restauration, les cantines, la vente à emporter ou les commerces alimentaires tout comme les gobelets, verres et assiettes jetables. Les sacs plastique sont déjà *non grata* et tout le monde a désormais 50 *tote bags* dans son placard et autant de cabas. Pour la bouteille d'eau, il va falloir apprendre à dire non même si elle est comprise dans la formule déjeuner.

50 % des plastiques qui servent à la consommation sont à usage unique.

One, two, tri

D'accord, tu as acheté des produits sous plastique. D'accord, tu vas t'améliorer. D'accord, en attendant tu vas bien les trier parce que tu as envie de faire décoller le taux de recyclage des plastiques qui, pour le moment, est inférieur à 25 % en France. Pour cela retenons ceci :

1/ Les bouteilles (d'eau, de lait, de lessive, de produits ménagers…) et les flacons (cosmétiques, sauces type ketchup…) doivent être jetés sans forcément être lavés dans le bac de tri avec ou sans leur bouchon.

2/ Le petit logo Triman (un bonhomme avec trois flèches) signifie que l'emballage peut être trié.

3/ De plus en plus de communes ont élargi leurs consignes de tri et acceptent tous les plastiques.

4/ Un doute ? File sur le site consignesdetri.fr qui te donnera en fonction de ta situation géographique les bonnes indications.

BIODÉGRADABLES, BIOSOURCÉS, BIOCOMPOSTABLES, LA GRANDE CONFUSION ?

Depuis 2016 en France, les sacs plastique à usage unique sont interdits dans le commerce. On les a remplacés d'un côté par des sacs plastique plus épais et payants, et de l'autre par des sacs très fins et fragiles censés avoir une empreinte carbone riquiqui parmi lesquels on peut trouver :

↘ **Les « biodégradables » :** si le terme signifie que le sac se décompose en éléments naturels (eau, CO_2, méthane…) sous l'action de micro-organismes vivants, on peut dire que dans les faits il en est tout autre. Des études ont montrés que ces fameux sacs étaient en parfait état trois ans après avoir été enfouis sous la terre ou dans la mer ou laissés à l'air libre. Ils ne sont donc pas biodégradables.

↘ **Les « biosourcés » :** composés en partie de matières végétales et de pétrole, ils ne sont pas biodégradables.

↘ **Les « biocompostables » :** là encore le terme suppose qu'on peut bazarder notre sac dans un bac à compost classique. Mais en réalité son « compostage » ne sera possible que s'il est fait par une usine, à une température plus élevée que celles qu'on peut obtenir dans un compost domestique. Et, surprise, ils ne sont pas non plus biodégradables.

RECYCLAGE FUEL FOR LIFE

La marque Patagonia transforme depuis 1993 des bouteilles de soda en plastique en objets utiles et durables. On peut voir sur chaque vêtement le nombre de bouteilles en plastique qui ont été recyclées pour sa fabrication. En 2019, la marque sortait une nouvelle collection de sacs fabriqués à partir de 10 millions de bouteilles en plastique.

Watts the fuck

On connait l'adage, la meilleure énergie est celle que l'on ne produit pas. En cuisine, il y a mille petits gestes pour éviter de griller un watt. Voici les neuf commandements du cordon-bleu sauveur de climat.

1- Des appareils électroménagers sobres en énergie tu choisiras

Bon, là y a pas à tergiverser : on veut du A+++ sur l'étiquette énergie pour son frigo ou son lave-vaisselle parce que depuis 2013 la vente d'appareils en dessous de la classe A+ n'existe plus et qu'un appareil avec trois plus consomme environ 40 % de moins qu'un appareil avec un seul.

2- Une longue vie à tes appareils tu donneras

Ce n'est pas parce que ton four montre des signes de faiblesse qu'il faut le bazarder. Au contraire, donne-lui une seconde chance ! Pour identifier la panne, tu peux faire un tour sur le site commentreparer.com où une belle communauté de joyeux bricoleurs saura peut-être t'aider. Si tu es une hackeuse super geek, Louise, tu peux aussi imprimer une pièce qui te manque en 3D en téléchargeant les modèles sur le site happy3d.fr (mais tout le monde n'a pas une imprimante de ce genre). Et sinon, tu peux faire appel à un professionnel sur le site annuaire-reparation.fr soutenu par l'Ademe. Et si vraiment tu ne peux plus encadrer ton four en peinture, confie-le au réseau Envie où 2 000 personnes en contrat d'insertion le remettront en service ou récupéreront ses pièces détachées.

3- Un bon agencement tu prévoiras

Lorsque tu installes ta cuisine, ne mets pas le frigo à côté du four ou des plaques chauffantes. C'est du bon sens, mais éloigne les sources de chaleur et celles de fraîcheur.

4- Ton frigidaire tu rangeras

Dans un frigo, la température n'est pas la même partout et le bouzin fonctionne encore mieux quand l'air y circule librement. Pour ne pas avoir à pousser le thermostat, fais donc un peu de rangement. Réserve la partie la plus froide (généralement le haut, mais vérifie sur la notice de ton frigo) pour la viande, le poisson, la crème, les plats préparés et les sauces. Dans la partie centrale, tu peux disposer les légumes cuits, les yaourts et les fromages. Dans la porte, le beurre, le lait et les œufs – ces derniers peuvent aussi rester en dehors du frigo. Quant au bac à légumes, eh bien, il est pour les légumes. Et puis, si tu veux vraiment pousser le bouchon climato-actif, tu peux même te passer de frigo. Oui, oui c'est possible !

ON VEUT DES FRIGOS SOLIDAIRES !

Comme son nom l'indique, ce sont des réfrigérateurs installés dans l'espace public dans le but de mettre des produits frais à disposition des plus démunis. Tout le monde peut y participer : commerçants, voisins. En 2019, il en existe 38 répartis sur toute la France, mais il ne tient qu'à vous de rejoindre l'association **Les Frigos Solidaires** afin de contribuer à ce qu'il y en ait plus !

5- Des couvercles sur tes casseroles tu mettras

Ça tombe sous le sens, mais un couvercle sur une casserole permet de faire de vraies économies d'énergie. Il faut une puissance de 500 watts pour maintenir 1 litre d'eau à une température de 100 °C sans couvercle, contre seulement 150 watts nécessaires si on en met un.

6- Le givre tu chasseras

Cinq millimètres de givre c'est 30 % de consommation d'électricité en plus, alors tous les trois mois tu peux faire fondre la banquise de ton congélo.

7- Les plaques vitrocéramiques tu préféreras

Comme les plaques à induction, elles consomment beaucoup moins que les plaques classiques électriques.

SOYONS FOUS, PASSONS-NOUS DE FRIGO !

Cet objet est tellement rentré dans nos habitudes qu'on a oublié qu'on pouvait vivre sans. Or, le frigo consomme un Max (littéralement. Tous les jours, il mange un enfant qui s'appelle Max) : 15 % en moyenne de l'électricité des ménages. Et puis, le frigo entraîne du gaspillage. Bonne nouvelle, on peut vivre sans frigo : il suffit de faire ses courses au jour le jour, de mettre ses légumes à grandes tiges les pieds dans l'eau (céleri, poireau, blette), d'enfouir ses carottes dans un bac à sable, de fabriquer un beurrier à eau et de se faire offrir le livre de Marie Cochard *Notre aventure sans frigo* !

8- Les gadgets électriques tu oublieras

Pas besoin d'avoir de salière à pile, ni de tire-bouchon électronique, ni encore de presse-agrumes électrique. Les basiques, ça fonctionne très bien et, souvent, ça dure plus longtemps.

9- Dans la location tu te lanceras

Chaque foyer compte en moyenne 99 équipements électriques et électroniques, fou non ? Au lieu d'acheter un nouvel appareil à raclette, loue-le (voir chapitre « Yolo la teuf écolo »).

LA MARMITE NORVÉGIENNE

Pour être moderne, rien de tel que de fouiller dans le passé. La cuisine thermique est un concept ancestral. Normalement vous avez tout ce qu'il faut chez vous pour en fabriquer une : une boîte en carton, une couverture en laine, un fait-tout et un couvercle. Il suffit de faire chauffer votre plat de manière classique pendant quelques minutes, de disposer le fait-tout enrobé de la couverture dans la boîte et de couvrir avec le couvercle.

Et voilà le travail : votre plat va cuire tout seul, plus longtemps, certes, mais sans jamais brûler et en vous faisant économiser 75 % d'énergie.

Abracadavrac

Il faut le savoir, le vrac, c'est hyper tendance. Sortir son petit sac en tissu réutilisable au marché est du plus bel effet. C'est aussi un moyen de réduire son empreinte carbone. Un kilo d'emballage plastique évité, c'est un kilo d'émissions de gaz à effet de serre en moins.

L'alu, c'est l'hallu

Dans la catégorie des emballages, il n'y a pas que le plastique qui craint. Il y a tous ceux à base de dérivés du pétrole qui consomment de l'énergie lors de leur fabrication. Dans cette famille, je demande les barquettes alimentaires ou l'aluminium qui, en plus de demander une énergie de maboule pour extraire la bauxite et la transformer en alumine, émet des perfluorocarbures, notamment du CF_4 dont le potentiel de réchauffement de la planète est 6 500 fois plus élevé que celui du dioxyde de carbone, mais aussi du dioxyde de soufre responsable des pluies acides. Les emballages à base de maïs, de patates sont un peu mieux car ils permettent de réduire les émissions de gaz à effet de serre de 30 à 75 % par rapport à leurs cousins *pétroaddicts*, mais cultiver pour cet usage des champs entiers de maïs avec un maximum d'eau et de pesticides, on ne peut pas dire que ce soit vraiment durable.

Le vrac, ça m'emballe

Tu les as vus, toi, ces quartiers de clémentines déjà épluchées en barquettes sous film ? Si tu veux te marrer, tu peux retrouver sur les réseaux sociaux des photos des emballages les plus absurdes avec le hashtag #RidiculousPackaging lancé par Greenpeace Canada. Ça, c'est pour la blague ! Pour agir, tourne-toi vers le vrac qui se développe comme une traînée de poudre de noisettes. « Avec une croissance moyenne de + 50 % par an depuis 2013, le vrac est le segment de marché le plus dynamique de la distribution », explique Célia Rennesson, directrice de Réseau Vrac. Pour retrouver les magasins qui proposent du vrac, clique sur la carte collaborative des épiceries 100 % vrac réalisée par France Inter ou sur cartovrac.fr ou encore sur consovrac.com. Et puis, amuse-toi à aller dans les boutiques qui ne le proposent pas avec tes propres contenants. Avec un peu de persévérance, tu réussiras sans doute un jour à les convertir... Allez, Louise, on y croit !

Tu les as vus, ces quartiers de clémentines déjà épluchées en barquettes sous film ?

ET LA BOUCLE EST BOUCLÉE

Le pari est risqué, mais vaut le coup d'être suivi de près. Depuis le printemps 2019, 25 multinationales, parmi lesquelles Coca-Cola Company, Nestlé, The Body Shop, Danone ou encore Carrefour, se sont associées pour lancer Loop, une plateforme de e-commerce qui permet d'acheter les produits des grandes marques dans des récipients consignés. Votre café est vendu dans un joli pot en verre, les gâteaux et les céréales dans des boîtes en fer, votre shampoing dans un flacon réutilisable. Lorsque l'on vous livre, on récupère vos anciens récipients pour les laver et les remettre dans le circuit. Greenwashing ou véritable avancée ? À suivre...

Je t'aime un peu, bocaux, passionnément

Quand on est un inconditionnel du vrac, on a forcément chez soi une incroyable cargaison de bocaux en verre pour ranger tout ça. Inutile d'en acheter davantage au risque d'alimenter encore plus le four : la fabrication d'une tonne de verre nécessite 105 litres de fioul ! Gardez donc juste les pots de confiture, de moutarde et de cornichons et ainsi vous obtiendrez très vite une jolie collection pour conserver tout ce qui est sec (la tranche de jambon dans un bocal de ton placard, ça ne le fait pas, mais le verre, ça marche pour les pâtes, la farine, les légumes secs, les épices, le riz, la semoule...). Ah oui, et puisqu'on parle bocal, sais-tu, Louise, que la consigne revient en force, essentiellement pour le verre ? C'est quand même plus logique quand on y pense que de briser menu une bouteille récupérée dans le bac de tri, de la faire fondre pour en faire... une nouvelle bouteille. Les initiatives s'appellent Bout' à Bout', Ma bouteille s'appelle reviens, Jean Bouteille ou Consilyon. Suis bien ce phénomène, Louise, il n'est pas impossible que dans quelques années, la consigne se généralise un peu partout.

QUI SUIS-JE ?

« On m'a découvert il y a près de 5 000 ans en Mésopotamie. Ceux qui me permettent d'exister s'appellent sable, calcaire et carbonate de sodium. Je fonds de plaisir à 1 500 °C. Il faut 105 kilos de fioul pour fabriquer 1 tonne de moi-même. Je peux me reproduire à l'infini. Je suis... je suis ? »

Le verre !

HAUTE COUTURE

C'est bon, vous avez fait la leçon vrac à tous les commerçants du quartier ? Alors maintenant, il va falloir être exemplaire à la maison. Voici quelques idées à réaliser soi-même : le **beeswrap**, un emballage fait à partir de billes de cire d'abeille et de coton qui remplace allègrement alu et film alimentaire. C'est facile, ça sent bon et il y a mille tutos sur Internet. Vous pouvez aussi vous mettre au **furoshiki**, cette technique japonaise qui permet d'emballer à peu près tout (sauf Brad Pitt) avec un morceau de tissu recyclé : foulard, torchon ou grande serviette astucieusement noués. Vous avez une machine à coudre ? Réalisez donc des petits sacs de courses en tissu, des charlottes à bocaux, des sacs à tarte. Et puis, avant tout ça, dites-vous qu'une assiette sur un plat entamé au Frigidaire, ça fait aussi largement l'affaire.

Furoshiki

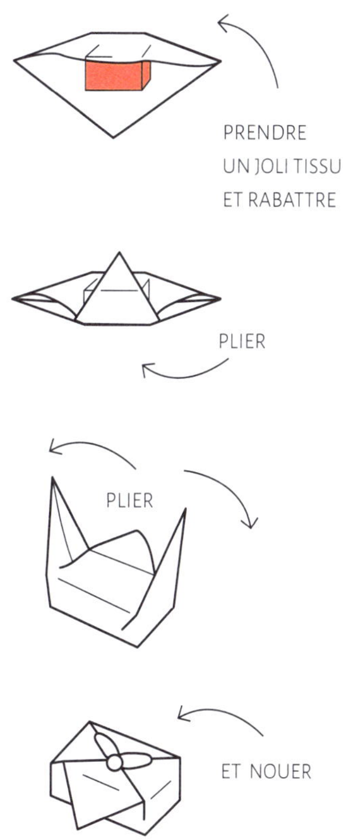

Source : www.sinplastico.com

Le gaspi, c'est tellement 2010

Alors que 821 millions de personnes dans le monde ne mangent pas à leur faim, en Europe et en Amérique du Nord, on se permet de jeter 280 kilos de nourriture par personne et par an. Le gâchis est à tous les étages, de la production à la consommation en passant par la transformation et la distribution. Tout finit à la poubelle et ça, c'est pas bon niveau conscience et gaz à effet de serre.

Y'a pas que la beauté qui compte

Chaque tonne de nourriture gaspillée dans les pays développés, c'est 4,3 t de gaz à effet de serre majoritairement liées au traitement des déchets. La faute à qui ? Un peu à tout le monde, mais surtout aux supermarchés qui imposent aux agriculteurs d'avoir des fruits et légumes archi calibrés qui peuvent voyager et rester des semaines entières dans les rayons. L'abricot cueilli à point dans le verger de Gégé dans la Drôme ne coche pas toutes les cases ? Hop, on l'oblige à le jeter. Ça te révolte, Louise ? Alors fais la chasse aux tailles mannequin, achète en direct des producteurs des légumes trop gros, mouchetés, cabossés et régale-toi de leur beauté intérieure.

Chaque Français jette chaque année 7 kilos d'aliments emballés.

Sauve ta bouffe

Si autant de produits filent à la poubelle, c'est aussi parce qu'on ne sait plus trop comment les conserver et que les DLC – les dates limite de consommation indiquées sur les produits – nous font souvent jeter un yaourt qui reste encore mangeable pendant quize jours. Revenons donc au bon sens québécois. Loulou, fais un tour sur le site sauvetabouffe.org et découvre comment faire durer les aliments plus longtemps. Tu trouveras mille astuces, et un jour, toi aussi, tu pourras devenir un mange-gardien.

« Doggy bag » pour tout le monde

Pendant longtemps, tu t'es sentie bien seule avec ton doggy bag pour rapporter chez toi un peu de cette trop grosse part de hachis Parmentier. Continue ton combat et embarque du monde avec toi. À partir du 1er juillet 2021, les restaurateurs et les débitants de boissons n'auront plus le choix. Ils devront mettre à disposition de leurs clients des contenants pour leur permettre d'emporter les aliments ou boissons non consommés. On avance, on avance…

APPLIS ZÉRO GÂCHIS

Il existe de plus en plus d'initiatives pour ne pas jeter les aliments en limite de péremption. Plusieurs applis en France se partagent la part du gâteau :

- **Too Good To Go**, **Phenix**, **Zéro gâchis**, **OptiMiam** pour acheter les invendus des magasins à prix cassés.
- **Linkee** qui permet de récupérer les produits prêts à jeter pour les offrir aux plus démunis.
- **Karma** pour se régaler du surplus des restaurants à prix minus.

GASPILLAGE À TOUS LES ÉTAGES

Pertes alimentaires par personne et par an

PRODUCTION	TRANSFORMATION	DISTRIBUTION	CONSOMMATION
Produit brut *1ère transformation*	*Rupture du froid* *Standardisation des aliments*	*Produits périmés*	*Pertes à l'assiette*

90 KG/AN	**50 KG/AN**	**30 KG/AN**	**110 KG/AN**

Source : Réseau action climat

LE CHOIX DANS LA DATE

REPÈRES FOURNIS PAR LES INDUSTRIELS

DLC

Date **L**imite de **C**onsommation

Après la date, le produit n'est plus consommable pour des questions sanitaires.

DDM

Date de **D**urabilité **M**inimale

Avant on l'appelait la DLUO. Le produit est encore mangeable après la date s'il est conservé dans de bonnes conditions et présente bien (l'odeur est un bon indicateur de qualité).

LA LIVRAISON À DOMICILE, LA BONNE MAUVAISE IDÉE ?

Est-il plus écolo de se faire livrer chez soi ou d'aller faire ses courses soi-même ? Une récente étude britannique montre que la livraison est plus écologique dès lors que le consommateur doit faire plus de 6,7 km pour se rendre au magasin. La démonstration fonctionne si vous prenez votre berline pour aller au supermarché à 20 bornes de chez vous.

Mais si vous habitez en centre-ville et que vous faites vos courses à vélo, à pied, en transports en commun pour acheter dans un magasin de producteurs méga bio et local, la livraison perd le match. Tout ça sans parler des conditions de travail des livreurs urbains, ni de leur espérance de vie à chaque virage de pizza...

Un potager sur mon balcon

On a un truc encore mieux que le local pour s'alimenter : le giga local en direct de chez toi. Des fruits qui font moins de 10 mètres pour arriver dans ton assiette. Bref, des produits que tu as fait pousser avec tes petits pouces verts. En plus, il paraît que mettre les mains dans la terre, ça reconnecte à l'univers. De terre.

Premiers pas

Louise, si jamais tu habites en ville, que tu n'as pas de balcon, que ta copropriété ne tolère aucune fleur et que, non, tu ne peux pas déménager, t'inquiète, il existe quand même des solutions pour jardiner local.

1/ Installer un lombricomposteur dans ton salon (et offrir du bon compost à tes voisins). C'est un vrai bon début, tu produiras ce que les jardiniers appellent l'or noir et tu auras plein de copains lombrics (moins encombrants qu'un chat).

2/ Rejoindre un jardin partagé près de chez toi (la liste des têtes de réseau régionales est sur jardins-partages.org) et commencer avec un petit mètre carré pour te faire la main.

3/ Aller glaner des fruits gratos dans la ville en préparant ton itinéraire avec le site collaboratif fallingfruit.org qui recense tous les endroits où on peut gratter des fruits comestibles qui poussent en ville.

4/ Cultiver des champignons sous tes pieds.

Premiers pots

Si tu as un balcon ou une terrasse, tu peux commencer à faire des miracles, même en pots. Tu as peu de place ? Optimise-la. Choisis les bons contenants et achète de la terre sans tourbe (parce que les tourbières, ces zones humides hyper riches niveau biodiversité et déjà bien menacées, eh bien, nous on les aime, donc on les laisse dans leur état naturel). Tu peux aussi planter à même le sac de terreau si tu es une feignasse 8e dan. Pour bien commencer, oublie les légumes laborieux qui poussent en plusieurs mois. Préfère les cultures de court terme, les radis qui se récoltent en trois semaines, les salades à couper, les aubergines, les poivrons, les tomates, les concombres, les cornichons. Fonce sur les petits fruits : fraises, framboises, groseilles, cassis… Et n'oublie pas d'inviter les herbes aromatiques : menthe, estragon, sauge, persil, ciboulette… Elles font voyager.

GREEN GUERILLA ATTITUDE !

Comment fait-on pour survivre en ville quand on se prend un plein de particules fines à chaque feu rouge ?
Parmi les alternatives plébiscitées par la chaîne Youtube **Ta mère nature** : planter ! Partout, tout le temps et beaucoup, pour tenter de compenser les émissions de carbone des voitures. Sortir des gentils espaces légalement dédiés à la nature et lui redonner ses droits en plantant des graines dans les moindres interstices du sol (pour les murs, on évite histoire de ne pas abîmer les habitations). Vous avez envie de jeter des bombes de graines, de fleurir le pavé ? Rejoignez le mouvement du *guerilla gardening* :
↘ **guerilla-gardening-france.fr**

Premiers plants

Tu as un jardin ? Wala la chance ! Oublie la pelouse ambiance Wimbledon, à la place plante plein de trucs comestibles ! Pioche tes graines du côté des semenciers bio et militants qui proposent des variétés anciennes marrantes (tu connais la cerise de terre ?). La plupart d'entre eux sont regroupés dans le réseau Semences paysannes et leurs petites graines se commandent en ligne. Tu n'as pas une minute pour biner ? Prête ton terrain à un jardinier sans terre en rejoignant le réseau Plantezcheznous, il viendra cultiver ton potager ou entretenir tes arbres fruitiers. Vous partagerez la récolte et peut-être même que vous deviendrez meilleurs amis et qu'en plus il a un gaufrier à te prêter (cf. le chapitre « Yolo la teuf écolo », c'est pour voir si tu suis, Loulou).

BONS AMIS

Il est conseillé de faire pousser ses fraises à côté de son ail. En associant leur culture on peut ainsi favoriser leur croissance. Et promis, les fraises ne vous fileront pas une haleine de chacal.

MY LITTLE (HYDRO)PONIE

Il existe plein de techniques pour faire pousser des plantes sans avoir besoin de terre.

↘ Hydroponie :
les plantes ne poussent pas les pieds dans la terre, mais dans des petits bacs remplis de laine de roche, de fibres de coco, de chanvre… Elles sont alimentées par un liquide nutritif qui circule à l'intérieur de ce dispositif.

↘ Aéroponie :
les plantes sont placées dans des colonnes cylindriques et sortent par des gros trous. Pour les nourrir, on les vaporise de solutions nutritives. Quant à leurs racines, elles sont carrément à l'air.

↘ Aquaponie :
ici, c'est un pacte entre les plantes et les poissons. Par un système de bassins plutôt malin, les déjections des poissons sont récupérées pour fertiliser les plantes (voir schéma ci-contre).

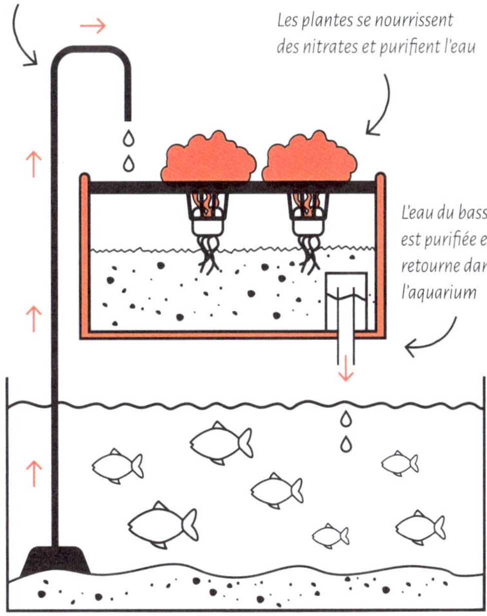

Source : © Fédération française d'aquaponie

Es-tu prêt.e à épouser un bac à compost ?

DANS QUEL TYPE D'HABITAT VIS-TU ?

Tu vis dans une maison (et même que t'as une cour ou un jardin)

Tu cuisines tellement que tu pourrais te tricoter un pull avec toutes les épluchures de fruits et légumes que tu récoltes

Youpi, tu es le/la candidat.e idéal.e pour le compost. Et en plus tu peux placer ton bac à compost dans le jardin et vivre heureux.se

Tu ne te fais JAMAIS à manger. Du coup, ta poubelle est bien remplie, mais pas de déchets organiques à l'horizon.

OK mais t 1 boloss en vré avék tes plats préparés dégueu

« Certes » (te dis-tu face à nos arguments imparables)

Sache que même sans cuisiner tous les jours, tu génères probablement quelques déchets organiques que tu peux optimiser avec un compost. Tout n'est pas perdu pour toi.

Est-ce que tu aimes les odeurs fortes ?

Oui

OK. Gênant.

Non

Tu vis dans un appartement

Tu vis dans un poulailler

Je suis une poule

Je suis un humain poulophile

Bravo, le compost, c'est ton dada tu peux manger toi-même les déchets organiques et le transformer en fumier. Fumier, va.

Et c'est une bonne situation, ça… poulophile ?

Vous savez, je ne crois pas qu'il y ait de bonne ou de mauvaise situation.

Tu as un petit balcon ou une terrasse (veinard.e)

Tu vis dans moins de 10 m² (sans balcon, sans fenêtre)

Est-ce que tu aimes les lombrics ?

Non mais je veux pas être puni.e de compost parce que je vis dans une piaule.

Bonne nouvelle pour toi ! Renseigne-toi auprès de ta mairie pour connaître les composteurs collectifs. Tu pourras ainsi remettre tes déchets dans un coin proche de chez toi. Alors, heureux.se ?

Oui

Tant mieux le lombricomposteur ne dégage pas d'odeurs ! Te voilà prêt à te faire des nouveaux copains rampants.

Tu t'es évanoui.e de dégoût en lisant le mot « lombric »

Colibrief

En vrac, ma dose d'actions pour le climat

- ☐ Je mange des produits bio

●○○○

- ☐ Je mange des produits bios et locaux

●●●○

- ☐ Je mange des produits bios et locaux et de saison (les fromages et les poissons aussi)

●●●●

- ☐ J'achète directement aux producteurs

●●●○

- ☐ Je congédie les avocats

●●○○

- ☐ Je limite mes repas carnés à deux fois par semaine

●●●○

- ☐ Je laisse tomber la viande rouge

●●●●

- ☐ Je fais un compost (ou un lombricompost) chez moi

●●●○

- ☐ J'apprends par cœur le calendrier des fruits et légumes de saison

●●●●

- ☐ Je me mets à la cuisine

●●○○

- ☐ Je deviens pote avec mon caviste de vin nature

●○○○

- ☐ Je fais pousser des fraises sur mon balcon

●○○○

- ☐ Je me débarrasse de mon frigidaire

●●●○

- ☐ J'emprunte son mixeur à mon voisin

●○○○

- ☐ J'achète en vrac

●●●○

- ☐ J'oublie l'eau en bouteille

●●●●

- [ ] Je dégivre mon frigo

●○○○

- [ ] Je n'achète rien qui a poussé sous serres chauffées

●●●●

- [ ] Je fabrique mes propres emballages

●●○○

- [ ] Je fais une soupe avec mes fanes de radis et des chips avec mes épluchures de patates

●○○○

- [ ] Je consomme mes yaourts même s'ils sont périmés d'une semaine

●●○○

- [ ] Je repars du resto avec un "doggy bag"

●●○○

- [ ] Je ne me fais pas livrer mon repas

●●○○

- [ ] J'apporte ma pitance au bureau

●●○○

- [ ] Je plante des graines un peu partout dans ma ville

●○○○

- [ ] Je mange des fruits moches

●●○○

- [ ] Je soutiens les Frigos solidaires, les Restos du cœur, les Banques alimentaires

●●○○

- [ ] Je voue une passion aux lentilles et autres légumineuses

●●●●

- [ ] Je me calme sur le fromage à base de lait de vache

●●●○

- [ ] J'accroche un portrait de José Bové dans mon salon

●●●●

Olivier emménage et ménage le climat

Avec femme, enfants et chat, Olivier a emménagé depuis peu dans une jolie maison loin des faubourgs de la ville. Ras le bol des espaces confinés ! Olivier et sa famille peuvent enfin profiter d'un jardin et d'un garage. C'est carrément le bonheur ultime pour ce passionné de bricolage qui galérait à retaper des vieux meubles entre la cuisine et la chambre des enfants dans son ancien appart. Sans compter qu'Olivier travaille de chez lui, raison de plus pour vivre dans un espace cosy où lui et *Bún Chả* (son chat, qui porte le nom de son plat vietnamien préféré) s'épanouiront main dans la patte. Mais comme tout le monde, Olivier est de plus en plus informé sur le dérèglement climatique. Il a calculé son empreinte carbone en ligne avec Micmac et le résultat n'est pas fameux. Pas étonnant avec ses déplacements en voiture réguliers, son chauffage au fioul, une isolation plutôt douteuse de sa nouvelle maison… Tout ça fait grimper sa facture énergétique. Proche de la moyenne française, le quotidien d'Olivier génère plus de 12 tonnes de CO_2 chaque année (si tout le monde faisait comme lui, il nous faudrait deux planètes en rab). Et ça, ça déprime Olivier qui aimerait bien laisser derrière lui une planète habitable pour son chat. Ah oui, et pour ses enfants aussi.

Qu'à cela ne tienne, mon cher Olivier, on va changer tout ça ! Ça ne va pas être facile et, maintenant que tu vis dans une maison, il va falloir être encore plus rigoureux. Mais pas de panique, Olive, tu permets qu'on t'appelle Olive ? Nous galopons à ta rescousse. **Avec nous, tu apprendras à réaliser des économies d'énergie, à bricoler, à te meubler écolo, à faire le ménage en vert (et en chantant), à laisser ta voiture au garage.** Qui sait, peut-être qu'un jour tu pourras vivre en presque totale indépendance énergétique. T'imagines un peu ?

Quiz

À quel point es-tu climato-compatible avec ta maison ?

Hop, hop, Olivier ! Avant de faire un grand ménage de printemps dans ta maison et de mettre la misère aux perturbateurs endocriniens, voici quelques questions sur toi, ta vie et tes petites habitudes, histoire de faire le point. 50 % analyse psychologique + 50 % rire = 100 % plaisir intense et non simulé.

1 Comment définirais-tu ton rapport à l'eau de Javel ?

A - Neutre. Tu ne savais même pas que ça existait.

B - C'est du passé... Tu l'as larguée depuis que tu as découvert le vinaigre blanc avec qui tu partages une existence calme et apaisée, beaucoup moins toxique.

C - Passionnel. Tu aimes tellement ça, que parfois tu penses que tu pourrais en mettre dans ton bain moussant.

2 Selon toi, à quel point est-ce compliqué de changer de fournisseur d'électricité ?

A - « Je suis déjà sociétaire à Enercoop. *What else ?* »

B - « Euh... c'est possible ? Je croyais qu'on était liés par les liens du sang ! »

C - « Faut juste filer sa facture d'électricité actuelle et le nouveau fournisseur de mon choix fait tout à ma place ? Pouah, trop compliqué ! »

3 Attention, situation de crise ! Ton grille-pain vient de passer l'arme à gauche... Quels sont tes gestes de premiers secours ?

B - Tu tentes de lui redonner vie à coups de tutoriels de réparation glanés sur le Dark Web.

A - Tu l'as acheté il y a vingt-cinq ans. Il est temps de faire ton deuil des toasts beurrés.

C - Tu le jettes au compost.

4 D'où vient ton mobilier ?

A - Tu n'as plus de mobilier depuis que le minimalisme est devenu ta nouvelle religion.

B - Tu as tout trouvé sur leboncoin.com, ou dans la rue. La récup, c'est tout un art !

C - Commandé en ligne sur Amazon. Flemme.

5 Le matin, pour aller chercher du pain frais, tu utilises quel moyen de transport ?

A - Ton vélo ou tes jambes (ça te dessine une courbe du mollet qui force l'admiration).

B - Ta voiture (la boulangerie est à plus de vingt minutes à pied, faut pas charrier non plus).

C - Aucun, tu passes par Deliveroo© : comme la boulangerie est à côté, le pain est encore chaud quand ça sonne à la porte !

6 Dans ton jardin, il y a quoi ?

A - C'est la jungle, tu ne tonds pas la pelouse et tu as planté plein de trucs qui cohabitent dans un joyeux bordel, sans oublier le bac à compost bien sûr.

B - Des bouses de ton chat (ou de ton chien).

C - Une piscine gonflable (la huitième que tu achètes, c'est relou aussi, elles se percent toutes !) posée sur une dalle en béton.

7 Ton évier est bouché : quel comportement d'urgence adoptes-tu ?

A - Tu prends le temps d'aller voir ce qui se passe là-dessous, de déboucher l'évier et d'en retirer le jus de mort crasseux qui bloquait les tuyaux.

B - Tu attends jusqu'à ce que mort s'ensuive.

C - Seule solution. La soude. Rien ne lui résiste même pas ton petit cœur.

8 Durant l'hiver, qu'indique le thermomètre de ton salon ?

A - 17 °C. La température idéale pour bien dormir. Pas besoin de chauffage, la lumière du jour chauffe naturellement ton intérieur.

B - 22 °C. On limite le chauffage, mais bon c'est vrai que c'est sympa de se chauffer les pieds au coin du feu.

C - 29 °C. Ambiance tropicale.

9 Quelle est l'activité favorite de ton chat ?

A - Lire et s'engager dans des associations caritatives.

B - Dormir et manger. Parfois, manger et dormir.

C - Se divertir avec les multiples jouets made in China que tu lui as offerts et bouffer l'intégralité des oiseaux de la région.

Tu as un maximum de A, ta maison est à ce point nettoyée naturellement qu'on peut lécher le sol et les murs sans aucun risque. Ta maison, c'est un peu comme celle en pain d'épices de Hansel et Gretel (mais du pain d'épices bio issu de circuit court !). Ça fait si longtemps que tu as fait le deuil des produits ménagers chimiques que ça ne sent chez toi que le naturellement propre. Bravo, mais suis-nous quand même, si ça se trouve on t'apprendra quelques petits trucs !

Tu as un maximum de B, tu es climato-tensioactif. Tu fais des efforts tant que ça t'arrange, mais difficile de passer au 100 % naturel dans tes produits ménagers. Il manque ce je-ne-sais-quoi qui sent chimiquement bon. Nous sommes là pour te remettre dans le droit chemin et te donner un peu le goût des huiles essentielles.

Tu as un maximum de C, tu aimes tellement les produits chimiques que du détergent coule dans tes veines. L'eau de la douche s'évacue mal ? Pas de souci, on n'a qu'à y mettre de la soude. Nettoyer les toilettes ? Soude ou eau de Javel à la rigueur. Laver le sol ? N'importe quel produit avec un carrelage brillant dessiné sur la bouteille, s'ils disent que ça sent la forêt, c'est que ça doit bien être un peu naturel, non… ? Repose immédiatement ce produit ménager et lis ce chapitre qui sauvera ton âme égarée.

Ma maison au scann-air

Question gaz à effet de serre, on peut dire que le secteur du bâtiment casse la baraque. C'est non seulement le plus gros consommateur d'énergie en France (43 %), mais aussi celui qui est responsable de 19 % des gaz à effet de serre balancés dans les airs. Olivier, c'est normal, ce courant d'air, là, tout autour de tes fenêtres ?

Faire le point

T'as eu quelle note, Olive, à ton DPE ? Tu sais, le diagnostic de performance énergétique obligatoire quand tu achètes ou que tu loues un chez-toi et qui permet de connaître grosso modo ta consommation énergétique annuelle et ta sympathique contribution CO_2 ? Si tu l'as paumé ou que tu as emménagé dans tes murs avant 2006, ça vaut le coup de te payer un nouveau diagnostic pour savoir si ta bicoque se chope un A ou un G sur ses étiquettes énergie et climat. D'accord, ça coûte entre 100 et 200 euros, mais il y a des crédits d'impôts envisageables. Tu peux aussi prendre rendez-vous gratuitement avec un conseiller de l'espace infos énergie le plus près de chez toi ou un spécialiste FAIRE (Faciliter, Accompagner et Informer pour la Rénovation Énergétique) spécialiste de la rénovation énergétique (www.faire.fr).

Énergies positives

Il y a aussi une autre façon un peu marrante de scanner ton cocon et de le faire passer de la note E à la très respectable note B en un seul hiver : t'inscrire au défi des familles à énergie positive engagées pour le climat. L'idée a été lancée en 2008 par l'asso Prioriterre. Si cette dernière n'existe plus, le programme lui est toujours en cours et connaît aujourd'hui un succès national. Pour cela, il faut monter une équipe de volontaires autour de soi (locataires et proprios, tout le monde joue) et, ensemble, faire le pari de réduire d'au moins 8 % sa consommation d'eau et d'énergie en un hiver. C'est carrément faisable parce qu'une fois que tu es dans le défi, on te donne des outils dont tu n'avais jamais entendu parler avant, comme un wattmètre. Tu as aussi droit à un guide hyper précis et tu es accompagné par un animateur dont la mission est de te faire gagner des watts. Olive, t'es prêt à tout déchirer ?

Les locataires peuvent bénéficier d'aides financières pour les travaux d'efficacité énergétique.

VOUS AVEZ DIT ENGAGEMENT ?

Si on veut atteindre les objectifs énergétiques du Grenelle de l'environnement fixés en 2007, il faudra rénover 31 millions de logements en France afin de réduire les consommations d'énergie des bâtiments existants de 38 % d'ici à 2020. Oh mais tiens, est-ce que ce ne serait pas déjà… maintenant ?

Par ici la facture

Si tu n'as ni envie de te payer un DPE ni de jouer avec tes voisins à la chasse aux watts, tu peux quand même faire ton introspection énergétique en étudiant de près tes factures.
Ta consommation est supérieure à 300 kWh/an et par m² ? C'est franchement pas terrible. Chez toi, on jette l'énergie par les fenêtres mais aussi par les murs, le toit, le sol, le garage. Bref, ça fuit de partout, va falloir sacrément isoler et boucher les trous. Tu consommes 50 à 80 kWh/an et par m² ? Fallait nous dire que tu habitais dans une maison bioclimatique avec panneaux solaires, puits canadien et triple vitrage !

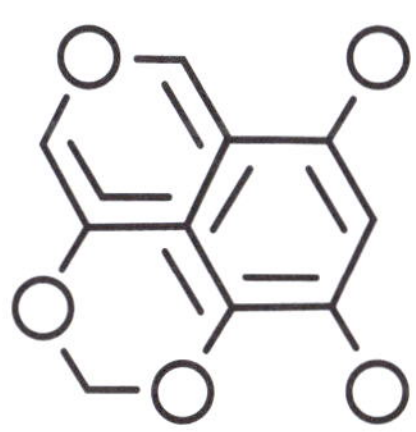

C'EST QUI, L'INTRUS ?

La vapeur d'eau, le dioxyde de carbone, le méthane, l'oxygène , le protoxyde d'azote ou l'ozone ?

L'oxygène évidemment, puisque c'est le seul à ne pas être un gaz à effet de serre. Et même si *Oxygène* est un album de Jean-Michel Jarre et O-zone un boys band roumain dont on préfère oublier l'existence, ces deux éléments chimiques n'ont rien d'autre en commun.

L'HABITAT PARTICIPATIF SERA-T-IL L'HABITAT DU FUTUR ?

Pour économiser des ressources et limiter son empreinte carbone, l'idéal est de partager un ensemble de biens communs, mais à l'heure actuelle, c'est pas forcément évident de caser sa machine à laver dans la cour de l'immeuble pour en faire profiter ses voisins. C'est pourquoi, l'habitat participatif apparaît comme une solution d'avenir ! Le principe est aussi simple que son nom l'indique : un groupe de personnes se réunit pour concevoir et financer un projet commun de logement dans lequel des biens pourront être mis en partage pour diminuer collectivement le coût énergétique de l'habitat. Non seulement ça a l'air assez cool comme concept, mais en plus ça revient 15 à 20 % moins cher que pour un habitant standard. En prime, c'est écolo ! À ce jour, il existe quelques bons exemples comme :

- **Le Village Vertical à Villeurbanne**,
- **La Ruche à Bègles,**
- **Le Jardin Divers à Montreuil.**
- **Le ofildesvoisins.house** répertorie un bon nombre de ces réalisations et projets.

Énergies de l'espoir

Elles se renouvellent à l'infini, sont portées par les rayons du soleil, le courant des rivières, le souffle du vent ou les tréfonds de la terre, bref les énergies renouvelables sont largement plus poétiques que leurs cousines fossiles qui, en prime, sont carrément limitées. On les invite à la maison ?

Sous le soleil exactement

Ça fait un moment que tu penses au solaire pour produire ta propre électricité et chauffer l'eau de ta douche (on est d'accord que les bains en 2020 on oublie, hein). Tu te vois bien combiner du solaire photovoltaïque et thermique, mais tu ne sais pas si ça marchera chez toi ? Plusieurs entreprises ont mis en place un système de cadastre solaire qui permet de connaître le potentiel renouvelable de n'importe quelle toiture. Dans cette catégorie, le simulateur de la start-up In sun we trust élaboré à partir des données de la NASA, de Météo France et de l'IGN élabore des diagnostics très précis. Sur simulateur.insunwetrust.solar, il est possible de savoir exactement combien de mètres carrés on peut aménager, les aides auxquelles on peut prétendre et le temps qu'il faut pour amortir son investissement…

Du vent !

On peut dire que l'énergie éolienne a le vent en poupe. Elle se place juste derrière l'hydraulique en matière de production brute d'électricité renouvelable (d'accord, l'hydraulique c'est 54 % et l'éolien 26,7 %, mais c'est quand même la deuxième marche). Pour mettre du vent dans ses radiateurs, on peut la jouer perso et faire installer un mât dans son jardin, à condition quand même d'avoir obtenu toutes les autorisations nécessaires. Olivier, si tu as du temps, de l'énergie et des convictions, tu peux aussi rejoindre ou créer une coopérative citoyenne d'énergie et faire installer une bonne grosse éolienne dans les champs du coin pour alimenter tout le voisinage et te faire de nouveaux potos.

Quand l'énergie sort du bois

Ah, la bonne vieille cheminée qui embaume les poils de ton chat pour tout l'hiver. Eh bien, va falloir l'oublier, Olivier, et la remplacer par sa cousine en foyer fermé, un poêle ou une chaudière à granulés. Oui, parce que si le bois est une énergie renouvelable et si le chauffage au bois émet 11 fois moins de CO_2 que le fioul, la cheminée à foyer ouvert refoule pas mal du gosier. Elle émet notamment des particules fines et des HAP, les hydrocarbures aromatiques policycliques dont rien que le nom fait trembler. Et puis, elle libère aussi du CO_2. Il est donc préférable de choisir un équipement labellisé Flamme verte à foyer fermé. Ton chat aussi devrait apprécier.

C'EST QUI, L'INTRUS ?

Le solaire, l'hydraulique, l'éolien, la photosynthèse, la biomasse ou la géothermie ?

La photosynthèse est un processus qui permet aux plantes de synthétiser de la matière organique grâce à l'énergie lumineuse qu'elles reçoivent. En revanche ce n'est pas une énergie renouvelable contrairement aux autres.

Bien dans sa pompe à chaleur

L'idée de la géothermie est toute bête : il s'agit d'aller capter la chaleur du sol pour la diffuser ensuite dans un circuit de chauffage ou d'eau chaude. C'est climatiquement parlant hyper interéssant. Pour cela, il faut quand même deux choses importantes : un jardin pour pomper l'air ou une nappe phréatique pour pomper l'eau. Dans les deux cas, il faudra aussi quelques économies, entre 5 000 et 15 000 euros environ.

LES ÉNERGIES RENOUVELABLES : LE MOINS MAUVAIS DU MEILLEUR ?

Comme leur nom l'indique, les énergies renouvelables (EnR comme on dit dans le milieu) sont… renouvelables. Elles incluent tout ce qui dérive de la photosynthèse (la biomasse) et de l'action du soleil sur l'atmosphère (dont le vent, qui est le résultat de l'action du soleil sur l'atmosphère, entraînant des mouvements d'air) ou de l'eau. Leur stock doit pouvoir se renouveler aussi vite que l'utilisation qui en est faite à l'échelle du temps humain. C'est la raison pour laquelle ces énergies sont parfois critiquées : la définition qu'on leur donne est anthropocentrée (sinon on pourrait dire aussi que les étoiles sont des énergies renouvelables sur plusieurs millions d'années). Par ailleurs, et comme l'explique Jean-Marc Jancovici, l'exploitation de l'énergie nécessite qu'elle soit extraite de son environnement naturel et mise dans un convertisseur, opération qui peut s'avérer polluante. C'est pourquoi ce modèle est aussi critiqué parce qu'il ne remet pas en question notre consommation actuelle d'énergie qui est de fait, beaucoup trop élevée. De notre point de vue, on pense que ça ira déjà mieux quand tout le monde tournera à l'éolien (quitte à réduire drastiquement notre utilisation de l'électricité, ah oui, là c'est moins marrant) !

ZOOM SUR LES ÉNERGIES RENOUVELABLES EN FRANCE

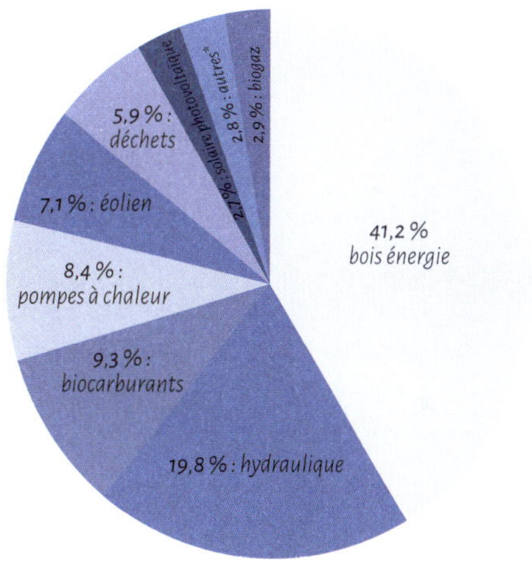

16 % :
part des EnR** dans la consommation finale brute d'énergie

+ 69 % :
évolution des EnR** de 1990 à 2016

**géothermie, résidus de l'agriculture solaire, thermique, énergies marines*
*** EnR : Énergies renouvelables*

Source : Ministère de la Transition écologique et solidaire

Vice-champion du monde
Sur le plan du nucléaire, on est plutôt bien placés. Il y a dans le monde 450 centrales, qui produisent 11 % de l'électricité, et 58 des réacteurs se trouvent chez nous. Ça nous permet de nous hisser sur la 2e marche du podium des pays producteurs d'énergie nucléaire, derrière les États-Unis et devant la Chine.

Fin de mois
Pas facile d'avoir des chiffres précis sur l'énergie tant ils fluctuent (l'énergie est un marché), mais en gros, le coût de production de l'énergie nucléaire a été estimé par la Cour des comptes en 2013 à 59,80 € le mégawattheure. Même s'il augmente chaque année, il reste pour le moment moins cher que l'éolien terrestre (82 €/MWh) mais plus cher que l'hydroélectricité (entre 15 et 20 €/MWh).

Équivalences
Combien faudrait-il d'éoliennes de puissance moyenne pour remplacer une centrale comme Fessenheim ? 4 000 ! Facile à dire, plus dur à faire vu que la France ne possède aujourd'hui que 8 000 éoliennes.

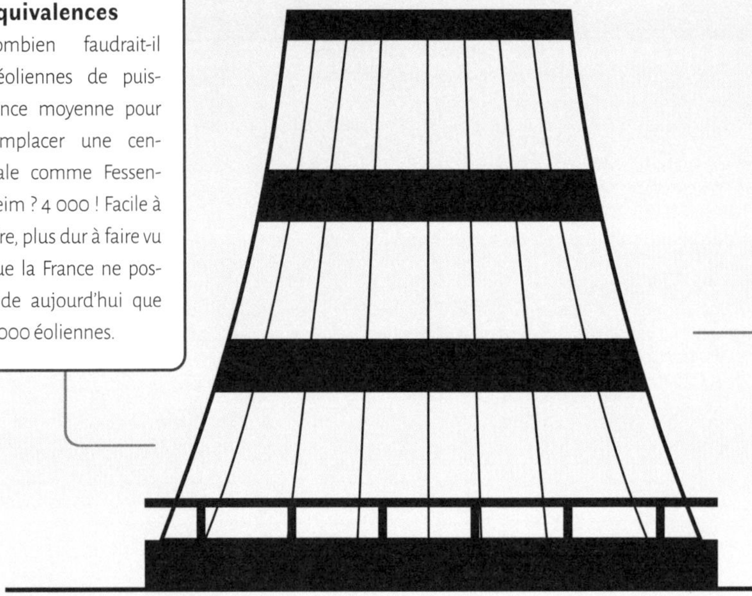

Carte de soins
Comme ça, en théorie, on se dit qu'il coûte forcément moins cher de faire tourner des centrales nucléaires que de construire de nouvelles éoliennes. En réalité, il faut quand même prendre en compte le coût de maintenance des 58 réacteurs nucléaires vieillissants d'EDF. D'ici à 2030, la Cour des comptes estime qu'il faudra sortir un petit billet de 100 milliards d'euros.

Nucléaire, le roi de l'atome

Nucléaire, éolienne, qui est dans le vent, qui est aux fraises ?

On s'était dit rendez-vous dans 100 ans

À moins qu'en 2100 pour une raison inconnue il n'y ait plus un pet de vent, les pales des éoliennes devraient normalement toujours pouvoir tourner. Ce qui n'est pas le cas des centrales nucléaires dépendantes des ressources de leur combustible : l'uranium. Selon les chiffres d'EDF, au rythme de consommation actuel, le pétrole va arriver à épuisement d'ici à 54 ans, le gaz d'ici à 63 ans, le charbon d'ici à 112 ans et l'uranium d'ici à 100 ans (pour les ressources identifiées).

Brevet de sécurité

Les accidents causés par les éoliennes n'ont pas grand-chose à voir avec ceux des centrales nucléaires. Si en France, l'atome n'a jamais tué une seule personne, tout le monde se souvient de Tchernobyl et de Fukushima. De leur côté, les éoliennes ont pu réduire en charpie quelques oiseaux migrateurs et chauves-souris ou très exceptionnellement tomber à terre, mais n'ont jamais fait de victimes humaines.

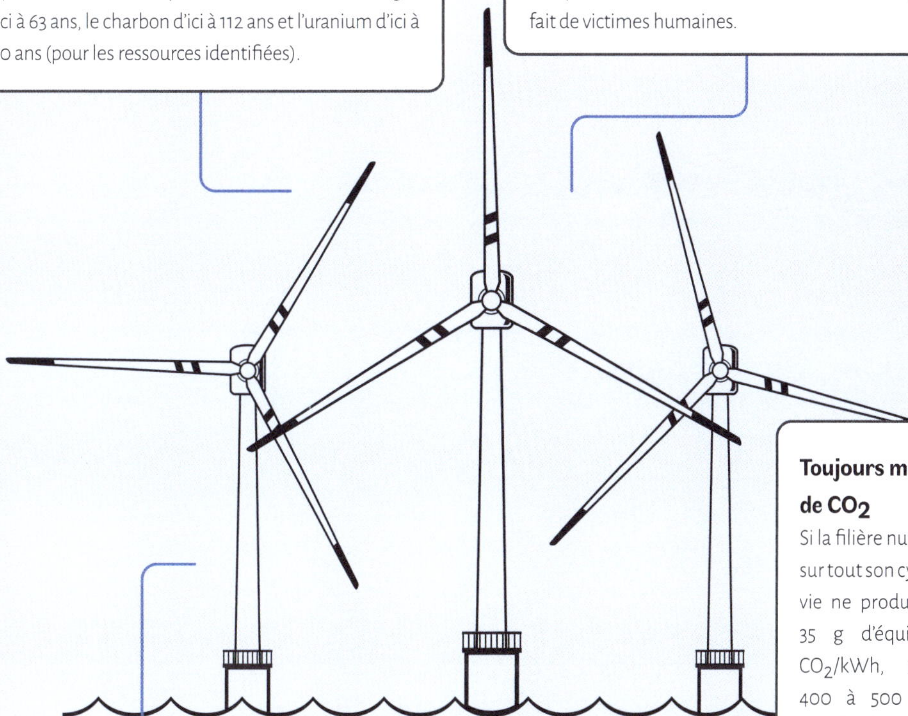

Toujours moins de CO_2

Si la filière nucléaire sur tout son cycle de vie ne produit que 35 g d'équivalent CO_2/kWh, contre 400 à 500 g de CO_2/kWh pour les centrales à pétrole et 1 200 g de CO_2/kWh pour celles à charbon, les énergies renouvelables (excepté l'énergie photovoltaïque) battent tous les records avec moins de 20 g de CO_2/kWh.

Question d'indépendance

À qui appartient le vent ? À tout le monde. Les éoliennes permettent d'être énergétiquement indépendantes alors qu'il nous faut importer de l'uranium pour le nucléaire. Cela étant, il nous faut faire venir les pylônes, et les 3 principaux fabricants d'éoliennes dans le monde sont chinois, danois et américains.

Éolienne, la princesse dans le vent

L'énergie nucléaire serait-elle la solution universelle aux problèmes de l'effet de serre ? L'énergie éolienne pourrait-elle un jour lui mettre un gros vent ? Amis de la Terre ou du CEA, voici quelques arguments pour attiser vos dîners.

Je me chauffe en vert

Voilà un bon moyen de faire des économies : passer à une électricité issue d'énergies renouvelables dont la matière première par définition est gratos. Pensez-y, parce qu'en vingt ans le prix du gaz naturel a augmenté de 111 % et celui du fioul de 191 %. Quant au tarif de l'électricité, il a pris presque 40 % dans la face et devrait augmenter encore de 100 % d'ici à 2023. Il faut savoir être pince quand on veut sauver la planète !

Énergies dans le brouillard

C'est le genre de sujet qui peut enflammer les dîners : c'est quoi, l'électricité verte ? D'aucuns diraient que que c'est le nucléaire, parce qu'il est vrai que la fission de l'uranium n'a aucun impact sur le climat. Mais, ils oublient souvent d'ajouter que les déchets peuvent rester radioactifs des millions d'années. Du côté des opérateurs, c'est pas forcément plus limpide. Certains repeignent en vert une offre carrément dans le rouge. Comment ça ? Grâce à une sombre histoire de garanties d'origine assez complexe. En gros, la loi permet de noyer une offre issue du nucléaire, du gaz ou du charbon avec celle d'autres opérateurs d'énergies renouvelables. Résultat, parfois pour 100 € d'électricité payés, seulement 2 € vont à la production d'énergie renouvelable.

Tapis rouge pour fournisseurs verts

Quels sont alors les fournisseurs d'électricité issus de vraies énergies renouvelables : éolien, solaire, petit hydraulique ou biomasse, j'entends ? Greenpeace a mené l'enquête avant nous, voici son palmarès, basé sur des chiffres de 2017.

1/ Énergie d'ici : *small is beautiful*. Ce petit fournisseur regroupe des producteurs d'électricité hydraulique et investit en grand dans le développement des énergies renouvelables. À noter que depuis l'automne 2018, Énergie d'ici n'intervient plus sur l'ensemble du territoire. Les chanceux se trouvent dans les départements : 01, 05, 09, 12, 31, 38, 43, 63, 64, 65, 69 et 81.

2/ Enercoop : d'abord, on l'aime parce que c'est une coopérative, ce qui signifie que plus de la moitié des bénéfices sont réinvestis dans l'entreprise, notamment dans des projets citoyens d'énergie renouvelable. Ensuite, les décisions sont partagées : producteurs et consommateurs ont voix au chapitre. Enfin, 97 % de l'électricité sont vraiment renouvelables.

3/ Ilek : cette plateforme met en relation les producteurs d'électricité renouvelable et consommateurs. « D'après les données 2017, Ilek permet de consommer une électricité 100 % renouvelable et de soutenir les producteurs », explique Greenpeace.

4/ Viennent juste derrière dans la catégorie « En bonne voie » : Planète Oui, Ekwateur, Énergem, GEG, Sélia, Alterna.

5/ Parmi les acteurs « à la traîne », applaudissons : Plüm, Proxelia, Lucia, Énergies du Santerre.

6/ Enfin, dans les « vraiment mauvais », on retrouve les acteurs historiques : Total, Engie, EDF…

Tu ne retrouves pas ton fournisseur d'énergie, Olivier ? Tape vite son nom dans la barre de recherche sur **www.guide-electricite-verte.fr** et découvre sa place dans le classement.

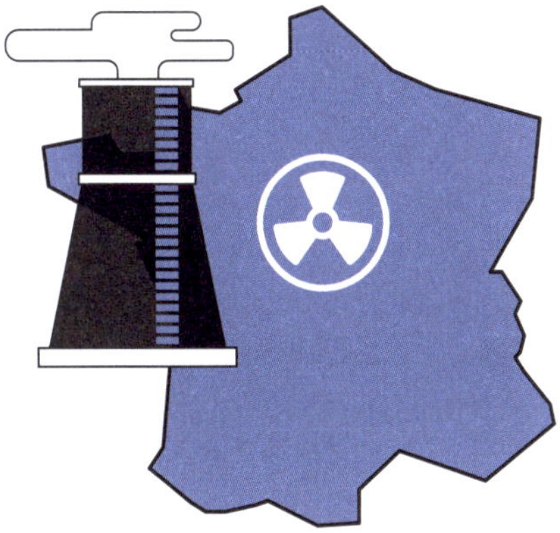

ÇA TREMBLE AUSSI CHEZ NOUS

On parle toujours de Tchernobyl et Fukushima, mais il y a eu aussi des accidents nucléaires en France ! Deux fois dans la même centrale de Saint-Laurent-des-Eaux dans le Loir-et-Cher. En 1969 et en 1980. Ils n'étaient certes que de niveau 4 (Tchernobyl et Fukushima étaient de niveau 7), mais cela remet en question le discours selon lequel le nucléaire serait super sécure.

QUI SUIS-JE ?

« Clairement je n'ai pas un kopeck dans les atomes, c'est peut-être pour ça qu'on dit que je suis un "métal pauvre" (mais, en vrai, c'est juste parce que dans le tableau des périodiques je suis à cheval entre les métalloïdes et les métaux de transition). Je suis accusé d'avoir empoisonné Yasser Arafat (mais je ne dirai rien sans la présence de mon avocat) et je squatte vos cigarettes en infime quantité. Mon papa et ma maman sont Pierre et Marie Curie. Ils m'ont trouvé dans un minerai naturel dont on extrait l'uranium et m'ont nommé en hommage à leur Pologne natale, tellement ils m'adorent alors que je suis salement radioactif. J'ai besoin d'un réacteur nucléaire pour exister et on m'utilise pour lutter contre l'électricité statique. »
Je suis… je suis ?

Le polonium.

ONKALO : LA « CAVE » DES DÉCHETS RADIOACTIFS EN FINLANDE

Les déchets radioactifs les plus nocifs peuvent mettre cent mille ans à se dégrader. Se pose donc la question du stockage. On les a longtemps bazardés dans l'océan avant de se dire que c'était pas une super idée. En Finlande, à quelque 300 kilomètres au nord-ouest de la capitale, Helsinki, on a donc mis au point un tunnel allant jusqu'à 500 mètres de profondeur pour y nicher nos poubelles radioactives.
Onkalo (« caverne » en finlandais) sera alors refermée en espérant que la zone ne sera sujette à aucune secousse sismique d'ici à cent mille ans et qu'aucun être vivant n'aura l'idée de s'aventurer dans le périmètre. Sur ce point, des scientifiques américains ont rendu un rapport sur la conception d'un message destiné à faire comprendre aux entités vivantes qui seront là dans des dizaines de milliers d'années (probablement pas des humains) que les déchets radioactifs ne doivent pas être portés autour du cou. La conclusion est que seuls des paysages menaçants pourront annoncer un quelconque danger, des pics géants, des dessins qui font peur…, bref si vous souhaitez leur proposer des dessins terrifiants, n'hésitez pas !

Réflexes antigaspi d'énergie

Si on ne chauffait pas, si on n'éclairait pas, si on ne rechargeait pas son smartphone et que jamais on ne matait une série sur Netflix, ça serait carrément facile de réduire sa consommation d'énergie. Rassure-toi, Olivier, on a d'autres pistes à te donner pour économiser à domicile sans faire de toi un Amish. Et sans te peler les miches.

Vive les gros pulls !

Tu te souviens du chandail que t'avait tricoté tatie Alice ? Il va falloir le ressortir et le porter une bonne partie de l'année puisque ton chauffage ne dépassera plus jamais les 19 °C dans les pièces à vivre et 17 °C dans ta piaule. Comment ça, il gratte ?

Ouvre les fenêtres 5 minutes par jour,

juste pour que l'humidité puisse aller perler ailleurs. Tu peux en profiter pour faire ta salutation au soleil qui donne des bonnes énergies même quand il pleut.

Ressors ton plumeau

pour enlever la poussière des radiateurs, vire tout ce qui est sur son passage : tu permettras à la chaleur de se diffuser sans encombre.

Débranche !

Coupe la lumière et coupe le son, mais aussi tous tes appareils lorsque tu ne t'en sers plus parce qu'en veille ils continuent de consommer. Si l'exercice est trop fastidieux, installe des prises à interrupteur. Avec un peu d'entraînement, tu pourras les éteindre avec ton gros orteil sans avoir à te baisser.

Purge ton radiateur.

Si ton foie sait faire ça très bien lui-même, ton radiateur en a besoin tous les six mois. S'il siffle, c'est qu'il a de l'air dans les tuyaux qu'il faut chasser avec délicatesse.

Règle ton ballon d'eau chaude sur 60 °C,

va te laver les mains à l'eau froide et n'oublie jamais qu'une douche = 30 litres = 0,94 kWh alors qu'un bain = 200 litres = 6,3 kWh. Ce qui veut dire que si tu t'offres un bain moussant, tu devras te passer de douche les 6 jours suivants. En même temps, t'as raison, on se lave trop, c'est pas bon pour notre peau.

Choisis les champions de catégorie A

pour ton électroménager et les appareils les plus économes en énergie pour le reste. Le guide **Topten** réalisé avec le WWF-France et l'Ademe a sélectionné pour toi les produits qui consomment le moins. Imprimantes, machines à café, aspirateurs, tu ne pourras pas dire que tu ne savais pas.

Convoque des souvenirs de 3e C

Sachant qu'une ampoule à LED de 10 W utilisée pendant quinze ans et achetée 12 € permet d'économiser 700 kWh d'électricité soit plus de 140 € sur la facture d'électricité, par comparaison avec l'utilisation d'ampoules halogènes équivalentes de 57 W, qu'est-ce qui est mieux pour la planète, hein ?

As-tu vraiment besoin de tout ça ?

Dernier truc, Olivier, ne succombe pas à la tentation du dernier gadget électroménager. Moins tu auras d'appareils, moins tu consommeras (oui oui, heureusement qu'on est là pour que tu apprennes ça). Et franchement, ce défroisseur dernier cri, c'était vraiment nécessaire ?

DERRIÈRE LA PRISE

Même des chargeurs de portables branchés à vide et sans loupiotte consomment de l'électricité ! Certes c'est très faible : pour une quinzaine de chargeurs branchés environ 3 heures par jour sur une année, ça te coûtera environ 1 euro. Si ça te semble peu, ça montre surtout que tous nos appareils branchés consomment de l'électricité même quand ils ne sont pas en marche.

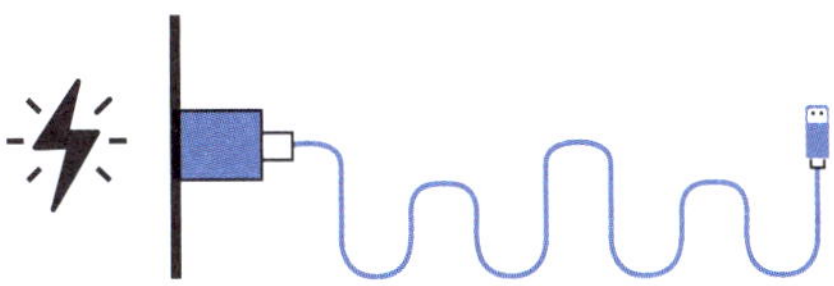

PASSER L'ASPI DANS LE CIEL ?

Quelques usines d'aspiration de dioxyde de carbone ont vu le jour en Islande, en Suisse et en Italie. Ces aspirateurs géants font le même boulot qu'un arbre : ils capturent le CO_2 puis le renvoient à plusieurs centaines de mètres sous la terre. Pas sûr que ce soit une véritable solution d'avenir…

LAVE-VAISSELLE VS À LA MAIN : LE GRAND COMBAT !

Les grandes luttes de l'écologie sont bien vite vaincues par le démon de la fainéantise. Et quand on fait la vaisselle, rien de tel que l'huile de coude, se dit-on. Mais bonne nouvelle, dans certains cas, le lave-vaisselle reste la solution la plus économe et donc la plus écolo !

JE PEUX UTILISER UN LAVE-VAISSELLE

Mon lave-vaisselle a moins de 10 ans.

•

Il est classé A+++ (pour laver 12 couverts, il consommera moins de 10 litres d'eau, or la même quantité d'eau s'écoule quand on laisse le robinet ouvert pendant une minute).

•

Je le mets en mode « éco » ou à 50 °C.

•

J'ai plus de 4 personnes sous mon toit (et ils mangent beaucoup).

JE METS LES MAINS DANS LE CAMBOUIS

(ou dans le savon de Marseille)

Je ne laisse pas couler l'eau quand je fais ma vaisselle et je fais plutôt tremper mes couverts.

•

Je n'ai pas de lave-vaisselle (ah bah ouais, dans ce cas, c'est sûr…).

•

Je lave à l'eau froide.

•

Je suis seul.e et j'ai juste une pauvre assiette à laver (valable aussi quand on est deux et qu'on a juste deux pauvres assiettes à laver).

Source : Ademe

Clim, climat, climatisation

Réchauffer l'atmosphère pour se refroidir et faire grimper encore plus les températures planétaires, l'équation est cocasse ! L'Agence internationale de l'énergie estime que le nombre de climatiseurs dans le monde va passer de 1,6 milliard d'unités à 5,6 milliards en 2050…, soit la consommation d'électricité de la Chine, toutes activités confondues. Et si on réhabilitait l'éventail ?

Les 7 péchés de la clim'

Oui, le climatiseur est une plaie :

1/ Il bouffe une quantité folle d'énergie.

2/ Pour produire du froid, il utilise des fluides frigorigènes, ce sont de sales gaz à effet de serre au pouvoir réchauffant jusqu'à 22 800 fois plus élevé que le CO_2.

3/ Il balance du chaud vers l'extérieur et fait grimper la température des rues de 0,5 °C.

4/ Il fait souvent un boucan de dingue.

5/ Il plombe ta facture d'électricité, de 20 à 25 % de plus pour une pièce de 45 m^2.

6/ Il enlaidit les façades des immeubles.

7/ Il te fait remettre le pull de Tatie Alice à l'intérieur en plein été.

7bis/ Il gratte (le pull).

Isole-toit

On admet facilement qu'une maison bien isolée permet de se protéger du froid, mais on ignore souvent que ça marche aussi pour le chaud ! En fait, une bicoque, c'est un peu comme toi, Olivier, 30 % de l'énergie s'évacue par le crâne. La priorité est donc de lui mettre un bon bonnet en isolant le toit et les combles. Les spécialistes de la maison écologique recommandent d'oublier la laine de verre et de préférer la fibre ou la laine de bois, plus efficaces et plus écolos.

Braver le chaud en mode *slow*

T'as pigé, Olivier, la clim' c'est le mal absolu et toi, tu es quelqu'un de bien, alors tu peux commencer à préparer tes armes *low tech* pour la prochaine attaque de canicule. Dans ta panoplie, il te faudra :

> ***Ces trente prochaines années il pourrait se vendre 4 climatiseurs par seconde dans le monde.***

- des volets que tu fermeras le jour et des fenêtres que tu ouvriras la nuit ;
- des appareils électriques débranchés parce que ça chauffe toujours un peu, ces trucs-là ;
- des plantes partout sur la façade de ta maison ou de ton immeuble qui libèrent de la vapeur d'eau 24 h/24 ;
- des draps humides à suspendre partout chez toi. Au-dessus de ton lit, c'est archi-romantique ;
- des éventails, des feuilles de bananier, des bouts de carton pour te ventiler manuellement comme au bon vieux temps.

QUI SUIS-JE ?

« Je suis un tube que l'on enterre près des maisons. Je souffle tiède (ma température est toujours entre 17 et 20 °C, donc je suis frais en été et chaud en hiver). Je récupère les calories du sol pour chauffer à température ambiante l'air neuf envoyé dans les salons. Je suis une alternative naturelle à la climatisation. Et en plus je sais ce que sont une débarbouillette, un chum ou une pâte à dent. Je suis… je suis ? »

Le puits canadien.

LA VMC, TMTC

En France, tous les logements disposent d'un système de ventilation. C'est obligatoire depuis 1969 et ça permet de renouveler l'air intérieur et d'évacuer les polluants. Mais parmi les différents types de dispositifs, la VMC double flux (Ventilation Mécanique Répartie) qui, déjà, a un nom très punk, a l'avantage d'être aussi la solution la plus chouette pour le climat. Par un ingénieux dispositif d'échangeur thermique, elle récupère les calories de notre air vicié pour réchauffer l'air neuf qui vient de l'extérieur. Comme ça, pas de gâchis, et nos haleines pas fraîches trouvent une seconde vie.

MON TOIT S'HABILLE EN BLANC

Vous connaissez le **cool roofing** ou comment lutter contre le réchauffement climatique en peignant son toit en blanc ? Ça ne coûte pas grand-chose et il semblerait que ce soit très efficace dans les pays chauds (donc, pour le moment, inutile d'envisager d'appliquer cette méthode en France). Les toits blancs permettent de renvoyer les rayons du soleil plutôt que de les absorber, ce qui limite l'utilisation de la climatisation. On estime que si tous les pays chauds optaient pour cette méthode, ça compenserait 24 gigatonnes d'émissions de carbone.

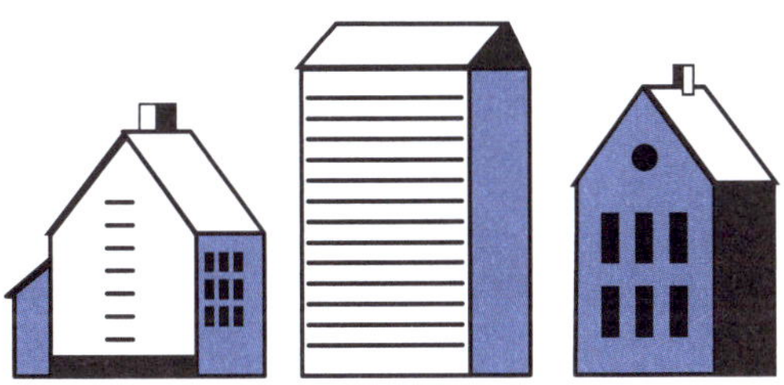

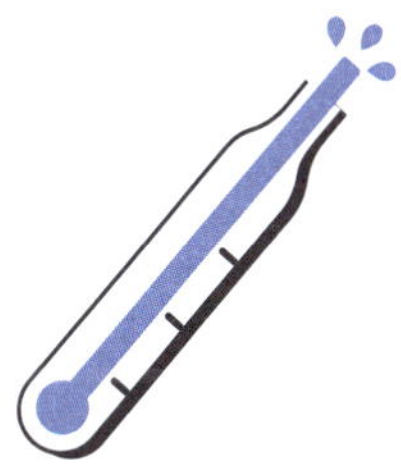

QUI SUIS-JE ?

« Je m'invite souvent l'été et m'installe pendant quelques jours, voire quelques semaines. Je fais exploser les ventes de bières et de ventilateurs. Mes racines latines me renvoient au sobriquet de petite chienne sans que cela ait vraiment de rapport avec ce que je suis réellement. Je dessèche tout sur mon passage et suis la terreur des plus jeunes et des plus vieux. En 2003, j'ai tué 15 000 personnes en France. En 2019, avec mes 46 °C, j'ai explosé tous les records de température dans l'Hexagone. Je suis… je suis ? »

La canicule.

J'arrête de dé~~conner~~forester

Parce que les arbres se nourrissent de CO_2, parce que la transformation du bois demande beaucoup moins d'énergie que la fabrication d'autres matériaux, parce qu'il peut être facilement recyclé, on a toutes les bonnes raisons de s'entourer de meubles en bois dans sa maison. Sauf si les planches viennent de forêts gérées n'importe comment.

Le bon et le mauvais bois

C'est qui, les champions du bois ? C'est nous, avec 31 % de notre territoire couvert de forêts, ce qui nous vaut la 3e place européenne. En revanche, on peut faire moins les malins niveau biodiversité. Dans 83 % de nos massifs, il n'y a que deux sortes d'arbres différentes (ou même moins, ce qui veut dire une seule en fait). Et tu sais pourquoi ? Entre autres, parce qu'un quart de nos massifs forestiers sert à fabriquer des meubles Ikea. Pendant ce temps-là, on importe aussi du bois de l'autre bout de la planète. Selon le WWF, 23 % des produits forestiers importés en Europe sont présumés d'origine illégale, c'est-à-dire issus pour la plupart des forêts tropicales amazoniennes. Le déclin des grands singes, l'expropriation des peuples autochtones, l'amputation du poumon vert de la planète…, ça te rappelle quelque chose ? Alors là tout de suite, ta terrasse de jardin en ipé du Brésil, ce bois tellement dense et dur qu'il ne flotte pas, c'est pas joli joli. On te pardonne pour cette fois, avant ce livre tu ne savais pas.

FSC *forever*

Pour tes prochains achats de bois, Olive, repère bien ces trois lettres, FSC. Si Google Maps essaie de t'envoyer chez François Sanchez Consultants, prends plutôt le chemin du Forest Stewardship Council, un label dont le slogan résume bien l'enjeu : « Des forêts pour tous pour toujours », bref des forêts gérées durablement. Tu trouveras sur tes meubles, planches et parquets trois niveaux de FSCitude : FSC 100 %, ce qui signifie que le produit labellisé est fabriqué à partir de 100 % de fibres provenant de forêts certifiées FSC. Le FSC recyclé, qui assure que le bois est fabriqué à 100 % avec des fibres recyclées (palettes, meubles). Enfin, le FSC mixte est un mélange des deux premiers et assure qu'il y a 70 % de fibres issues de forêts certifiées et 30 % de fibres recyclées.

23% des produits forestiers importés en Europe sont d'origine illégale.

Faire les trottoirs et les brocantes

En fait, une des meilleures solutions pour te meubler, c'est de chiner. La pratique se fait sur Internet, mais aussi en IRL comme disent les jeunes (ça veut dire « In real life », Olive). Pour cela, repère le jour de passage des encombrants et débrouille-toi pour passer juste avant le camion officiel, dont la mission est de tout rafler. Si ton truc, c'est le gratos, il y a plein de sites en ligne : donnons.org, toutdonner.com, freecycle.org, co-recyclage.com. Tu peux aussi aller faire un tour dans les zones de gratuité ou les gratiféria. Dans ces espaces, on abolit les rapports marchands sans qu'il y ait forcément de réciprocité comme dans le troc. Tu prends, tu donnes, tu fais ce que tu veux en te réjouissant que ces initiatives post capitalisme existent.

PREMIERS PLANS POUR AFFAIRES DE SECONDE MAIN

- **Emmaüs (en magasin ou sur leur boutique en ligne) ;**
- **le Bon Coin ;**
- **les ressourceries ;**
- **les braderies.**

Et pour bricoler en dehors de chez soi avec un petit coup de main extérieur, on peut rejoindre une *FabLab*. On en trouve partout en France, le tarif dépend de chacune d'entre elles mais il est conseillé d'y aller avec ses matériaux de base. Non seulement on apprend à fabriquer ses meubles tout.es seuls.es comme des grands.es mais en plus on fait de belles économies.

POUR LES MAISONS EN BOIS, HIP HIP HIP...

Voici quatre preuves que le bois est le premier de la classe des matériaux pour construire sa bicoque :

- C'est un super isolant thermique (bien mieux que le béton) ;
- En poussant, les arbres capturent le CO_2 et tant qu'ils ne sont pas coupés ou qu'on ne les laisse pas mourir naturellement, ce carbone reste emprisonné, et c'est ça de moins relâché dans l'atmosphère ;
- Le bois résiste mieux aux incendies que le béton et même l'acier, eh ouais ;
- Même en fin de vie, le bois peut être recyclé.

TROIS PETITES CHOSES QUE TU NE SAVAIS (PEUT-ÊTRE) PAS SUR NOS FORÊTS EN FRANCE :.

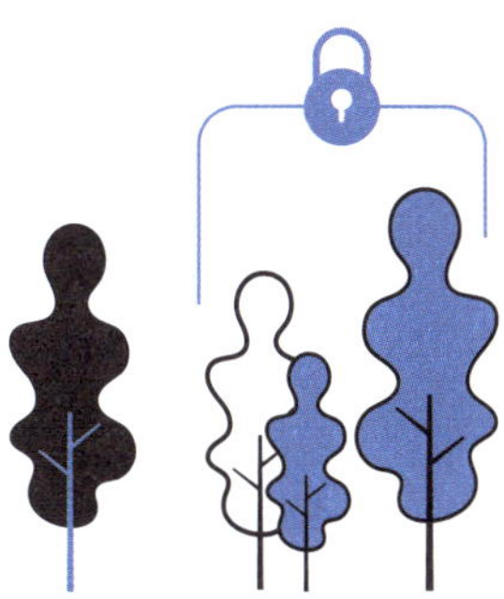

les ¾ des forêts sont privées (le reste appartient à l'État ou aux communes).

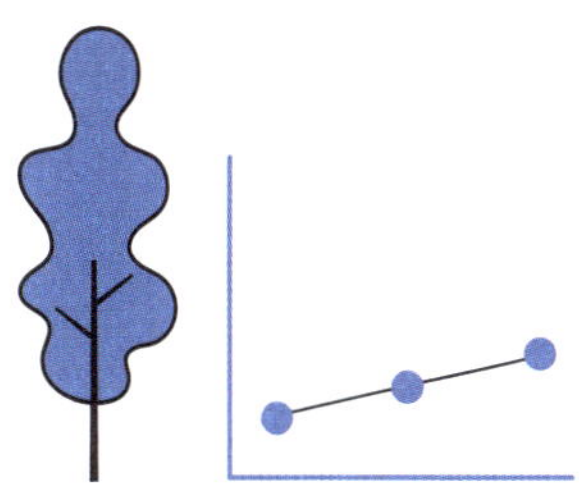

la superficie des forêts progresse de 0,7 % par an depuis les années 1980.

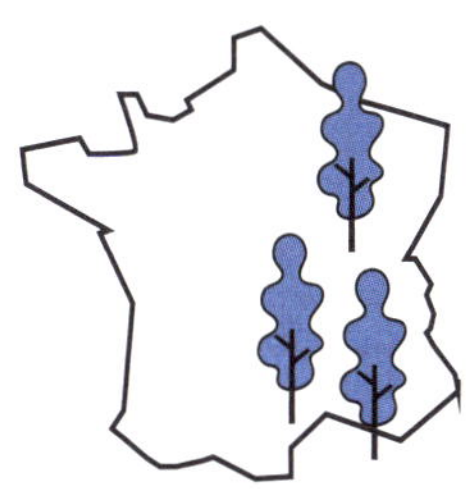

les forêts couvrent 31 % du territoire français.

Source : IGN

Les matériaux qui ont tout bon

« La peinture à l'huile, c'est bien difficile, mais c'est bien plus beau que la peinture à l'eau », tu connais la chanson, Olivier. Si Boby Lapointe était encore de ce monde, on pourrait lui demander de préciser que celle à l'huile est quand même bien moins écolo-sympathique que celle à l'eau. Allez, on se fait un petit point matériaux ?

Matériau thérapie

Laine de verre ou briques de chanvre ? Parquet ou lino ? Papier peint ou toile de jute ? Pour savoir quel matériau choisir, allonge-le sur le divan et procède à son analyse du cycle de vie (ACV) en lui posant cette batterie de questions :

D'où viens-tu ?

Il s'agit ici de s'assurer que ton matériau ne vient ni du bout du monde, ni de forêts illégalement exploitées, ni encore de carrières qui pillent le milieu naturel. Moins il a pesé sur l'environnement, meilleur il est.

Comment es-tu arrivé jusqu'ici ?

Dans un écobilan on se soucie aussi du nombre de kilomètres parcouru. Un beau parquet en bois qui voyagerait en camion sur des milliers de kilomètres perdrait de son charme.

Quelles transformations as-tu subies ?

Ton matériau est-il brut, nature ou a-t-il subi toute une série de transformations gourmandes en énergie ? Est-il couvert d'insecticides et autres produits ? S'est-il fait teindre en blond ? Pose-lui bien toutes les questions.

Comment t'installe-t-on ?

Certains isolants ont besoin d'être collés, certaines peintures ne peuvent se passer d'un avant et d'un apprêt. Bref, ton matériau hyper écolo peut-il se la jouer solo ?

Niveau entretien, il te faut quoi ?

S'il n'existe pour l'entretenir que des produits toxiques et polluants… là aussi, ton matériau peut perdre des points de vie.

Et le jour où on se sépare, tu deviens quoi ?

Parfois, nos chemins prennent des directions opposées. Petit matériau peut-il s'offrir une seconde vie ? Quelles sont ses chances de recyclage ? S'il est du genre aggloméré (plusieurs matières mélangées) ou composites (plusieurs matières assemblées), ça va être compliqué.

A+ sinon rien

Comment savoir si ton bidon de peinture ou ta colle de papier peint sont fréquentables ? En regardant la note qu'ils ont obtenue sur l'étiquette « émissions dans l'air intérieur » obligatoire depuis 2013 sur tous les produits de construction, les revêtements de murs et de sols, les peintures, les vernis, les colles, les mastics, les adhésifs… Elle te renseigne sur leur « niveau d'émission de substances volatiles dans l'air intérieur présentant un risque de toxicité par inhalation ». Évidemment, Olivier, tu reposeras tous les cancres qui se sont chopé un C et tu ne garderas que ceux qui ont eu un A+ haut la main.

ISOLATION RÉCUP'

Pour isoler leur maison, certains ne jurent que par la laine de verre, mais il existe d'autres matériaux, moins conventionnels, plus écolos et tout aussi efficaces :

- **la paille,** qui a le bon goût d'emprisonner l'air quand elle est compressée ; l'histoire des trois petits cochons racontait n'importe quoi ;
- **des bouteilles en verre**, pour recycler les cadavres après une soirée chez soi ;
- **des bouchons de liège**, histoire de ne vraiment rien perdre ;
- **des vieux jeans**, c'est ce que propose l'entreprise Le Relais Métisse, l'isolation durable qui recycle des vêtements en coton pour l'isolation thermique.

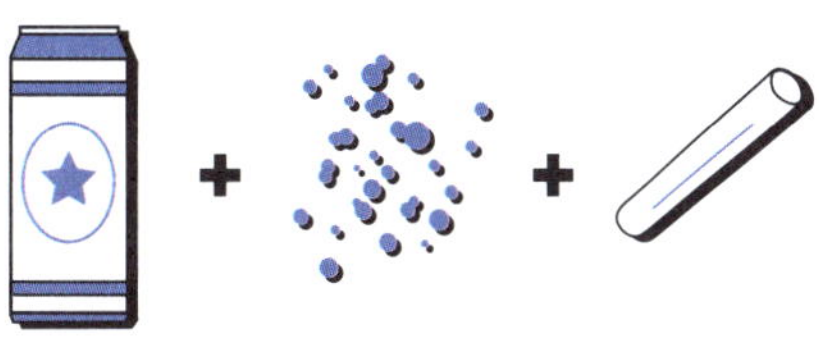

« UNE PINTE DE BINOUZE SIOUPLAÎT, C'EST POUR MA PEINTURE ! »

Peinturlurer les murs de son chez-soi, c'est bien gentil, mais c'est aussi bien polluant. Et pour cause, ces peintures sont bourrées de composés toxiques. Or une peinture, c'est quoi finalement ? Une charge (la couleur) et un liant (qui la fixe). Fastoche ! Eh bien, avec une canette de 33 cl de bière, 40 g de terres colorantes et 20 g de craie, vous avez tous les ingrédients pour fabriquer la peinture vous-même. Pour qu'elle soit résistante au lavage, il suffit de la recouvrir de cire ou de vernis écologique.

LABELS À LA PELLE

Voici quelques labels à traquer dans votre magasin de bricolage.

Nature plus : ce label international pour les produits de construction et d'aménagement distingue ceux qui présentent les meilleures performances en termes de santé, d'environnement et d'efficacité fonctionnelle. C'est le plus exigeant de tous.

NF environnement : on le retrouve sur les produits dont l'impact sur l'environnement est réduit. C'est pas fou fou, mais c'est un bon début.

Der blaue Engel : oui, Olivier, ça veut bien dire « Ange bleu », mais aussi que les produits ayant ce label respectent plus l'environnement que leurs copains.

Ecolabel : on le retrouve dans toute l'Europe sur les produits de qualité dont on a fait l'analyse du cycle de vie.

EC1 : voilà le label qui certifie des produits qui émettent peu de composés organiques volatils, entre autres.

Ménage au naturel

On repose tout de suite cette eau de Javel, vous n'avez pas plutôt un citron qui traîne ? Laver plus blanc que blanc, c'était avant. Aujourd'hui, on cherche plutôt à mettre du vert sur nos éponges en vieilles chaussettes recyclées. Vous savez pourquoi ? Parce que notre air intérieur, là où on passe le plus clair de notre temps, est 5 à 10 fois plus pollué que l'extérieur !

Pas de love pour les COV

Tu as fait le test sur le site **Un bon air chez moi** du ministère de la Transition écologique pour savoir comment on respire chez toi ? Mauvaise nouvelle, Olivier : ton air intérieur n'est pas net. Les 900 substances chimiques retrouvées dans ton salon te placent dans la moyenne nationale, mais avoue que ce cocktail est dangereusement explosif. Les plus gros pollueurs intérieurs appartiennent à la grande famille des COV, les composés organiques volatils, émis par tout ce que tu utilises au quotidien : les matériaux de construction, les meubles, les produits de bricolage et de nettoyage, les parfums d'intérieur, les sprays assainissant, l'anti-poux de ton petit dernier, le collier antipuces de ton chat. Les COV émis par tout ce petit monde s'envolent dans les airs et s'incrustent dans tes poumons. Ils te font tousser, cracher, te rendent allergique, asthmatique. Pire encore : 91 % des produits ménagers contiennent du formaldéhyde, une substance cancérogène avérée pour l'homme (ça marche aussi pour la femme). Aussi, ces affreux COV qui bousillent notre santé et nos cours d'eau réagissent chimiquement avec l'ozone et sont responsables d'un effet de serre additionnel. Si tu veux le détail de la formule chimique, envoie-nous un courrier.

Tournez ménage

Voilà une information que tu devrais adorer : faire régulièrement le ménage reviendrait à fumer 1 paquet de clopes par jour, selon une sérieuse étude européenne. Attends, on te voit venir. Ce n'est pas une raison pour ne plus jamais toucher une serpillière. L'étude vaut pour les produits d'entretien bourrés de chimie. Pour rester en bonne santé, tu vas commencer par jeter à la décheterie tous les liquides multi-surfaces, les lingettes, les sprays pour la cuisine, pour la salle de bains, pour le couloir, pour la buanderie, pour les pièces qui n'ont même pas de nom. Tu ajoutes à ton convoi les serpillières imbibées, les blocs et les gels WC, les décapants pour le four, les désodorisants... Voilà, il ne reste plus rien. Recommence à zéro avec du bicarbonate de soude, du savon noir, du vinaigre blanc, du citron et des huiles essentielles (voir ci-contre). C'est tout ? Bah ouais !

LE MÉNAGE À PORTÉE DE COMPRIMÉS

En plus du fait que les produits ménagers sont horriblement toxiques, ils consomment également trop d'eau et sont dans des emballages plastique tout aussi mauvais pour l'environnement (on produirait en moyenne 8,9 millions de tonnes de plastique pour les produits ménagers et les cosmétiques). Pour pallier ce problème, plusieurs marques commencent à proposer des kits de ménage avec des produits en comprimés effervescents. Une astuce qui permet de supprimer l'eau et le plastique de l'adéquation. Une bonne intention en soi, mais qui ne dit rien du niveau de toxicité de ces comprimés...

QUI SUIS-JE ?

« Dans le milieu des addicts au tableau périodique des éléments, on m'appelle NaHCO3. Je suis fait de sel et de craie, mais on me trouve le plus souvent au rayon "aromates" du supermarché. J'ai un peu la grosse tête tellement je suis glorifié par n'importe quelle recette de grand-mère, et pour cause : je sers à peu près à faire tout et n'importe quoi, nettoyer les toilettes, donner une seconde vie aux fleurs en vase, servir de déodorant ou de remède au mal de ventre... Bref, pour peu qu'on m'associe avec mes deux meilleurs potes, le vinaigre blanc et le citron, je suis imbattable. Je suis... je suis ? »

Le bicarbonate de soude !

JAVEL, JE NE BOIRAI PAS DE TON EAU

On en vend chaque année 245 millions de litres rien qu'en France, même si elle est responsable de 40 % des intoxications à domicile liées aux produits d'entretien. L'eau de Javel est une vraie plaie ! D'autant plus qu'on fait plein d'erreurs avec...

↘ La jeter dans l'évier. Malheur ! Après usage, il faut la laisser deux jours à l'air libre (en prenant soin de la garder inaccessible aux animaux et aux enfants) et seulement après on peut la jeter dans l'évier.

↘ En mettre n'importe comment dans les toilettes. L'eau de Javel associée à l'ammoniaque de l'urine (même s'il ne reste que quelques gouttes) génère un gaz encore très toxique pour la planète, mais aussi pour nos petits poumons.

↘ Nettoyer sa vaisselle. Bon là, c'est carrément débile même. L'eau de Javel n'est pas un produit nettoyant, son boulot est juste de tuer les bactéries, ce qui en fait un acide pur. Elle ne nettoiera donc pas votre poêle graisseuse.

CINQ TRUCS TROP FOUS QU'ON PEUT FAIRE AVEC DU BICARBONATE DE SOUDE ET DU VINAIGRE BLANC :

1. Nettoyer ses toilettes ou déboucher son évier (en plus on a le loisir de voir une grosse mousse se former, très jouissif comme expérience) : pour les quantités on peut mettre un demi-verre de vinaigre blanc et la même quantité de bicarbonate de soude ;

2. Remettre à neuf une poêle carbonisée par ton dernier repas (et sinon la prochaine fois, tu évites d'oublier tes pommes de terre rissolées) : pour cela on n'a même pas besoin de vinaigre, il suffit de saupoudrer avec le bicarbonate, de rajouter un fond d'eau que l'on va faire bouillir une dizaine de minutes et le tour est joué ;

3. Avoir des serviettes de bain enfin douces (un bouchon de bicarbonate à la place de la lessive, un demi-verre de vinaigre blanc à la place de l'adoucissant, quelques gouttes d'huile essentielle de lavande pour le parfum et le tour est joué) ;

4. Détartrer son robinet avec du vinaigre blanc que l'on applique directement sur les plaques de calcaire, qu'on laisse agir quelques minutes, et c'est parti. On a l'impression de vivre dans un endroit neuf ;

5. Sauver le monde des injustices de la société et combattre le capitalisme et les puissants (ouais bon, on exagère un peu, mais à peine).

Poubelle la vie

En France, on produit 390 kilos d'ordures ménagères par an et par personne. Le délire ! C'est simple, la production de déchets a doublé en quarante ans, beaucoup plus vite que le recyclage. Résultat : aujourd'hui, 78 % des ordures ménagères sont encore enfouies ou brûlées, générant un bon paquet de gaz à effet de serre.

Sous le couvercle

Fais voir ta poubelle, Olivier ? Y trouve-t-on comme chez la moyenne des Français 32 % de matières biodégradables, 22 % de papiers cartons, 13 % de verre, 11 % de plastiques, 3 % de métaux et 19 % d'autres déchets (couches, lingettes, mouchoirs) ? Tu sais où tout ça va finir ? Dans les filières de tri qui permettent de nous réjouir de leur impact carbone négatif : 1 tonne d'aluminium recyclé permet en effet d'éviter le rejet de 6 890 kg éq. CO_2, soit 45 900 kilomètres en voiture, un peu plus que le tour du monde sur la ligne de l'Équateur. Voilà pour les bonnes nouvelles. Mais la plupart des déchets prennent des voies moins admirables et s'y rendent en camions qui consomment du carburant et donc émettent du CO_2. Arrivés à bon port, 44 % d'entre eux sont incinérés, ce qui produit du gaz carbonique et du protoxyde d'azote. 33 % sont enfouis et relarguent du méthane 25 fois plus réchauffant que le CO_2. L'idée, Oli, est donc de se mettre à fond sur le recyclage pour offrir une deuxième vie à 91 % des occupants de ta poubelle (9 % des déchets ne sont ni recyclables, ni réutilisables, les gros boulets, quoi).

Révisions en ligne

C'est toujours la prise de tête. Le couvercle du pot de confiture, je le laisse avec le verre ? Ma boîte de pizza toute dégueu, je peux la jeter dans le bac de tri ? Et cette ampoule que je viens de casser, elle va où ? Olivier, il y a plein de solutions pour devenir un champion de la question. Tu peux faire un tour sur le site triercestdonner.fr et t'amuser à participer aux défis pour réviser les bases. Si tu fais un bon score, tu participeras même au financement d'associations. Tu veux savoir précisément ce qui se trie dans quel bac dans ta commune ? Télécharge le Guide du tri de Citeo. Tu trouves la réunion du mardi matin interminable ? Joue discretos sur ton smartphone à Compost challenge et deviens par la même occasion un as du compostage.

UNIVERS DE DÉCHETS

La pollution des déchets ne se limite pas à nos simples poubelles. Elle a aussi fait sa petite conquête de l'espace. On en compte en moyenne 6 000 tonnes qui gravitent autour de la planète, ce qui peut constituer un réel danger. C'est pourquoi l'astrophysicienne Fatoumata Kébé planche sur un petit satellite : le *RemoveDebris*. Il permettrait de récupérer ces poubelles interstellaires avant que le ciel ne nous tombe littéralement sur la tête.

Réductions dans la vraie vie

En fait, le mieux, c'est d'arrêter de produire des déchets. Et donc d'acheter moins emballé, moins neuf ou carrément de ne pas acheter du tout. L'association Zerowaste a lancé le défi Rien de neuf en 2018, édité un guide sur le sujet et créé un site Web pour t'accompagner. Ta mission si tu l'acceptes ? Préserver les ressources de la planète en essayant d'acheter le moins d'objets neufs possible. Tu recevras alors une newsletter par mois, tu échangeras avec les milliers de participants qui ont plongé dans le même bain que toi, tu pourras suivre ta consommation d'objets neufs et non neufs que tu as achetés et tu pourras frimer avec les tonnes de ressources naturelles épargnées grâce à ta participation.

RETOUR À LA TERRE : COMPOST DE CORPS HUMAINS

C'est un peu sinistre, mais après la mort, on continue de polluer. La crémation consomme énormément d'énergie et dégage des dioxines tandis que l'inhumation consomme du bois et pollue les sols à cause des produits contenus dans le corps après décomposition. Miam. Pour mourir en vert et contre tous, il reste la solution (peu orthodoxe, on en convient) de **l'humusation** : un processus de transformation des membres par des micro-organismes vivants, comme du compost. Encore à l'état de projet de loi à Washington, la pratique devrait être expérimentée en Belgique.

QUI ÉCONOMISE QUOI ?

Dans la famille des as du recyclage, je voudrais…

↘ 1 tonne de papier carton recyclé
permet d'éviter le rejet de 40 kg éq. CO_2

=

270 km
en voiture

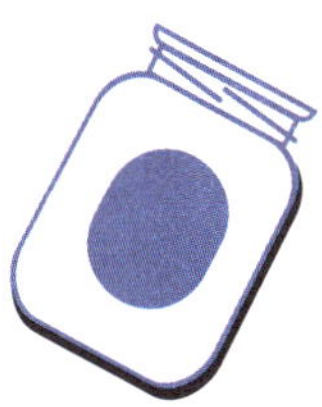

↘ 1 tonne de verre recyclé
permet d'éviter le rejet de 460 kg éq. CO_2

=

3700 km
en voiture

↘ 1 tonne de plastique recyclé
permet d'éviter le rejet de 2 290 kg éq. CO_2

=

15 300 km
en voiture

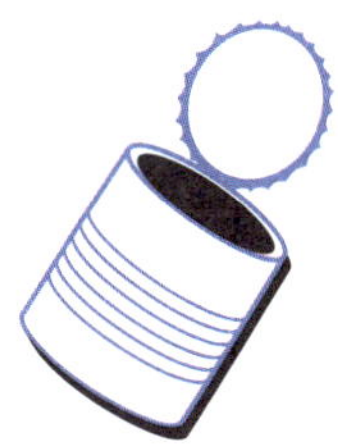

↘ 1 tonne d'aluminium recyclé
permet d'éviter le rejet de 6 890 kg éq. CO_2

=

45 900 km
en voiture

Source : Réseau action climat

De l'eau comme s'il en pleuvait

En France, on a une sacrée chance parce qu'on possède sous nos pieds beaucoup d'eau. Pour être précis : 191 milliards de mètres cubes. C'est formidable, ça nous permet d'avoir de l'eau potable au robinet (29 % de la population mondiale ne bénéficie pas d'un tel luxe) dont 60 % viennent des eaux souterraines et 40 % des eaux en surface comme les lacs. Évidemment, si on la boit sans modération, on ne la gâche pas pour nettoyer sa voiture, arroser son jardin anglais en pleine sécheresse ou prendre des bains tous les jours.

Économie, écologie

L'eau du robinet coûte 100 à 300 fois moins cher que l'eau en bouteille. À ce stade, on pourrait presque dire qu'elle est gratuite, ce qui ne justifie en rien de la gaspiller. Malgré tout ça, chaque année en France, on consomme 9,3 milliards de litres d'eau en bouteille.

Vos papiers, s'il vous plaît

Aucun aliment n'est autant contrôlé en France que l'eau du robinet. Avant qu'on la déclare comme étant propre à la consommation, elle doit passer par des centaines d'étapes très strictes et respecter un nombre incalculable de normes. En France, on a certainement une des meilleures eaux potables du monde.

Au fil de l'eau du robinet

Fontaine, dois-je boire de ton eau ?

25 millions de bouteilles, et moi et moi et moi
25 millions de bouteilles en plastique sont jetées chaque jour et seulement 49 % d'entre elles sont recyclées. Si l'on ne fait rien, en 2050, il y aura plus de plastique que de poissons dans l'océan.

De l'eau pour faire de l'eau
Pour produire une bouteille d'un-demi litre d'eau, il faut 33 centilitres de pétrole et 3 litres… d'eau ! Boire de l'eau en bouteille revient donc à utiliser l'eau présente naturellement dans les réserves et à nous la revendre 300 fois plus cher. Mais dis donc, est-ce qu'on nous prendrait pas pour des jambons ?

Le grand voyage
L'eau en bouteille parcourt en moyenne 300 kilomètres avant d'arriver dans notre verre.

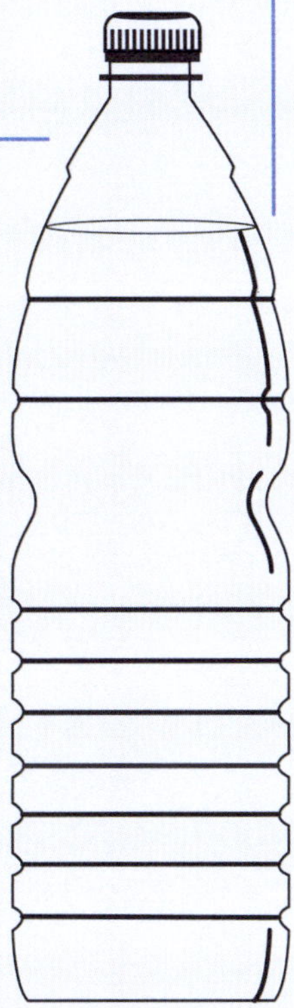

Même pas la moitié d'une gourde, cette bouteille
On ne peut même pas réutiliser une bouteille en plastique comme une gourde. Si par exemple vous y mettez un zeste de citron, l'acidification va aider les particules de plastique à se détacher, ce qui revient à boire du plastique… En dehors de ce cas, ça ne va pas vous tuer de réutiliser votre bouteille, mais quelques études tendent à montrer que ça fait avaler par la même occase quelques perturbateurs endocriniens. Gloups.

Ils commencent à dire non
Depuis le 1er janvier 2017, Biocoop ne distribue plus d'eau en bouteille plastique dans ses magasins. Par ailleurs, San Francisco et de nombreuses autres villes ont interdit les bouteilles en plastique.

Cantine scolaire au garde à vous !
Depuis le 1er janvier 2020, les bouteilles d'eau en plastique sont interdites dans les cantines scolaires.

Jolie bouteille, sacrée bouteille

En France, l'eau coule sous nos pieds et, pourtant, nous sommes le 5e consommateur au monde de bouteilles plastique. Et si l'on devenait plutôt les champions de la gourdasse ?

Du vert sur mon toit

Ils isolent du bruit, du chaud et du froid, absorbent l'eau de pluie, limitent le ruissellement, accueillent plein de jolies bestioles, captent le CO_2 et autres polluants. Qui ça ? Les toits végétalisés. La preuve en 6 actes.

1- Le toit végétal nettoie notre air

Dès lors que l'on met des plantes sur un toit (ou ailleurs), la photosynthèse travaille pour nos poumons et notre climat. L'équation, on la connait : les plantes absorbent du CO_2 et relarguent de l'oxygène. Ici, en prime, elles captent les particules fines.

2- Il protège du chaud et du froid

Un peu comme ton bob préserve ton délicat épiderme des effets de la pluie et du soleil, sache, Olivier, qu'installer un toit végétal permet d'offrir quelques années de vie supplémentaires à ta bicoque. En effet, la présence de végétaux joue un rôle tampon et fait diminuer les écarts de température à la surface du toit, protégeant ainsi le bâtiment. « Si le rôle de la végétation est plus incertain, surtout quand la couche végétale est très fine, une hauteur de substrat suffisamment importante (au-delà de 10 cm) accentuera la protection », précise Natureparif, l'agence régionale pour la nature et la biodiversité en Île-de-France.

3- Il est d'utilité publique

Les toitures végétales n'ont plus rien de marginal. À moins de planter un champ de cannabis, elles sont parfaitement légales. Depuis la loi Grenelle II du 12 juillet 2010, le permis de construire « ne peut s'opposer à l'utilisation de matériaux renouvelables ou de matériaux ou procédés de construction permettant d'éviter l'émission de gaz à effet de serre, à l'installation de dispositifs favorisant la retenue des eaux pluviales ou la production d'énergies renouvelables ». En 2013, le ministère de l'Écologie a remis une couche en précisant que « les dispositions d'urbanisme dès lors qu'elles s'opposent à l'installation de toitures végétales, ne doivent pas être appliquées ».

4- Il peut être deux fois plus écolo

Tu as bien lu le chapitre « Énergies de l'espoir » et tu as prévu d'installer des panneaux solaires sur ton toit, Olivier ? Bonne idée, surtout qu'ils iront très bien avec le vert des plantes sur ton toit.

Panneaux solaires et toits végétalisés vont très bien ensemble.

Les panneaux solaires créent des zones d'ombre, de quoi favoriser une plus grande diversité végétale et permettre aux plantes de mieux résister à la sécheresse. « De plus, la végétation, limitant la réverbération du soleil sur le toit et y réduisant

FAÇADES URBAINES FORESTIÈRES

À Milan, l'architecte Stefano Boeri a imaginé deux tours complètement végétales avec plus de 21 000 plantes sur leurs façades. Leur petit nom ? La Bosco Verticale. Leur super-pouvoir ? Purifier l'air de tout un quartier plutôt bien pollué.

la température, augmente la durée de vie des panneaux solaires », explique la direction de l'environnement de Nice-Côte d'Azur. Comme quoi, c'est vraiment une bonne idée !

5- Il te réconcilie avec tes voisins

Ta voisine adore faire la fête et pousser un peu les watts ; le problème, c'est que chaque samedi soir t'as l'impression d'y être. Un toit végétal réduit le bruit extérieur, comme les boîtes d'œufs dans un studio de répétition.

6- Il préserve des paparazzis

Imagine le jour où tout le monde aura des drones qui papillonneront au-dessus de ton salon. Grâce à ton toit végétal, ta maison se fondra subtilement dans le paysage. « Pour vivre heureux, vivons cachés », qu'ils disaient.

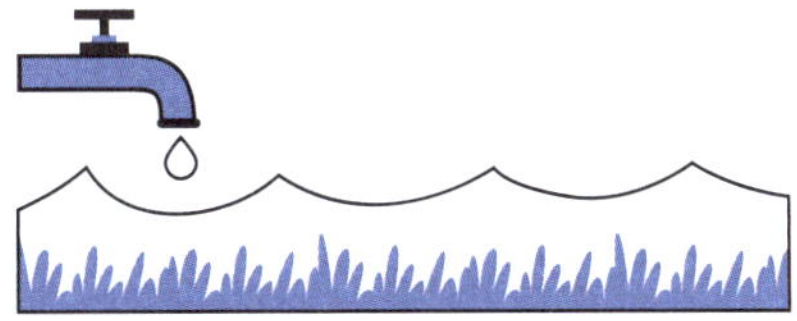

UNE BELLE PELOUSE BIEN VERTE ?
UN GAZON MAUDIT !

On a tendance à voir une vaste pelouse comme un espace naturel agréable et frais. Mais il ne faut pas oublier que la pelouse n'a rien de naturel. C'est ni plus ni moins de l'herbe contrainte qui est responsable d'un énorme gaspillage d'eau. Par exemple, aux États-Unis il y a trois fois plus de terrains de pelouse que de terrains de blé. Ce sont 30 % de l'eau potable du pays qui servent à alimenter des terrains verts. Alors oui, le gazon c'est plus sympa que le béton, mais si on veut vraiment donner libre cours à la nature, invitons la biodiversité et laissons ce joyeux bazar pousser naturellement !

DES ANIMAUX SAUVAGES DANS MON JARDIN

Vivre avec la nature, quelle bonne idée.
Vous pouvez :

- installer des mangeoires à oiseaux et des hôtels à insectes dans votre jardin (il y a plein de tutos sur Internet pour les fabriquer soi-même) ;
- créer un carré de biodiversité dans votre jardin, un endroit sans tondeuse ni traitements où vous laissez la nature tranquille toute l'année ;
- faire de votre jardin un refuge LPO (Ligue pour la protection des oiseaux) propice à l'accueil de la faune et de la flore sauvages.

RESTO POUR LES OISEAUX

Mangeoire plateau

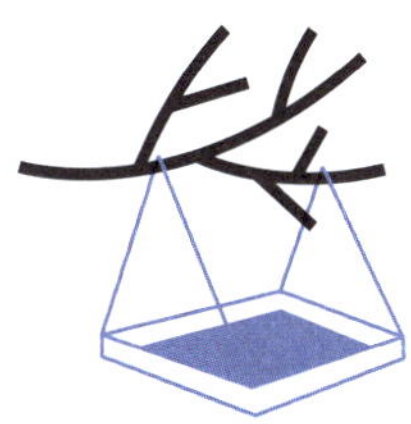

Mangeoire bouteille

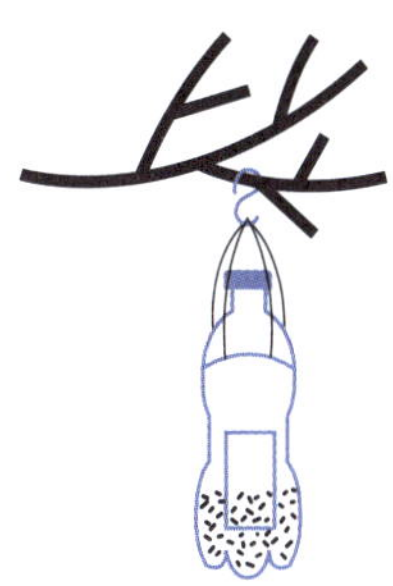

Source : lpo-auvergne.org

Es-tu prêt.e à renoncer à ta voiture (pour aller chercher du pain) ?

TU VIS…

En ville

En banlieue

Non, mais ça va pas la tête, espèce d'animal ? Tu vas me faire le plaisir d'utiliser tes jambes pour aller acheter ton pain, non mais oh !

Quand on arrive en ville, on arrive de nulle part. On n'a pas l'air viril mais on fait peur à voir.

Mais j'aime pas le pain.

Hein ?

Non rien.

Ah bah d'accord fallait le dire tout de suite. Dans ce cas, tu as encore moins de raison de te rendre dans une boulangerie en voiture…

Bah sinon, avec quoi je vais manger mes œufs à la coque ?

Attends… Ils sont marqués par quel numéro, tes œufs ?

Bah… 0.

Bravo !

Et pour le pain ?

Écoute, mon vieux, 1 kilomètre parcouru en voiture, ça coûte en moyenne 27 centimes. Si tu dois te faire 10 bornes tous les matins pour avoir du pain frais, ça va te coûter bonbon.

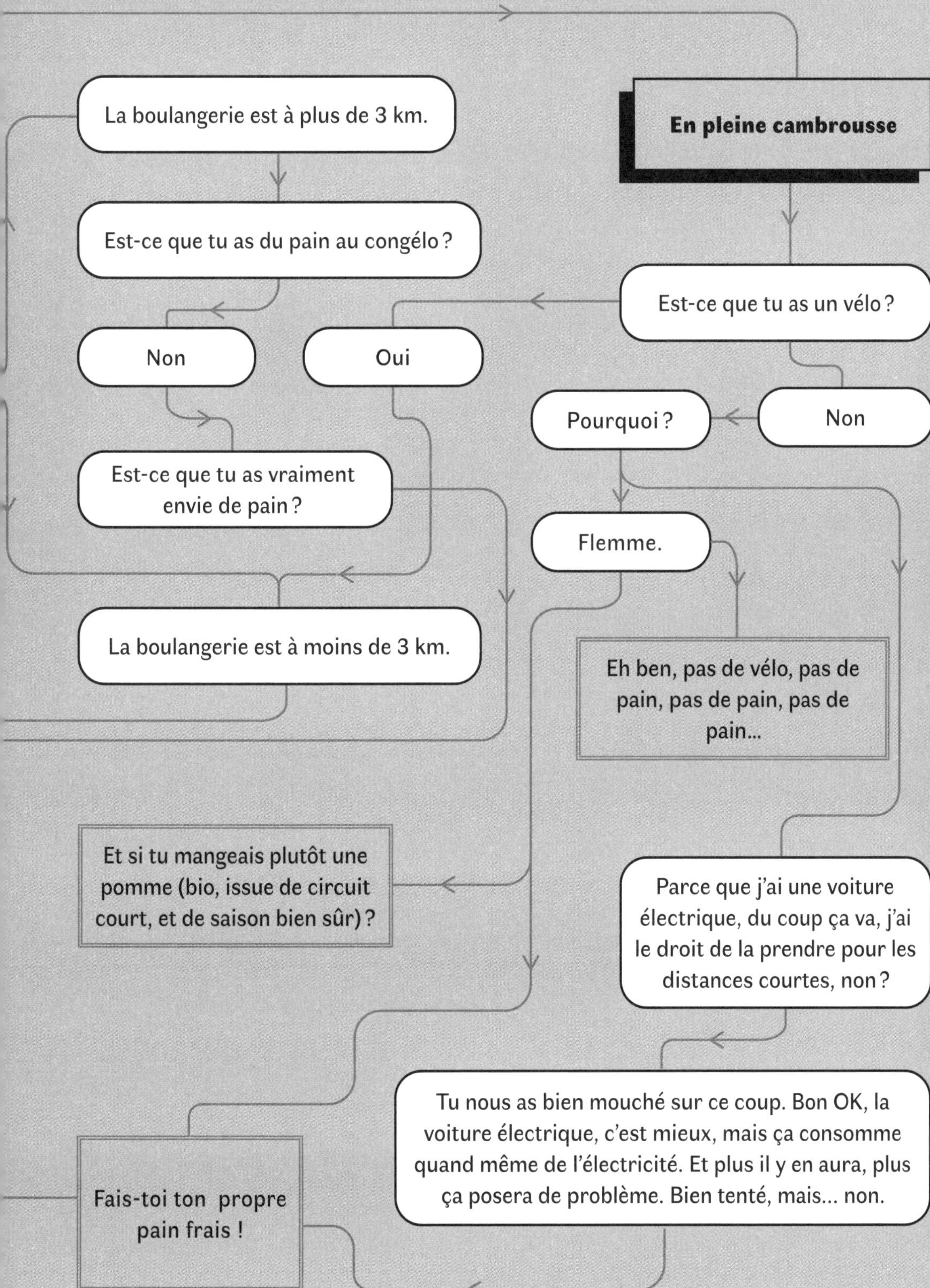

En pleine cambrousse
Est-ce que tu as un vélo ?
Non
Pourquoi ?
Flemme.
Eh ben, pas de vélo, pas de pain, pas de pain, pas de pain...
Parce que j'ai une voiture électrique, du coup ça va, j'ai le droit de la prendre pour les distances courtes, non ?
Tu nous as bien mouché sur ce coup. Bon OK, la voiture électrique, c'est mieux, mais ça consomme quand même de l'électricité. Et plus il y en aura, plus ça posera de problème. Bien tenté, mais... non.
La boulangerie est à plus de 3 km.
Est-ce que tu as du pain au congélo ?
Non
Oui
Est-ce que tu as vraiment envie de pain ?
La boulangerie est à moins de 3 km.
Et si tu mangeais plutôt une pomme (bio, issue de circuit court, et de saison bien sûr) ?
Fais-toi ton propre pain frais !

Colibrief

En vrac, ma dose d'actions pour le climat

☐ Je fais le bilan énergétique de ma maison

● ● ● ●

☐ Je choisis un fournisseur d'électricité verte

● ● ● ○

☐ J'isole mon appart ou ma maison

● ● ● ●

☐ Je rejoins une coopérative d'énergie

● ● ● ●

☐ J'installe un puits canadien

● ● ● ○

☐ Je règle mon thermostat sur 17 °C

● ● ● ●

☐ J'éteins mes appareils en veille

● ● ○ ○

☐ Je m'équipe en LED

● ● ○ ○

☐ Je choisis de l'électroménager de catégorie A

● ● ● ○

☐ Ma cheminée est à foyer fermé

● ● ● ●

☐ Si je n'ai pas de cheminée, je ne passe pas de vidéos de cheminée en streaming

● ○ ○ ○

☐ Je préfère la peinture à l'eau

● ● ○ ○

☐ Je choisis des matériaux locaux ou de récup'

● ● ● ○

☐ Seul.e ou en couple, je fais la vaisselle à la main

● ● ○ ○

☐ J'envoie valser la climatisation

● ● ● ●

- ☐ Je bricole avec du bois certifié

  ● ● ● ●

- ☐ Je fais les trottoirs et les brocantes

  ● ● ○ ○

- ☐ Je choisis un écran de télé de taille raisonnable

  ● ● ○ ○

- ☐ J'installe une pompe à chaleur

  ● ● ● ●

- ☐ J'adopte le bicarbonate de soude et le vinaigre blanc

  ● ● ○ ○

- ☐ Je connais par cœur les couleurs des bacs de tri

  ● ● ● ●

- ☐ J'installe une mangeoire pour les oiseaux

  ● ○ ○ ○

- ☐ Je cultive un potager dans mon jardin

  ● ● ○ ○

- ☐ Je laisse ma voiture au garage pour aller acheter du pain

  ● ● ● ●

- ☐ Je plante un arbre

  ● ○ ○ ○

- ☐ Je remplace ma chaudière gaz ou fioul par une électrique ou à bois

  ● ● ● ●

- ☐ Je règle mon ballon d'eau chaude sur 60 °C

  ● ● ○ ○

- ☐ Je répare mon grille-pain dans un Fablab

  ● ● ● ○

- ☐ Je réfrène mes envies de piscine dans le jardin

  ● ● ● ●

- ☐ Je sensibilise mon chat au dérèglement climatique

  ● ● ● ●

Lina passe en mode durable

Lina a une jolie planète tatouée dans la nuque, un tee-shirt à l'effigie du Che et le fond d'écran de son smartphone aux couleurs LGBTQ+. Si ça, c'est pas la preuve qu'elle est super engagée ! Oui bon, d'accord... en termes de climato-comptabilité, on peut mieux faire. Et ça tombe bien parce que Lina a justement envie de faire le tri dans ses affaires. Consommer moins, mais mieux, voilà son nouveau credo. Et pour cause. La mode pollue. C'est l'industrie du textile qui consomme le plus d'eau après la culture du blé et du riz. Tout ça pour quoi ? Bah pour pas grand-chose. Nos fringues sont vite placardisées et n'auront pas la chance de voir le jour très souvent. On a beau acheter en moyenne 20 à 30 kilos de vêtements chaque année (surtout dans les pays européens), ils seront portés moins de dix fois au cours d'une vie... Et la vraie fashion victim dans cette affaire, ce n'est pas Lina, mais plutôt les ouvriers des pays moins riches qui produisent au détriment de leur santé et de leurs droits. OK Lina, je vois que tu te tapes un gros coup de stress en te rappelant le nombre de trucs inutiles que tu as achetés pour le fun d'une soirée. Respire. Il est encore temps de changer la tête de ton dressing et, bonne nouvelle, ça devrait te faire gagner pas mal d'espace !

Dans ce chapitre, on va voir ce qui foire dans la foire aux fringues, mais pas que ! On va aussi faire un tour dans notre salle de bains et constater que nos cosmétiques auraient probablement dû être interdits par la convention de Genève. Heureusement, il y a une solution à tout ça : mettre la main à la pâte. Parce qu'on n'est jamais mieux servi que par soi-même, autant apprendre à fabriquer ses produits de beauté. Prête pour l'aventure, Lina ?

Quiz

À quel point es-tu fashion climato-compatible ?

Chère Lina, avant de t'organiser un combat en duel dans l'octogone avec le fantôme de Karl Lagerfeld, faisons un petit point sur ton profil textilo-cosmético-écolo.
Sois honnête et réponds avec la sincérité du cœur et la clairvoyance de l'esprit.

1 Tu t'es acheté combien de vêtements ce mois-ci ?

C - Impossible à évaluer, ce serait plus simple de te demander combien de vêtements tu as achetés durant les dernières 24 heures.
B - Quelques vêtements trouvés en ressourcerie.
A - Aucun. Tu raccommodes ta combinaison de nourrisson depuis 32 ans.

2 Pour te démaquiller (ou simplement te débarbouiller) quel mode opératoire adoptes-tu ?

A - Des lingettes lavables.
C - Des pailles et des Cotons-tiges (c'est pas du tout pratique, mais tu voues une passion malsaine à tout ce qui est en plastique et ultra-polluant)
B - Des cotons jetables.

3 Tes règles sont arrivées, comment tu gères ? (Si tu es un garçon ou que tu n'as pas de règles, tu peux sauter cette question.)

C - Le bon vieux tampon avec applicateur + protège-slip.
B - La culotte ou la coupe menstruelle pour faire un remake de *Carrie* sous la douche.
A - Tu pratiques le flux instinctif libre.

4 En ce qui concerne ta pilosité, de quelle position te rapproches-tu le plus ?

A - « Poils en roue libre » (quand on aime on ne compte pas).
B - « Demain, on rase gratis » (passion Coluche).
C - « Épilation au sabre laser » (vive les brûlures au 3e degré).

5 Le réveil sonne, lave-toi et marche ! Mais d'ailleurs, comment tu te laves ?

C - Un bain, comme tous les matins.
B - Une douche de 10 minutes.
A - Une douchinette (coup de gant sur la face et sous les bras, la base pour survivre en milieu hostile).

6 Ton jean, comment tu l'aimes ?

C - Délavé et avec des trous pour exprimer ta personnalité rebelle.

A - Quand il a été porté par 17 personnes avant toi.

B - Saignant.

7 Parmi les séries de mots qui suivent, laquelle te semble décrire le mieux le concept de tee-shirt à 4 euros ?

C - « Économie, opportunité, satisfaction. » C'est où qu'on l'achète ? Si on te le dit pas, tu menaces de te suicider illico.

A - « Exploitation, toxicité, lointain. » Un tee-shirt qui a fait trois fois le tour du globe ? Toi vivant.e, jamais !

B - « Équinoxe, hachis Parmentier, poutre. » Pardon, c'était quoi la question ?

8 Panique à bord, tu as troué ton pull préféré ! Quel est ton premier réflexe ?

C - Tant pis, c'est la vie, tu vas le jeter tout simplement à la poubelle !

A - T'armer de patience, d'une aiguille et d'un bout de fil pour raccommoder cet aléa de la vie.

B - Le donner à Emmaüs et t'en acheter un tout neuf.

9 Pour te laver les cheveux tu utilises quels produits ?

A - Du vinaigre blanc et un shampoing solide.

C - De la soude caustique, il paraît que c'est très bon pour traiter les pellicules.

B - Un shampoing avec une photo de cheveux super brillants et 92 ingrédients que tu ne parviens pas à déchiffrer au dos de la bouteille.

Tu as un maximum de A, tu es super climato-cosméto-fashionista (ou fashionisto si tu t'appelles Lino). C'est tout juste si tu ne portes pas une peau de mouton mort de vieillesse sur tes épaules exfoliées au marc de café. Pas de plastique chez toi, pas de synthétique non plus. Ton appartement ressemble à une forêt vierge de 15 m². On va avoir besoin de toi pour convertir ton entourage à la sobriété esthétique. Tu trouveras dans ce chapitre quelques chiffres et références pour clouer le bec à tous les empêcheurs de chiner en rond.

Tu as un maximum de B, ton bilan est en demi-teinte. Tu ne suintes pas de perturbateurs endocriniens par tous les pores de la peau, mais tu ne fais pas non plus toujours très attention à tes achats. D'ailleurs, ce serait difficile puisque tu en fais beaucoup, beaucoup, beaucoup. Et si tu apprenais ici à revoir ton rapport à la sape pour, un jour, pouvoir mieux t'en passer ? Vivons à poil et à vapeur !

Tu as un maximum de C, tu es une chaussette sale. Et comme toutes les chaussettes sales, tu ne fais pas du tout attention à ton empreinte carbone, ça te passe au-dessus de la cheville. Fort heureusement petite chaussette, les conseils que tu trouveras dans ce chapitre devraient te raccommoder les idées.

Mode : n. f. « action de porter la misère du monde sur ses épaules »

Sympa ce look ! Et cette veste, elle vient d'où ? *Made in China ?* 100 % polyester ? Aïe, aïe, aïe. On va reprendre depuis le début. C'est bien joli d'être à la mode, mais que faire de tous ces vêtements qu'on abandonne dans nos placards et qui désespèrent d'être un jour portés ? Tu l'entends, la musique triste de ce pull oublié dans le fond de ton armoire ?

Avant l'achat, une fabrication qui pollue

Attention Lina, t'es prête ? Le secteur de l'industrie textile émet 1,2 milliards de tonnes de carbone chaque année, plus que les trafics aérien et maritime réunis. Et pour cause : on vend plus de 100 milliards de vêtements par an dans le monde. On en produisait 62 millions de tonnes en 2015 et si rien ne change on devrait atteindre les 102 millions de tonnes de textiles produites par an en 2030. Ainsi, 26 % des émissions de gaz à effet de serre globales viendront du textile en 2050. Tu as le vertige, Lina ? Attends, c'est pas fini ! On utilise 4 % des ressources mondiales d'eau potable pour fabriquer tous ces jolis vêtements. L'eau est utilisée à toutes les étapes de fabrication et notamment pour la teinture. Mais elle sert aussi à la culture des matières premières. Le coton, par exemple, est si gourmand en eau que dans certains pays on détourne des rivières pour alimenter les cultures comme ça a été le cas pour la mer d'Aral en Asie centrale (on reviendra plus tard sur cette sombre histoire de coton). Quant aux matières animales, c'est pas forcément mieux. Des moutons sont élevés pour leur laine dans des pays trop chauds et peu regardants sur leur bien-être sans oublier que l'élevage nécessite aussi de l'eau. Le bilan n'est pas plus réjouissant pour les matières synthétiques qui ont besoin de pétrole... Mais, c'est pas tout ! Une fois que tu as ton vêtement en mains propres, il continue de polluer (à cause des micro-plastiques contenus dans les matières synthétiques) et à consommer de l'eau (au lavage). Voilà tout ce que ton petit cachottier de dressing ne te dit pas, Lina.

Vers une mode éthique, et toc ?

Après ce portrait peu glorieux de l'industrie textile soumise au diktat de la mode, plusieurs acteurs de cette dernière commencent à changer leurs méthodes de fabrication. L'été 2019 a vu naître le « *fashion pact* » qui réunit 32 entreprises autour d'un engagement commun : réduire leur empreinte carbone. On y retrouve les symboles de la *fast fashion* comme H&M ou le groupe Inditex (Zara, Stradivarius, Oysho...) et des marques de luxe comme Chanel ou Yves Saint Laurent. Reste à savoir si ces engagements vont vraiment changer la donne ou si c'est un simple *greenwashing*

GREEN FRIDAY

Parce qu'il n'y a pas pire que les soldes qui nous font acheter n'importe quoi sous prétexte que ce petit haut-là est tellement pas cher que ça serait bête de ne pas l'acheter (pour sans doute ne pas le porter), on soutient les alternatives au *black friday*, cauchemar social et environnemental. Le **Green Friday** invite les entreprises à ne pas proposer de ristourne le jour J, mais à reverser une partie de leur chiffre d'affaires à des associations engagées dans une consommation responsable.

pour déculpabiliser les acheteurs. Sinon, de nouvelles marques de créateurs voient le jour et proposent des articles soit *made in France* (Le Slip Français), soit éco-conçus (Ekyog, Hopaal) ou encore durables (Loom), ou tout à la fois avec une empreinte carbone riquiqui. Certes, il faut y mettre le prix, mais le jeu en vaut la chandelle.

QUI SUIS-JE ?

« Je suis un procédé largement utilisé par le marketing basé sur l'idée qu'on peut dire des trucs à la terre entière même si c'est pas vrai. J'embrouille tout le monde avec des labels et allégations bidon genre "produit naturel" ou "protège la planète", et galvaude les messages des marques les plus sincères. Quand je vais trop loin, il m'arrive de me faire épingler par l'autorité de régulation professionnelle de la publicité. Je suis... je suis ? »

Le greenwashing, et comme le dit mon tee-shirt H&M en soldes "*There's no planet B*" !

RAS sur l'étiquette !

Pas facile de trouver des infos sur les étiquettes de nos pauvres vêtements. Normal, il n'y a pas d'obligation pour les marques à donner plus de renseignements. En dehors d'apprendre qu'il ne faut pas le laver au-dessus de 30°, c'est un peu la dèche. Voici donc les détails à relever dans ce désert d'informations :

↘ De préférence, on laisse tomber les vêtements en matières synthétiques. Elles libèrent des micro-plastiques lors des lavages et ont pour la plupart eu besoin de pétrole dans leur conception.

↘ On préfère le *made in France* (même si l'indication du pays ne concerne que la dernière étape de fabrication), c'est comme pour la nourriture : plus on tape dans le circuit court, mieux c'est.

↘ On fait attention aux vêtements très délicats que l'on risque de ruiner dans une machine à laver meurtrière, ou qui vont coûter une fortune en pressing. Ou alors on apprend à les nettoyer correctement pour ne pas les jeter après le premier lavage.

DES VÊTEMENTS QUI TIENNENT TROP CHAUD À LA TERRE

Comment votre penderie agit sur le changement climatique ?
Demandez à l'Ademe qui a étudié à la loupe le cycle de vie de notre garde-robe.

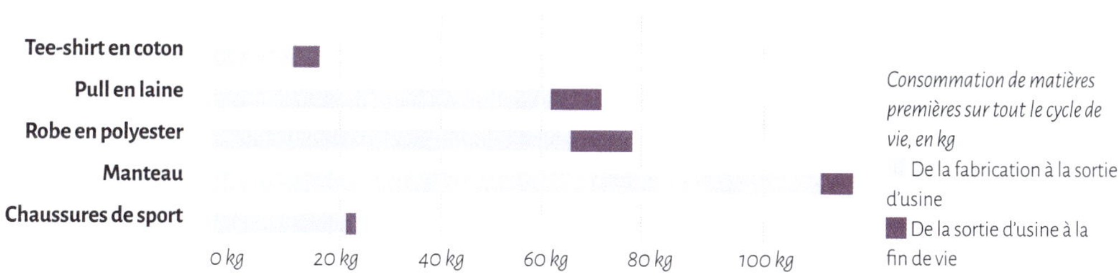

Mon jean n'est pas si cool que ça

Dans la série des vêtements qui ont le plus d'incidence sur le climat, je demande… le jean ! Si l'origine de son nom vient de la ville de Gênes, où il a été inventé, le jean d'aujourd'hui nous vient d'un peu plus loin. 65 000 kilomètres de vadrouille en moyenne avant qu'on l'enfile. Oui, oui, ton jean a voyagé plus que toi, Lina.

Le coton, c'est coton

Le jean est en coton. En toile denim plus précisément parce qu'elle vient « de Nîmes » à l'origine. Mais le coton, c'est quoi ? Une fibre végétale dont la culture demande des engrais, des pesticides (10 % de l'utilisation globale des pesticides sont employés rien que pour lui) et de l'eau. Selon le WWF, il faut 20 000 litres d'eau pour produire 1 kilo de coton. De plus, la monoculture de coton dans certains pays pose aussi problème pour l'environnement, entraînant la dégradation des nappes phréatiques. Comme tu le vois, Lina, le jean, s'il n'est pas bio, pollue à balle et, dans tous les cas, a soif. Très soif. Selon un rapport des Nations unies, la fabrication d'un seul jean nécessite 7 500 litres d'eau, ce qui représente la quantité d'eau potable qu'un être humain de composition normale boit sur une durée de sept ans, c'est aussi l'équivalent de 285 douches. Donc tu choisis, Lina : si tu achètes un jean, soit tu ne t'hydrates plus, soit tu ne te laves plus. Sans oublier qu'une fois que tu l'as tu vas continuer à le laver, ton jean. Et peut-être à le faire sécher au sèche-linge. Sur la durée de vie d'un vêtement, un tiers de son empreinte écologique est lié à son utilisation, t'imagines un peu ?

Payer plus cher un pantalon troué et usé

Le jean est un classique. Un indémodable. Un indispensable. Logiquement, on ne devrait avoir qu'un seul jean dans notre armoire et le garder toute notre vie. Pourtant, il s'en vend plus de 2 milliards chaque année dans le monde ! Cela s'explique par notre irréductible amour du style. Après tout, pourquoi porter un jean classique quand on peut porter un jean customisé ?

Le tissu jean est utilisé par la marine génoise depuis le XVIe siècle.

Flemme d'attendre qu'il soit vieilli naturellement, autant en avoir un usé dès le départ, quitte à payer plus cher. Logique, non ? Bah non, pas logique du tout ! Tu savais que pour obtenir cet effet délavé, on utilise le procédé du sablage ? Et non, ça ne consiste pas à envoyer ton jean se la couler douce sur la plage. On va plutôt pulvériser du sable à haute pression pour user le tissu. Or, les ouvriers en charge de cette tâche fastidieuse sont exposés à de la poussière de silice qui affecte leurs poumons et peut entraîner des cancers. C'est aussi un procédé gourmand en eau et en énergie. Bref, un zéro pointé sur le bilan carbone et sur le bilan humain.

CAUCHEMAR BLEU

La ville de Xitang en Chine est considérée comme la capitale mondiale du jean (on en produit 200 millions chaque année). Elle est tellement polluée par ses usines que l'eau des rivières est chargée en métaux lourds et teintée en bleu…

50 nuances de bleu

La teinte des jeans est une étape extrêmement polluante qui nous offre un joli bouquet de substances toxiques : éthoxylates de nonylphénol, colorants azoïques, phtalates, formaldéhyde (là, tu te dis que tu aurais dû faire LV1 chimie). Et ce cocktail bleuté a une incidence non seulement sur le climat, mais aussi sur les ouvriers qui les traitent, sur nous qui les portons et pour les poissons qui se les récupèrent après le lavage de nos jeans. Un cinquième de la pollution des océans est dû à l'industrie du textile.

QUI SUIS-JE ?

« Je suis une fibre végétale qui appartient à la famille des Malvacées. Comme je suis faite presque uniquement de cellulose pure, on me transforme en fil pour fabriquer du tissu. Tout ça serait formidable si ma culture n'était pas… horriblement polluante. Eh oui, parce que pour faire de beaux fils tout propres on me bombarde d'insecticides. Sans compter que j'ai la gorge sèche et que je dois boire énormément d'eau : entre 5 000 et 19 000 litres pour produire 1 kilo de moi. Je suis… je suis ? »

Le coton !

JEANS DE NOS RÉGIONS

Les icônes d'Amérique n'ont qu'à bien se tenir. Aujourd'hui, de jolies marques fabriquent des jeans en France aux composants éthiques bien identifiés.

↘ **1083** : son nom vient du nombre de kilomètres nécessaires à la fabrication du jean. Tout est relocalisé en France sauf la culture du coton bio (qui ne pousse pas encore chez nous). Les jeans sont en plus consignés. En fin de vie, vous les renvoyez à l'entreprise qui les recycle en nouveaux jeans.

↘ **Galucebo** : cette marque familiale qui s'est d'abord appelée Fair Play joue à domicile avec une fabrication 100 % française, en grande partie dans le département de la Loire.

↘ **Monsieur Falzar** : sur chaque jean, vous savez précisément d'où vient chacun des composants majoritairement français. Pour être sûr qu'il vous aille bien, on peut aussi entrer ses mensurations et obtenir un futal sur-mesure fabriqué en Normandie.

↘ **Atelier Tuffery** : le savoir-faire se transmet de couturier en couturier depuis les premiers coups de ciseaux de Célestin Tuffery il y a 125 ans. Reconnue entreprise du patrimoine vivant, Tuffery produit exclusivement en France.

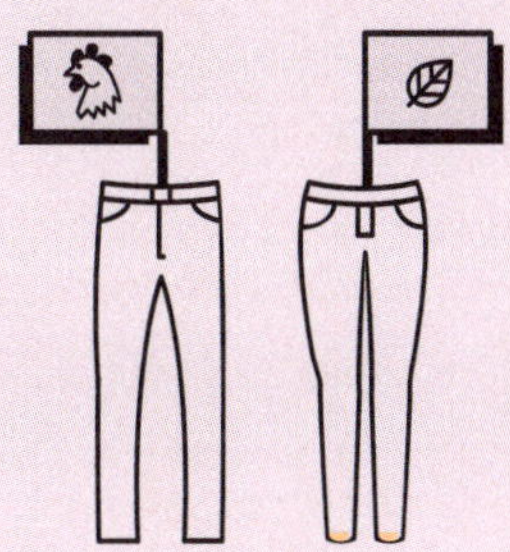

Mais qui êtes-vous, polyester ?

Vu le portrait qu'on vous a dressé du coton, vous devez avoir envie de vous rabattre sur les matières synthétiques, pas vrai, Lina ? Eh bien, non... Les fibres synthétiques comme le nylon, l'élasthanne, l'acrylique ou le polyester sont produites à base de pétrole et c'est là que ça coince. Comme le polyester représente les 2/3 des fibres synthétiques on a décidé de se pencher sur ce vilain petit canard.

Paroles, paroles, pétrole

Le polyester nous vend de belles promesses. Non seulement il coûte moins cher que le coton (ce qui explique pourquoi il l'a dépassé depuis quelques années dans le prêt-à-porter) mais en plus il se dit plus « durable ». Cet ensemble de polymères va être travaillé de façon que le vêtement à l'arrivée soit ultra résistant et ne se feutre pas au fil des lavages. Pour les vêtements de sport c'est une aubaine, le polyester a des propriétés de super-héros : évacuation de la transpiration, anti-UV, élasticité. Comment pourrait-on critiquer cette matière divine ? On va plutôt en produire 40 millions de tonnes chaque année. Sauf que le polyester est dérivé du pétrole et là c'est tout de suite moins rigolo. Ainsi, il faut 70 millions de barils de pétrole pour la production de cette matière qui est par ailleurs très peu recyclable (et encore, ce chiffre n'inclut pas les autres fibres synthétiques).

Le polyester s'envoie en l'air

Si certaines études montrent que les vêtements en polyester ont moins d'impact sur le climat que ceux en coton industriel, tu l'as bien compris, Lina, le polyester reste une matière pas au top. Et cela en partie à cause de sa production qui émet de nombreux gaz toxiques (bromure de sodium et dioxyde de titane en haut du podium) et des éléments chimiques nécessaires au traitement de la fibre qui finissent rejetés dans les eaux usées et donc... dans l'air et dans la mer.

Fibre artificielle, solution artificielle

On peut se passer du pétrole pour créer des fibres synthétiques. La viscose par exemple est fabriquée avec de la pulpe de bois (bambou ou autre) : on appelle ça une fibre artificielle. Ça a l'air sympa, dit comme ça, mais tu commences à t'en douter, Lina, là encore ce n'est pas la matière idéale. Sa confection entraîne de la déforestation (14 millions d'arbres sont détruits pour produire 1 tonne de viscose) et le procédé de fabrication est lui aussi polluant, notamment à cause de la soude caustique utilisée pour dissoudre le bois. Cela dit, tout n'est pas à jeter : le lyocell par exemple est issu de forêts durables et sa fabrication pollue nettement moins. Tu peux aussi te rabattre sur des matières en polyester recyclé (comme le propose la marque

GRATIN PULL-CHAUSSETTES

Ils ont bien meilleur goût que le coton ou le pétrole. Aujourd'hui, on sait fabriquer des fibres textiles à partir de (cherchez l'intrus) :

- lait
- vin
- maïs
- andouillette
- noix de coco
- ortie
- soja
- ananas

L'andouillette

Hopaal). Et enfin, dans le meilleur des mondes, tu peux préférer les fibres naturelles : le lin et le chanvre sont les premiers de la classe du textile en consommant moins d'eau, moins de pesticides et moins d'engrais.

VÊTEMENTS À LA MER

On estime que le lavage des vêtements en fibres synthétiques relâche 500 000 tonnes de micro-plastiques. Trop fins pour être retenus par les stations d'épuration, ils se retrouvent dans l'océan, soit l'équivalent de 50 milliards de bouteilles en plastique.

FIBRES TRÈS BAS DÉBIT

Il n'y a pas que les années 1980 dans la vie, la mode du lycra, c'est bien quand ça ne dure pas. En 2020, on se la joue nature avec deux fibres locales.

↘ **Le chanvre :** on ne va pas vous faire la blague « comme ça tu pourras fumer ton pull » parce que question humour, on a vu mieux. En plus, le chanvre textile n'a rien à voir avec le chanvre récréatif. L'avantage avec cette culture, c'est qu'elle se débrouille presque toute seule et pousse hyper vite. Elle n'a pas besoin de beaucoup d'eau, se passe d'engrais et stocke beaucoup de CO_2. Idéal pour les super-héros du climat.

↘ **Le lin :** comme le chanvre, le lin est un véritable puits de carbone (si tu ne comprends rien à ce que nous te racontons là, vois avec Simone), un hectare de lin retient chaque année 3,7 tonnes de CO_2, soit l'équivalent des émissions de 3 voyages en avion de Paris à Moscou. Par ailleurs, il pousse vite, ne boit rien, nous offre de jolis paysages avant la moisson et enrichit les sols. Et youpi, la France en est le premier producteur mondial.

POLYESTER, FIBRE COMPLÈTEMENT ARTIFICIELLE

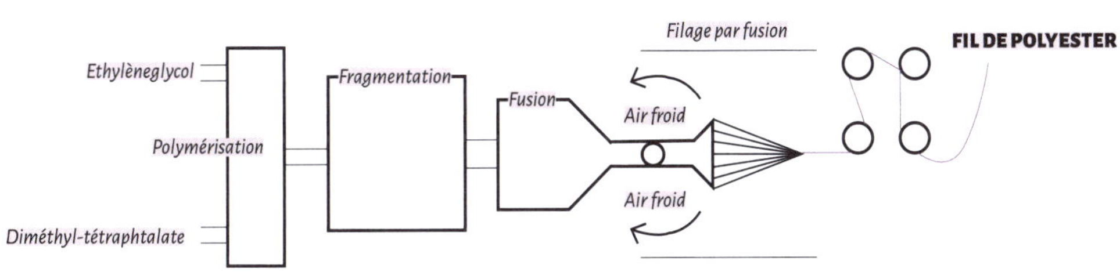

Source : memotextile.free.fr

Vous avez dit durable ?

Tu n'as peut-être pas connu ton arrière-grand-mère, Lina, mais la mienne, elle m'a transmis des vêtements qui, aujourd'hui, ont presque cent ans. Quasi neufs, pas un bouton qui manque, une classe indémodable. Si tu comptes un jour offrir à ta descendance ou à celle de ta cousine le blouson que tu portais en 2020, il va falloir faire un tour du côté de la *slow fashion.* On t'emmène ?

Ça déborde !

La mode, c'est le pire truc pour la planète. Parce qu'on produit beaucoup trop de fanfreluches de mauvaise qualité. Parce que les enseignes renouvellent l'intégralité de leur collection au moins quatre fois par an et, avec les pré-collections et les ventes capsules, c'est souvent beaucoup plus. Parce qu'il y a des *fashion weeks* presque toutes les semaines. Parce qu'on veut ressembler au gars ou à la fille de la pub. Parce qu'on jette 11 kilos de vêtements par an.

Heureusement quelques marques luttent contre cette gabegie et proposent des vêtements atemporels qui durent longtemps. **Loom** est de celles-là. Grâce à ses conseils et à ceux du média **The Good goods**, on peut te dire comment acheter une fringue vraiment durable sans avoir à s'inscrire en BTS expertise textile.

1- Choisis une sape que tu es prête à porter plus de 30 fois. Pour cela, assure-toi qu'elle est bien à ta taille, que tu te sens bien dedans, que tu l'aimes bien. Ça paraît ballot comme conseil, mais cette petite robe achetée compulsivement le jour de ton entretien annuel est restée au placard.

2- Préfère les matières naturelles et le coton biologique, ça évitera d'épandre des tonnes de pesticides et de flinguer les insectes. Ton tee-shirt sera plus durable, écologiquement parlant, c'est important aussi.

3- Regarde bien les indications de lavage et d'entretien : s'il faut laver ton petit haut à la main à 22,5 °C, l'étendre à plat sur un meuble que tu n'as même pas, le repasser à la vapeur d'eau minérale, oublie ! Les pièces durables se lavent à la machine et s'étendent n'importe où.

4- Choisis des vêtements à fermeture éclair métallique et large d'hier, bien plus robustes que les nouveaux modèles d'aujourd'hui.

5- Retourne ta veste, mais aussi ton pantalon, ton sweat pour inspecter la qualité des coutures. Si elles sont jolies, il y a des chances pour que la pièce tienne. S'il y a des fils partout, ça sent la débâcle à la première machine.

6- Tire fermement sur les coutures et vérifie qu'aucun point n'est lâche ou ne manque. Profites-en pour regarder si le vêtement reprend bien sa forme (si ce n'est pas le cas, sors au plus vite de ce magasin, tu viens de bousiller un sweat !).

QUELQUES MARQUES QUI SE DÉMARQUENT

Loom, 1083, Hopaal, Les Récupérables, Kipluzet, Saint-James, Jules et Jenn (et aussi People Tree et Armedangel, nos chouchoutes étrangères).

7- Jette un coup d'œil sur l'épaisseur du tissu. Touche-le pour évaluer sa consistance et sa résistance; si tu vois à travers, c'est mauvais signe. Rappelle-toi : les trous arrivent plus vite quand le tissu est fin.

8- N'achète surtout pas un vêtement déjà volontairement usé ou troué. Garde ces accros esthétiques à ce que te réserve la vie (une bonne gaufre dans la rue pourra te rendre ce service).

9- Regarde si un bouton supplémentaire est inséré à l'intérieur du vêtement. C'est généralement un gage de générosité, de qualité et de longévité.

10- Enquête sur qui est derrière l'entreprise. Si c'est une aventure familiale, il y a plus de chances pour que l'on se préoccupe de la qualité de ce que l'on produit. Si l'entreprise est cotée en bourse, son objectif est avant tout de faire des profits. Dans ce cas, comme ce sous-pull orange et cette écharpe violette, capitalisme et durabilité ont souvent du mal à s'accorder.

LES APPLIS QUI NE FONT PAS UN PLI

Voici trois sites ou applis pour aider à choisir des sapes qui ne sapent pas la planète.

↘ **Clear fashion :** on l'appelle « le Yuka des fringues » parce que cette jeune appli permet de scanner une étiquette et de connaître la composition du vêtement en question, ses labels et les pratiques de sa marque. Peu de produits sont encore référencés, mais ça devrait s'étoffer.

↘ **Good on You :** l'appli australienne note près d'un millier de marques selon leur rapport à l'environnement, à la faune et aux conditions de travail.

↘ **Moral score :** le site permet de faire le tri entre les gentilles et les méchantes entreprises selon plusieurs dizaines de critères universellement définis : l'entreprise paye-t-elle ses impôts en France, protège-t-elle l'environnement, prend-elle soin de ses salariés...? Chacun peut aussi, selon son échelle de valeurs, obtenir son propre classement.

QUI TOUCHE QUOI DANS LA FAST FASHION ?

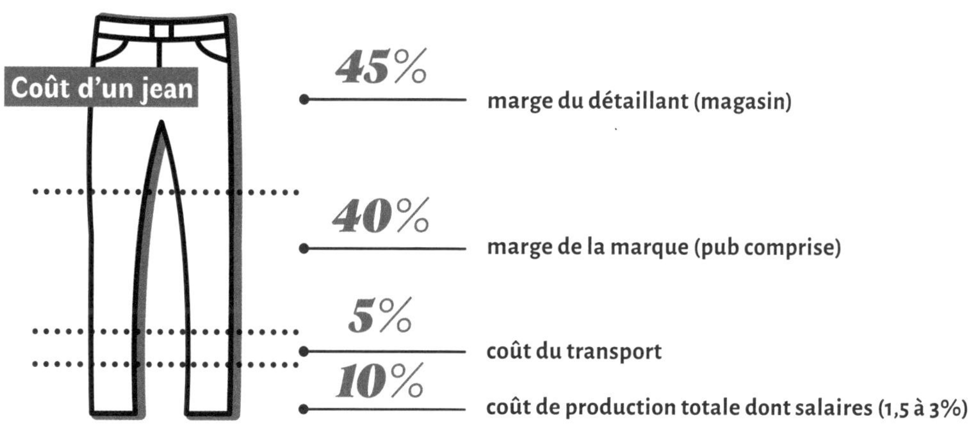

Source : Collectif Éthique sur l'étiquette

Les joies de la frip'

Le neuf, c'est *has been* ! Et le meilleur moyen de conjurer son addiction au shopping c'est de fuir le neuf et de ne plus contribuer à l'industrie du textile. Bonne nouvelle, il existe tout un tas d'alternatives pour acquérir des produits de seconde main et, promis, sans renoncer à son look.

La mode passe et les vêtements restent

Les habits prennent de plus en plus de place dans nos habitats, alors qu'on les utilise peu. D'après l'Agence européenne pour l'environnement, entre 1996 et 2012 notre consommation de vêtements en Europe a augmenté de 40 %. Une personne achèterait ainsi en moyenne 9 kilos de fringues chaque année en France (contre 16 kilos aux États-Unis et 2 kilos dans le Moyen-Orient). Le souci, c'est qu'on en porte à peine le tiers. Le reste de notre garde-robe poireaute tranquillement dans le fond du placard. C'est le grand gaspillage de la sape !

Fuir le neuf

Tu as déjà entendu parler du grand défi **Rien de neuf** lancé par l'association Zerowaste ? On en a aussi touché deux mots à Olivier. Le principe est limpide : s'engager à ne rien acheter de neuf. Chiche ? Allez, on te file quelques bonnes idées ! Tu peux...

Te cacher dans une ressourcerie : ces structures solidaires prônent la valorisation de déchets textiles et mobiliers. Ces friperies vintage se la racontent moins que celles qui ont pignon sur rue dans les quartiers chicos. Pour en trouver une près de chez toi, consulte le site www.ressourcerie.fr

Roder dans une braderie : entre un cendrier Ricard et un dinosaure en mousse, ta déambulation en braderie devrait aussi mettre sur ton passage des vêtements vendus à moindre coût. Et naturellement, comme on a de plus en plus de vêtements dans nos armoires, on en retrouve de plus en plus sur les étals des braderies et des vide-greniers.

Un Français achète en moyenne 9 kilos de vêtements chaque année.

Dévorer les applis de reventes en ligne : Vinted, Vide dressing, Vestiaire Collective... Ces sites font le bonheur des accros de la mode. Attention toutefois à ne pas en abuser. C'est pas parce qu'on achète du seconde main qu'il faut remplir massivement son armoire avec des trucs qu'on ne portera pas.

Troquer, prendre, donner : si vraiment tu veux t'habiller sans lâcher un kopeck, il existe aussi des sites et des applis de dons comme Geev (valable aussi pour la nourriture), Smartcycle ou tous les sites de dons d'objets et de meubles (toutdonner.com, jedonne.com, objetgratuit.com, etc.).

Raccommoder, rapiécer, réutiliser : pourquoi faire une croix sur ton pull à cause de ce tout petit trou alors que tu peux toi-même régler ce drame ? De nombreux tutos t'apprennent à manier l'art de la couture pour les super débutants, tu peux aussi l'apporter dans un repair-café, dans la retoucherie d'en face et sinon tu peux demander à ta grand-mère de te faire une formation express.

Louer tes vêtements : parce qu'il y a des vêtements qu'on ne portera qu'une fois dans sa vie, la location peut être une bonne alternative. Pour une soirée, un événement particulier ou parce qu'on est enceinte et qu'on compte pas forcément garder à vie ce seyant pantalon de grossesse. Le site lecloset.fr propose par exemple un abonnement (entre 39 € et 59 € par mois sans engagement). Autre site du même type : taleme-shop.com (uniquement pour les femmes enceintes).

Acheter du neuf mais recyclé avec l'upcycling : parce que seul 1 % des textiles est vraiment recyclé en France, quelques marques ont vu le jour proposant des vêtements recyclés. Dans le genre, on aime bien les marques Hopaal, Les chaussettes orphelines (vêtements faits à partir de bouts de chaussettes), Bonne Gueule (pour hommes) ou encore La vie est belt qui fait des ceintures… en pneu de vélo ou en tuyaux d'incendie.

VIEUX COMME MES ROBES

Du haut de ses 5 000 ans, la robe de Tarkhan est le plus ancien vêtement tissé jamais découvert. Retrouvée dans une tombe égyptienne, elle est conservée actuellement au musée Petrie d'archéologie égyptienne à Londres. On connaît pas la marque de la robe, mais c'était de la super qualité !

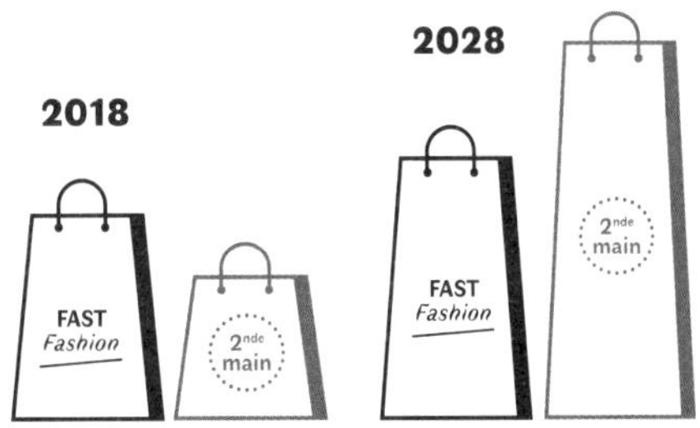

LA FRIPE A LA FRITE

Aux États-Unis, ces trois dernières années, le marché des vêtements de seconde main s'est envolé 21 fois plus vite que celui des nippes neuves. À ce rythme le rapport GlobalData pour ThredUp (un genre de Vinted ricain) prévoit que la seconde main damne le pion de la fast fashion avant 2028. On lance les paris ?

TUTO COLLANTS

Les collants ultra résistants sont devenus une vaste blague. Aujourd'hui, on les file à longueur de journée avec un ongle rongé ou une repousse de poils post-rasage. Heureusement, on peut les recycler en :

- attrape-poussière (on met le collant filé autour de son balai) ;
- chiffon anti-poils de chat ;
- filet dans lequel on suspend ses oignons ;
- coton pour enlever son vernis à ongles ;
- rembourrage pour les coussins ;
- rangement de collants pour ne plus avoir à retourner son bac à chaussettes ;
- élastique pour les cheveux, en cas de dèche extrême ;
- cagoule pour braquer une banque. Mais la méthode a été trop utilisée, le syndicat des braqueurs ne recommande plus ce mode de travestissement.

37,2 °C le matin

Chaque année, dans les foyers, on utilise 40 kilos de lessive pour faire tourner 230 cycles de machine à laver. Et vous savez quoi ? Plus le programme est chaud, plus il pompe de l'énergie. Sans blague ! Un cycle de lavage à 30 °C consomme deux fois moins d'énergie qu'un cycle à 60 °C (niveau maths bac + 7). Pour économiser de l'énergie, il faudrait que les machines adoptent la température de notre corps, entre 30 °C et 40 °C et qu'on choisisse tous le cycle éco. éco. éco. éco.

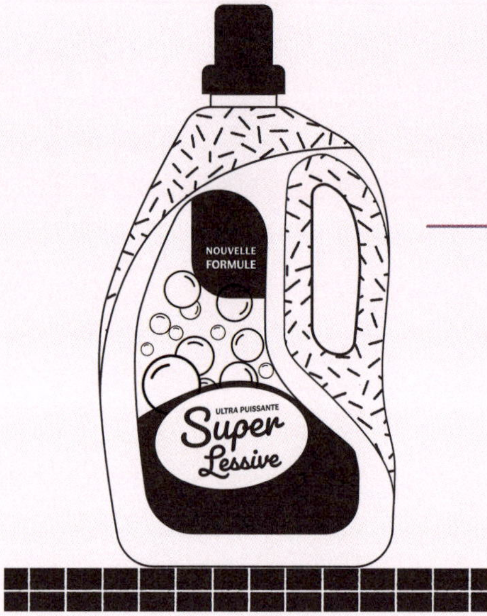

Petit mais costaud

La lessive écologique achetée en magasin, ça existe et c'est super pratique. Celle trois étoiles porte l'estampille « écolo » de l'écolabel européen ou d'Ecocert (ça ne garantit pas tout, mais c'est mieux que rien), est concentrée. Mieux encore, elle est vendue sous forme d'éco-recharge.

Transparence opaque

Mazel tov, les phosphates sont interdits dans les lessives depuis une petite dizaine d'années. En revanche, ils sont remplacés par un paquet de produits issus de la pétrochimie qui ne valent pas toujours mieux niveau qualité de l'air et de l'eau. Le problème, c'est qu'il est quasi impossible de les débusquer. Les mentions obligatoires sur l'étiquette sont parfaitement indigestes. Bref, on n'y comprend rien. Dans le doute, on s'abstient ?

Lessive chimique qui sent suspectement bon

Qui lave plus vert que vert ?

Laver gratis
Il existe des recettes pour faire sa lessive gratos. En mélangeant de l'eau de pluie et des feuilles de lierre, ou de la cendre et de l'eau. Jolie économie quand on sait que le budget lessive moyen est de 240 euros par ménage et par an. En revanche, ça marche avec la cendre de bois, mais pas celle de cigarettes, rien ne sert de se remettre à fumer !

Équité, vraiment ?
Ah, le bonheur de faire soi-même sa lessive et ses produits ménagers, on adore… surtout quand ce sont les femmes qui s'y collent. Et si l'on en croit les statistiques, c'est encore largement le cas (en 2019, les ¾ des Européennes déclarent en faire nettement plus que leur conjoint). Du coup, ajouter une couche de charge mentale ménagère supplémentaire aux filles, est-ce réellement un progrès ? Allez les gars, demain c'est vous qui prenez le relais !

Tellement simple
C'est tellement facile de fabriquer sa lessive maison qu'on se demande pourquoi faire autrement : 1 litre d'eau + 1 cuillère à soupe de bicarbonate de soude + 25 grammes de savon de Marseille râpé + 25 grammes de savon noir + des gouttes d'huiles essentielles que vous aimez bien = 1 litre de lessive maison = 78 centimes. Qui dit mieux ?

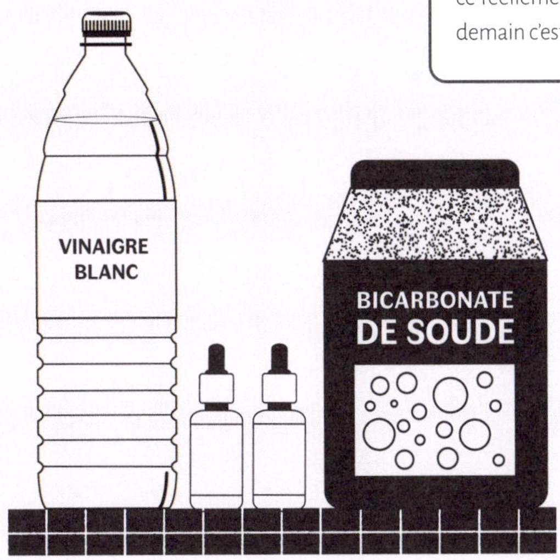

C'est pas notre genre de trancher, Lina, mais sur ce coup-là la lessive maison a vraiment tout bon. Surtout si tu demandes à Olivier ou à Élie de t'en préparer plusieurs bidons. Et puis, il y a encore un truc plus efficace pour le climat : arrêter de tout passer à la machine. Aérer un pull ou un jean sur un cintre quelques heures dispense souvent d'un lavage supplémentaire.

Lessive maison pour trois fois rien

Personne ne rêve de revenir au prétendu bon vieux temps où les femmes passaient des heures au lavoir. Certainement pas Lina. Et ça ne branche pas non plus Olivier ni Élie de frotter leur petit linge dans une bassine. Non, y' a pas à dire, la machine à laver, c'est du vrai bon progrès ! En revanche, on peut se poser la question de ce qu'on met dedans ? Des azurants optiques ou du savon noir ?

Bien dans ses pompes

Avoue, Lina, que tu n'y avais pas pensé. Que tes chaussures puissent avoir un impact sur le réchauffement climatique, ça franchement, t'étais carrément passée à côté. Être climato-compatible de la tête aux pieds, ça demande aussi de jeter un coup d'œil sous nos semelles. L'objectif ? Laisser le moins d'empreintes possible sur la terre.

C'est quoi, le problème avec les chaussures ?

Les chaussures, c'est un peu comme tout le reste de ta garde-robe. Selon la nature des matières qui les composent, l'électricité utilisée pour l'assemblage, le nombre de kilomètres qu'elles parcourent avant d'arriver dans ton placard et les moyens de transport qu'elles empruntent (bateau, camion ou avion, ou les trois), le résultat ne sera pas le même pour notre vieille bonne Terre. Il est fréquent que les peaux d'animaux viennent des États-Unis ou du Brésil, qu'elles soient tannées au Vietnam, assemblées en Chine ou au Bangladesh pour finalement être vendues sous forme de chaussures en France. Selon les calculs de l'Ademe, qui a analysé tout le cycle de vie de nos godasses, celles en cuir ont moins d'impact que celles en tissu, qui elles-mêmes sont moins mauvaises que celles de sport. Sur l'échelle de l'impact climatique des vêtements, nos chaussures se retrouvent entre la chemise en viscose et le jean en coton.

Le cuir, tellement opaque

Les enjeux du cuir sont au départ les mêmes que ceux de la viande puisque – ça ne t'aura pas échappé, Lina – le cuir de tes chaussures n'est rien d'autre que la peau d'un veau, d'un chevreau ou d'une vache, qui a subi un certain nombre de transformations. Si l'animal d'origine provient d'élevages intensifs qui ont déforesté toute l'Amazonie, c'est moche. S'il vient d'un troupeau paisible de bêtes françaises ou italiennes qui ont brouté dans de vertes prairies, tout va mieux (si on oublie la production de méthane due aux rots des ruminants, bien sûr, tu peux en parler avec Louise). Ça, c'est pour la première étape. Vient ensuite celle qui pose pas mal de problèmes au niveau de l'environnement : le tannage, ou comment transformer une carne brute en cuir souple et imputrescible. L'ingrédient aussi magique que toxique au centre de cette mutation s'appelle le chrome : un métal lourd qui peut finir dans les cours d'eau quand les tanneries ne sont pas certifiées (par exemple par le Leather Working Group). Les restes de chrome peuvent aussi être neutralisés chimiquement, dans ce cas ils finissent souvent en décharge de classe 1 réservée aux déchets dangereux. C'est mieux, mais pas fou. Le *nec plus ultra*, c'est donc le tannage végétal, où la sève, les feuilles ou l'écorce de certains végétaux viennent remplacer le chrome et dont les résidus sont tellement pas toxiques qu'ils peuvent être épandus dans les champs. Le problème, c'est que le procédé est très gourmand en eau, coûteux et qu'il faut parfois ajouter une étape de teinture pas vraiment écolo. Même la marque Veja a dû y renoncer partiellement pour revenir à du tannage certifié.

Les baskets représentent presque la moitié du marché des chaussures en France.

La récup', ça me botte

Si tu es déjà allée en Afrique, Lina, tu as sans doute vu des sandales fabriquées avec des pneus recyclés. Dans les grands groupes, la récup' commence aussi à arriver. Adidas s'est engagé à n'utiliser que du polyester recyclé d'ici à 2024 et, en attendant, a créé une collection où chaque pièce est conçue à partir de déchets plastiques collectés sur les plages (entre autres). Une goutte d'eau dans une mer de marketing ? Peut-être. De son côté, après quatre ans de recherche et de développement, Veja a sorti à l'automne 2019 une basket « running post-pétrole » avec 53 % de matériaux d'origine naturelle ou recyclée. Cette basket nommée Condor associe huile de ricin, déchets de riz, polyester recyclé, caoutchouc sauvage d'Amazonie… et, en prime, est réalisée dans des ateliers où les ouvriers sont rémunérés selon les principes du commerce équitable. Si avec ça, tu ne gagnes pas le marathon !

MARCHER SUR LES NUAGES

Pour fabriquer les semelles sur coussins d'air, les marques de sport ont longtemps utilisé du hexafluorure de soufre (SF6), un gaz au potentiel d'effet de serre 22 800 fois plus puissant que le CO_2. Son utilisation est aujourd'hui interdite.

LA « CALCÉOPHILIE » DÉSIGNE L'AMOUR INCONSIDÉRÉ DES CHAUSSURES.

LES QUATRE QUESTIONS À SE POSER QUAND ON ACHÈTE DES CHAUSSURES :

1. **Est-ce que vous en avez vraiment besoin ?** S'il s'agit de votre 31e paire, peut-être pouvez-vous vous faire plaisir autrement. Un dîner au resto, ça vous dirait ?

2. **Combien de temps comptez-vous les garder ?** Si la réponse est quinze jours, passez votre tour. Si vous avez un horizon de plus de deux ans, regardez si la semelle est cousue, si elle est épaisse. Si vos pompes sont en beau cuir et non pas en toile toute fine, si l'intérieur semble solide et bien cousu : elles devraient résister plus longtemps.

3. **Sont-elles réparables ?** Avec les produits de maroquinerie pure, on peut faire des miracles : ressemeler, recoudre, retalonner… Les souliers peuvent durer toute une vie. En revanche, pour les baskets, c'est pas gagné.

4. **Ces chaussures ont-elles été fabriquées en Europe ?** Si oui, il y a des chances pour que le tannage soit fait en Europe et donc que les déchets liés à cette étape de fabrication soient mieux gérés qu'ailleurs. Le droit du travail est aussi plus encadré et les ouvriers sont mieux traités (ils le sont dans le reste du monde, si vos chaussures sont issues du commerce équitable).

Au secours, ma salle de bains est une no-go zone !

Nous les Français, on est du genre à se trouver beaux, et en même temps, c'est vrai, on est pas mal. C'est pour ça qu'on consacre 7,3 % de notre budget à soigner notre apparence physique. Si on paye moins cher nos fanfreluches depuis les années 1960, on se lâche sur les produits et soins de beauté. Le problème, c'est qu'en voulant effacer les traces du temps qui passe, on détraque un peu plus celui qui reste. Voici 8 conseils en peignoir pour que votre salle de bains soit plus en phase avec le climat !

1- Prends du bio pour ta pomme

Si comme Louise, tu as compris qu'un produit biologique est forcément meilleur pour toi, pour la planète, tout ça, du côté des cosmétiques c'est pareil. En rayon, choisis des produits qui ont été labellisés bio : Ecocert, Cosmébio, Nature & Progrès, BDIH, Soil Association, NaTrue, USDA Organic, Cosmos… Rappelle-toi que les mentions « naturel », « écologique », « végétal », c'est le grand n'importe quoi.

2- Va au plus court

Comme pour les blagues, les formules les plus courtes sont souvent les meilleures. Un coup d'œil sur la liste des composants et sa longueur nous indique tout de suite dans quelle catégorie on se trouve. Tu es perdue, Lina ? Va sur l'appli collaborative Open Beauty Facts, tu trouveras plein d'informations en scannant le code-barres de ton potentiel achat.

3- Inscris-toi au cours du soir d'INCI

Dans le monde des étiquettes de cosmétiques, on parle l'INCI, l'International Nomenclature of Cosmetic Ingredients, un mélange de latin et d'anglais qui demande aussi de bonnes bases de chimie. C'est carrément imbitable. Ce qu'il faut savoir, c'est que les ingrédients sont classés en fonction de leur présence dans le produit (plus il y en a et mieux ils sont classés). Ensuite, pour savoir s'ils sont bons pour la santé et la planète, demande à Rita. Sur le site de la papesse Stiens, laveritesurlescosmetiques.com, tu tapes les premières lettres INCI d'un ingrédient et tu reçois aussitôt un verdict noté et argumenté.

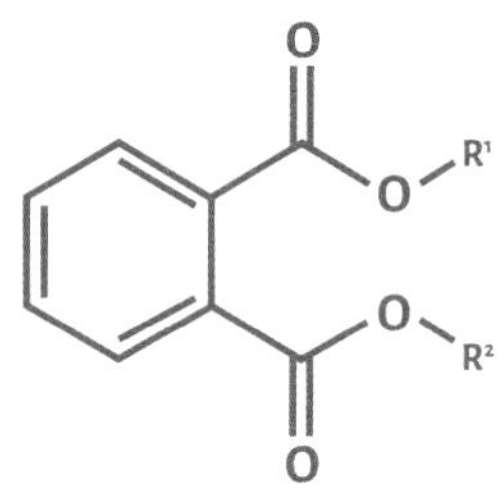

QUI SUIS-JE ?

« Personne ne connaît notre nom et pourtant nous sommes partout ! Dans les vêtements, dans les jouets, les cosmétiques, les emballages, les rideaux de douche, les peintures, etc. Pour être francs, c'est pas vraiment une bonne nouvelle… C'est plus fort que nous, on adore perturber vos hormones ! On est tellement toxiques que notre utilisation est limitée, voire interdite sur le marché. Nous sommes… nous sommes ? »

Les phtalates ! Un groupe de produits chimiques dérivés de l'acide phtalique.

4- Emballe sans emballages

Dans le domaine des cosmétiques, c'est un peu la surenchère parce que tu vois, les emballages, ça fait chic. Toi, Lina, tu es bien au-dessus de ça. Préfère les tubes vendus sans leur boîte en carton, les flacons en verre, les formats XXL. Évidemment tu bannis les échantillons de ta vie.

5- Choisis le moins mauvais plastique

On te l'accorde, pour acheter le bon cosmétique, il faut passer du temps à lire les étiquettes avec des lunettes de presbyte. Pour savoir si les bouteilles de shampoing en plastique sont vraiment recyclables, ne tolère que les logos avec des flèches en triangle (celui qui indique de quel type de plastique il s'agit) avec les chiffres 1 (pour le PETE), 2 (pour le HDPE) et 5 (pour le PP).

6- Fais la chasse aux perturbateurs endocriniens

S'ils n'ont pas forcément d'impact sur le climat, ils en ont sur notre capacité de reproduction et quand même la survie de l'espèce, on y tient (sinon on ne ferait pas ce bouquin). Les PE comme disent les jeunes sont dans le collimateur des écolos et dans pas mal de cosmétiques. Lina, quand tu tombes sur l'un de ces suspects, pars vite en courant :

butylated hydroxyanisole, antioxydant plus connu sous le nom de BHA ;

phenoxyéthanol et parabens, conservateurs aux multiples préfixes (butylparaben, propylparaben...) ;

ethylhexyl methoxycinnamate, filtre anti-UV malheureusement non homologué au Scrabble ;

triclosan, anti-bactérien ;

cyclopentasiloxane et cyclotetrasiloxane qui adoucissent la peau ;

nononyxol que l'on trouve surtout dans les mousses à raser et les produits coiffants ;

butylphenyl methylpropional, parfum de son état.

7- Oublie les cotons-tiges

À quoi ça sert d'avoir un auriculaire si tu achètes des cotons-tiges en plastique ? De toute façon, ils sont désormais interdits et s'ils existent en mode biodégradable, mieux vaut apprendre à t'en passer. Ça te dit de tester l'oriculi, ce petit ustensile en bois japonais réutilisable à vie ?

8- Réhabilite la toilette de chat

Sachant qu'il faut 2 kWh pour prendre une douche chaude (l'équivalent de 4 ordis allumés pendant toute une journée) et 4 kWh pour prendre un bain et qu'on met parfois cinq minutes à régler la température, tu peux choisir de te laver à l'eau froide avec un seau de 5 litres ou bien réhabiliter de temps en temps le gant de toilette pour un lavage express et sauver 4 000 litres d'eau par an. (Pssst, glane aussi quelques conseils chez Olivier.)

LE GUIDE MICHELIN DE LA CRÈME DE JOUR

« Il ne suffit pas qu'un cosmétique soit bio pour changer le monde, il faut que l'entreprise qui le propose soit engagée ou innove dans le bon sens ! » nous rappelle l'association **Slow cosmétique** qui a lancé une mention du même nom. Celle-ci décerne entre 1 à 3 étoiles aux marques qui font non seulement des bons produits écolos, mais qui sont également socialement fréquentables : actionnariat familial, ancrage artisanal et local, marketing raisonnable...

La main verte des cosmétiques

Tu as de la chance, Lina, toi, tu es belle au naturel. Mais nous autres, parfois, on a besoin d'un petit coup de blush et de bluff pour se sentir mieux dans notre peau. Pour éviter de se tartiner de produits chimiques qui se retrouvent dans les eaux et dans les airs, on a une solution infaillible : fabriquer soi-même nos produits.

Reprendre à la base

Avant de te lancer dans les expériences de petit chimiste au naturel, sais-tu de quoi est fait un cosmétique ? Alors, c'est très simple. Il y a d'abord un excipient que l'on appelle aussi la base (parce que c'est la base). Jusque-là, c'est fastoche. Cet ingrédient principal dans la cosmétique naturelle est le plus souvent une huile végétale ou un mélange d'eau et d'huile (ou de cire) pour obtenir un lait ou une crème. Viennent ensuite les principes actifs qui permettent d'hydrater, de protéger du soleil, de te faire rajeunir (non, ça c'est bidon, ça marche pas). Il s'agit souvent de plantes, d'huiles essentielles, d'algues, de fruits… Ajoutons les additifs qui servent à stabiliser et à conserver les formules. En conventionnel il s'agit notamment des parabènes alors qu'en cosmétique bio, ils sont remplacés par des huiles essentielles, de l'alcool, de l'acide sorbique ou benzoïque. Pour finir, on ajoute généralement un parfum, lui aussi à base d'huiles essentielles.

Mettre de l'huile

Parfois, il faut savoir faire le grand saut, plonger dans l'inconnu et se réjouir parce que, enfin, on l'a fait. Pour les cosmétiques, on peut commencer par le plus simple : remplacer sa crème de jour, de jambes et de pieds par une huile végétale bio, de première pression à froid. T'es prête, Lina ? Ta peau est toute sèche ? Convoque les huiles d'amande douce ou d'argan. Tu as les seins qui tombent (promis, ça reste entre nous) ? Allez hop, une huile de pâquerette ! Le teint terne ? Pose un jour de RTT, va te balader dans les champs et tente l'huile de bourrache, d'onagre ou d'abricot. Tu veux te faire masser ? L'huile de jojoba te laissera une belle peau satinée.

QUI SUIS-JE ?

« Je ressemble un peu à un cactus et pousse là où il fait chaud. On me trouve en Méditerranée, en Afrique du Nord et au Cap-Vert, mais je survis aussi en pot dans une cuisine ou une salle de bains. Quand on me coupe, je déverse un gel translucide qui apaise la peau après une brûlure. Sans me vanter, je suis assez fort aussi niveau cicatrisation et hydratation de la peau, et en plus on peut me boire. D'ailleurs, je commence à taper l'incruste dans les cocktails en soirée. Je contiens 20 minéraux, 18 acides aminés et 12 vitamines. Je suis un ingrédient chouchou des cosmétiques maison. Je suis… je suis ? »

L'aloe vera.

Passer ceinture verte

Si tu y prends goût, Lina, il y a mille façons de te perfectionner en cosmétiques maison. D'abord en traînant sur les blogs et les comptes Instagram des influenceuses *green lifestyle* ou DIY (ouais, on parle comme ça sur IG). Tu verras pas mal de placements de produits ici et là, mais tu trouveras aussi de belles inspirations (nous, on aime bien les recettes illustrées de peau-neuve.fr et les bonnes idées de lesideesdesamia.com, mais il y en a mille autres). Sur le site d'Aroma-Zone, qui est l'endroit où tu peux à peu près trouver tous les ingrédients bio du monde, il y a aussi des centaines de recettes à réaliser toi-même hyper bien détaillées. Si tu habites du côté de Paris, Lyon, Metz, Strasbourg et Lille, tu peux même t'offrir un atelier. Tu es devenue raide dingue des cosmétiques maison et tu songes à en faire ton métier ? Offre-toi carrément un stage longue durée.

POUR LES BAINS DE LA REINE

La légende raconte que pour alimenter les bains quotidiens de Cléopâtre, il fallait récupérer le lait de 700 ânesses…

BELLE À CROQUER

Et si les cosmétiques n'étaient que des cosmétiques, et que pour avoir une magnifique peau, des beaux ongles et de sublimes cheveux, il fallait aussi bien manger ? Voici une sélection des ingrédients nature à inviter dans votre assiette de beauté fatale :

↘ **l'eau du robinet :**
au moins 1,5 litre par jour, sans sirop ni pastis ;

↘ **tous les légumes colorés bio et de saison :**
riches en anti-oxydants, ils protègent la peau ;

↘ **les huîtres :**
elles sont bourrées de minéraux, fer, potassium, magnésium, calcium, zinc et ça notre peau et nos cheveux ils aiment bien. Évidemment, on les mange en saison ;

↘ **les huiles :**
les pros parlent de la ronde des huiles. On voit bien l'idée, il s'agit de varier les plaisirs pour rendre notre peau encore plus élastique (mais ferme quand même), nourrie aux bons acides gras et aux vitamines. Dans cette catégorie, colza, pépins de raisin, olive, noisette, noix…

↘ **Levure de bière et germe de blé :**
saupoudrez-en vos soupes, salades… La première hyper riche en vitamines B2 et B9, entre autres, renforce la résistance de votre peau et vos cheveux, alors que le second se charge de bien nourrir votre peau.

Es-tu prêt.e à passer au shampoing solide sans te liquéfier ?

Non

Chauve qui peut !!!
MDR

« Va mourir », nous dis-tu.
(la vache, t'es hyper susceptible)

Perso, j'ai un peu faim,
je dirais pas non à des pâtes carbo.

DESO...

GL(OUPS)...

Ah...
Bon...

Flemme.

Non, tu aimes les produits chimiques, d'ailleurs ton 2e prénom c'est Paraben.

Revenons à nos moutons capillaires... Ça te dirait un shampoing zéro déchet avec 100 % de produits naturels ?

C'est parti pour un atelier shampoing solide, YAY !

Oui.

Es-tu prêt.e à avoir les cheveux un peu poisseux le temps qu'ils se déshabituent des produits chimiques ?

Ah oui ? C'était une façon de rendre hommage au prénom de ta grand-mère ?

La poisse, c'est la vie !

Non.

Ah.

Erreur 504

Hourra ! Tu es moralement disposé.e à acheter du shampoing solide ! Chez Lamazuna, Druydès, Pachamamaï...

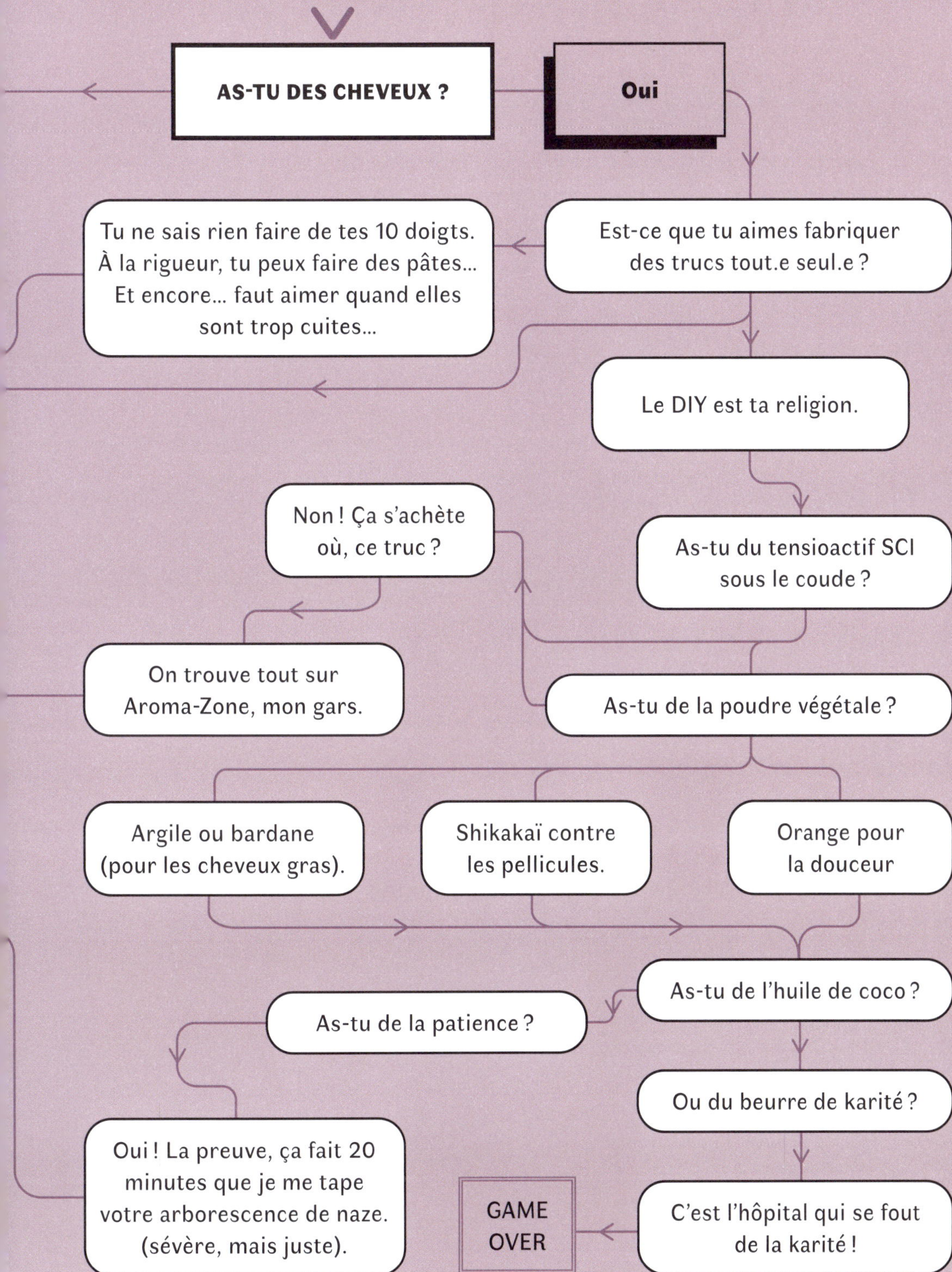
AS-TU DES CHEVEUX ?
Oui
Est-ce que tu aimes fabriquer des trucs tout.e seul.e ?
Tu ne sais rien faire de tes 10 doigts. À la rigueur, tu peux faire des pâtes… Et encore… faut aimer quand elles sont trop cuites…
Le DIY est ta religion.
As-tu du tensioactif SCI sous le coude ?
Non ! Ça s'achète où, ce truc ?
On trouve tout sur Aroma-Zone, mon gars.
As-tu de la poudre végétale ?
Argile ou bardane (pour les cheveux gras).
Shikakaï contre les pellicules.
Orange pour la douceur
As-tu de l'huile de coco ?
As-tu de la patience ?
Ou du beurre de karité ?
Oui ! La preuve, ça fait 20 minutes que je me tape votre arborescence de naze. (sévère, mais juste).
C'est l'hôpital qui se fout de la karité !
GAME OVER

Mes bijoux coûtent une blinde à la planète

Elle te fait bien envie, cette bague en or, Lina. C'est vrai qu'elle est jolie avec son mini diamant. Mais avant de te la passer au doigt on a deux trois trucs à mettre à l'index pour que tu fasses le meilleur choix.

Carnage en or massif

On ne veut pas toujours gâcher la fête, mais quand même : l'extraction de l'or cumule pas mal de défauts, socialement et écologiquement. Pour obtenir seulement 20 grammes d'or, on utilise 50 000 litres d'eau, 150 litres d'essence, 18 kilos d'oxyde de soufre, on brasse 20 tonnes de déchets miniers et, en prime, on émet 415 kilos de CO_2, soit 80 allers/retours Paris-Bordeaux en train. Attends, on allait oublier, Lina, on utilise aussi du mercure et du cyanure dans le processus d'extraction, délicieux métaux lourds qui se retrouvent dans les rivières et dans la mer. Voilà pour l'addition écologique. Socialement, c'est presque pire. L'exploitation aurifère clandestine, largement répandue, conduit au développement de réseaux de prostitution, au travail des enfants, au trafic d'armes et aux conflits. Sympa ce petit bijou, non ?

Et la bague de mamie alors ?

Au bout d'un moment, tu dois bien piger un truc, Lili : le meilleur déchet est celui qu'on ne produit pas. À ce stade du bouquin tu as bien enregistré l'idée. Ça vaut aussi pour les bijoux. Le meilleur bijou est celui qu'on ne produit pas (et donc qu'on n'achète pas) (et donc qu'on recycle). Comme ça, on évite tous les ravages de l'extraction et on lui offre une belle histoire à raconter. Tu n'as pas de bijoux à recycler ? Ta frangine a raflé tout l'héritage ? Pas de panique, il existe des joailliers éthiques qui fabriquent des bijoux à partir de l'or provenant des rebuts de la joaillerie, de louis d'or, d'anciens bijoux ou même de déchets électroniques. Dans cette catégorie, Paulette à bicyclette, Or du monde, Breidal…

Mieux que le label rouge, le label or

Rassure-toi, Lina ; aujourd'hui, deux labels viennent assurer que tes bijoux ne sont pas les pires voyous de l'humanité. Le label Fairmined garantit que l'or provient de petites exploitations minières qui réduisent l'utilisation de produits chimiques lors de l'extraction et protègent les réserves d'eau. Pas de travail d'enfants, pas de liens avec des zones de conflit, pas de droits de l'homme bafoués, pas d'inégalités de salaires entre les hommes et les femmes. Évidemment, l'or provient de mines légales et assure le développement économique et social des communautés concernées selon les principes du commerce équitable. Pour l'heure, le label est encore assez

PALME DE PALME

Depuis 2013, la palme d'or du festival de Cannes est certifiée Fairmined.

confidentiel, huit organisations minières sont certifiées. Du côté des diamants, le label Kimberley Process a été créé en 2003 pour mettre un terme aux « diamants de guerre » et veiller

Pour obtenir 20 grammes d'or, on émet 415 kilos de CO_2.

à ce que le commerce de ces pierres précieuses ne finance pas des mouvements rebelles violents. Et sinon, il y a une autre solution, Lina, pour éviter tout ça : le diamant de synthèse qui fait parfaitement illusion. Parce qu'après tout le plus chic en 2020, c'est de briller durable.

LES JOLIES MARQUES FAIRMINED

Voici quelques-unes des marques les plus éthiquement classes :
April Paris,
Jewellery Ethically Minded (JEM pour les intimes),
Flore et Zéphyr,
Obvie Joaillerie...

GUYANE : UNE POLLUTION AU FIL DE L'EAU

13 tonnes de mercure sont relâchées chaque année. Ça donne quoi ?

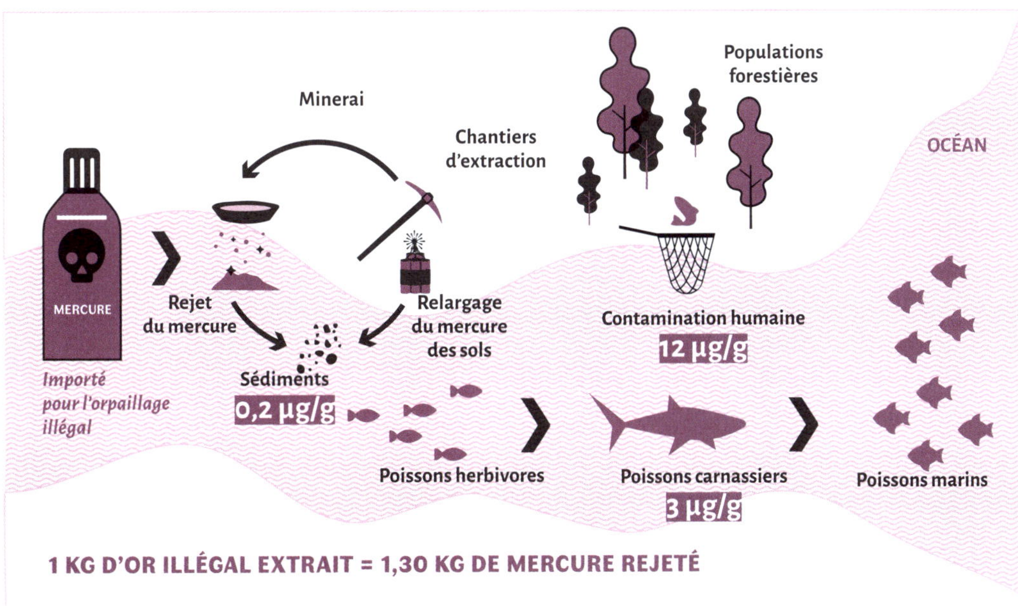

Source : WWF

Plus de règles dans les règles

Elles ont beau concerner la moitié de l'humanité, les règles restent un sujet tabou. Pourtant, les protections hygiéniques (les trucs pas remboursés, taxés comme des produits de luxe jusqu'en 2015 et blindés de produits chimiques ?) ont beau nous être indispensables, elles ont aussi un impact sur le climat. Alors on fait quoi avec nos tampons, on se les met dans les oreilles ?

La grande déchetterie dans nos vagins

C'est pas pour rien qu'on dispose d'une quantité infinie d'expressions farfelues pour qualifier nos règles. Moins on dit le mot, mieux on se porte. Les règles, mieux vaut les cacher, et pour ça, rien de tel qu'un joli tampon ! Attention, on ne remet pas en question son utilité, mais plutôt sa composition. Chaque année, 33 000 tonnes de tampons sont incinérées. Or, ces tampons bien mystérieux (bon courage pour trouver leur composition sur l'emballage) et les protège-slips contiennent de nombreux pesticides et perturbateurs endocriniens à cause du coton utilisé et du procédé de fabrication qui implique un blanchiment au chlore. Bien sûr, ces éléments nocifs y sont en infime quantité, mais l'usage massif des protections hygiéniques pose la question de la dangerosité de leurs composants.

Bloody règles

Tout au long de notre vie de femme réglée (en moyenne quarante ans de bonheur menstruel), on perd dans les 24 litres de sang. Chaque année en France, une femme utilise environ 290 protections hygiéniques qui mettent autant de temps à se dégrader qu'une bouteille en plastique, environ cinq cents ans... « OK les gars, mais moi, j'y peux rien, les règles, c'est naturel », te dis-tu, Lina, et tu as bien raison. Hors de question de te faire culpabiliser ! Les femmes sont déjà trop exposées à la précarité menstruelle. Justement, ce qu'on te propose, ce n'est pas que pour préserver le climat, c'est aussi pour ta santé et ton porte-monnaie. Tout bénef !

Le starter-pack des règles sang pour sang écolo

La culotte menstruelle : garantie sans avoir l'impression de porter une couche. Les marques Fempo et Réjeanne proposent des modèles ultra absorbants, fabriqués en France et labellisés Oeko-Tex (qui certifie l'absence de produits toxiques pour l'environnement). Pour être tranquille il faut en prévoir entre 4 et 6 pour chaque période de règles, un petit budget donc (la culotte coûte entre 30 et 50 €). Tu peux la garder aussi longtemps qu'une culotte normale.

La coupe menstruelle : idéal pour trinquer. Mais attention à la vider toutes les quatre à huit heures pour ne pas t'exposer au risque du choc toxique ! Autrement, cette petite coupe en silicone peut sauver des vies, une fois que tu parviens à la mettre correctement (il faut un peu de gymnastique

QUI SUIS-JE ?

« Certaines me portent derrière l'oreille par erreur, mais ma place est plutôt dans un endroit humide et bien chaud. On m'adopte dès l'adolescence. Suspendu à un fil, je suis le compagnon des cours de piscine. Si on me trouve bien pratique, on me jette régulièrement et je finis à l'incinérateur. Comme les pommes de terre pas bio du tout, je présente des traces de glyphosate et autres résidus chimiques qui font plutôt flipper quand on sait où je me loge. Je suis... je suis ? »

Le tampon hygiénique.

les premières fois), tu peux l'utiliser 5 à 10 ans en pensant toujours à la faire bouillir quelques minutes avant chaque période menstruelle, because les mycoses.

Le protège-slip lavable : plus abordable que les culottes menstruelles, un peu moins pratiques mais tout aussi écologiques puisque tu peux le réutiliser jusqu'à ce que mort s'ensuive. Tu as l'embarras du choix, on en trouve de plus en plus en supermarché bio ou en boutique, ils sont toujours en coton, meilleure matière pour recevoir nos charmantes sécrétions.

Les tampons bio et compostables : si tu n'as pas de bac à compost sous le coude, tu peux au moins espérer qu'ils dégagent moins de gaz toxiques quand ils seront incinérés... Globalement, c'est l'option du « moins pire », d'autant plus que même bio, la composition des tampons n'est pas 100 % fiable. Et, évidemment Lina, oublie tout ce qui est protections parfumées et lingettes intimes, le vagin est autonettoyant, il se débrouille très bien tout seul.

RAMENER LA COUPE À LA MAISON

La coupe menstruelle a le vent en poupe depuis quelques années. Mais saviez-vous que le tout premier modèle date de la fin du XIXe siècle et que le premier brevet fut déposé dans les années 1930 ?

ET SI ON S'ENVOYAIT EN VERT POUR LE CLIMAT ?

« Sexe éco-responsable » ? Pas très sexy comme expression... mais, après tout, pas de raison qu'on oublie nos ébats dans notre combat. Et il existe du matos incontournable pour être sex-friend du climat :

↘ **Le préservatif naturel**, contrairement à son cousin classique (dont 27 milliards se vendent chaque année), il n'est pas issu de dérivés du pétrole. Les modèles écolos sont en caoutchouc ou latex naturel, biodégradables ou même végans comme ceux d'Einhorn qui ressemblent à de jolis paquets de bonbons pas du tout pour les enfants.

↘ **Le lubrifiant bio**, exempt de produits chimiques, est bien plus jouissif que ceux bourrés de paraben, PEG, propylène glycol, phénoxyéthanol...

↘ **Le vibromasseur biodégradable**. Parce qu'on n'est toujours pas amis avec le plastique, il n'y a aucune raison qu'on lui fasse une place dans notre lit. Ruons-nous sur Eco Gaia, la première ligne de sex-toys biodégradables issus d'un bio-plastique à base d'amidon ou sur le bon vieux sex-toy en bois (garanti sans écharde).

↘ **Le porno qui plante des arbres.** Parce que la consommation de porno mondiale émet autant de CO_2 qu'un cinquième du trafic aérien, des plateformes comme Fuck for Forest se sont engagées à planter des arbres en fonction du nombre de vues générées par leurs vidéos.

Et l'écoféminisme, c'est pour les plantes vertes ?

« Femme des années 1980, mais femme jusqu'au bout des seins… » Le grand féministe Michel Sardou avait clairement tout capté à « l'étrange drame d'être une femme » ! Si, si, puisque c'est à la fin des années 1970 que naît l'écoféminisme. Hyper progressiste le Michou. L'écoféminisme, ça te parle, Lina ? On t'explique tout.

Des toiles d'araignées sur le Pentagone

Ce qui a marqué le début de ce mouvement, c'est la Women's Pentagon Action. Ça se passait le 17 novembre 1980. Deux mille femmes se dirigeaient vers l'édifice fardées, parfois déguisées en sorcières. Érigeant fièrement des figures féminines d'Anne Frank à Marilyn Monroe dont on estimait qu'elles étaient victimes du productivisme et du patriarcat. Certaines s'amusaient à « jeter des sorts » sur le bâtiment et d'autres à tisser des toiles en cordelettes. Bref, ça sentait la bonne ambiance. L'écoféminisme était né.

Des sorcières contre le nucléaire

Eh oui, parce que cette jolie mise en scène ne sortait pas de nulle part. La Pennsylvanie venait de connaître un accident nucléaire en 1979 : Three Mile Island, incident classé niveau 5, ce qui veut dire qu'il entraînait des risques en dehors du site. Des groupes de femmes ont alors manifesté contre le nucléaire, ce qui fait partie encore aujourd'hui de leur principal combat. La pensée écoféministe s'articule autour du constat selon lequel la femme est asservie par l'homme de la même façon que la nature est asservie par l'Homme. Or, le nucléaire incarne le mieux cette verticalité du pouvoir principalement masculin qui met en danger l'avenir de l'humanité. Dans l'ouvrage *Reclaim*, Émilie Hache prend l'image du ruban de Môbius pour illustrer le lien entre ces deux oppressions. D'abord les femmes sont inférieures parce qu'elles seraient supposément plus proches de la nature qui elle-même est infériorisée à cause de sa supposée féminisation. Tu piges le cercle vicieux, Lina ? Deux oppressions pour le prix d'une, pas fou comme promo.

Un écoféminisme mal compris

Beaucoup de féministes, en particulier en France, remettent en question ce mouvement et tu as peut-être déjà compris pourquoi, Lili. Parce que cette manière de rapprocher la femme de la nature est plutôt essentialiste : ça suppose qu'il existe une nature féminine, et une nature masculine.
Les femmes seraient ainsi plus sensibles, plus douces, plus en connexion avec la nature tandis que les hommes incarneraient le pouvoir, la brutalité et la culture (dans le sens de ce qui s'oppose à la nature). En réalité, c'est un peu plus subtil.

VINGT ANS DE LUTTE !

De 1980 à 2000, un camp écoféministe avait installé ses quartiers à **Greenham Common** pour lutter contre l'installation de missiles de l'Otan. Un campement anti-nucléaire, super connu outre-Manche qui est un peu à sa façon le Larzac des British.

Les écoféministes revendiquent certes une sensibilité féminine, pas tant dans son essence que dans sa construction sociale. Nuance. C'est pourquoi elles visent justement à ce que cette sensibilité conquière la sphère politique et les hommes qui la peuplent en grande majorité. On te laisse te faire ton point de vue sur la question, Lina, tu peux aussi te sentir juste féministe et écolo, ce courant de pensée est une simple piste de réflexion pour faire saliver tes méninges.

LA SUPERSTAR DE L'ÉCOFÉMINISME

Si vous vous penchez un peu plus sur ce sujet, vous croiserez forcément le chemin de Starhawk, écrivaine et militante pacifiste qui se revendique néopaïenne (comprenez : « sorcière »). Elle anime partout dans le monde des ateliers de permaculture sociale. Ça vous tente ?

BONS PLANS POUR S'INITIER

Les lectures qui font du bien au nerf optique

↘ *Reclaim*, recueil de textes éco-féministes choisis et présentés par Émilie Hache. C'est l'ouvrage de référence. Des textes variés, souvent poétiques, toujours en lutte contre l'exploitation de la nature.

↘ *Sorcières* de Mona Cholet. Moins axé écologie que féminisme, c'est le livre qu'on mérite tous d'avoir sur sa table de chevet pour comprendre les mécanismes d'oppression subis par les femmes, et ça donne des envies de rébellion.

Les podcasts qui améliorent le conduit ORL

↘ Présages avec Jade Lindgaard « Pour un journalisme engagé et une approche systémique de l'écologie » pour se prendre une bonne dose leçon journalistique avec celle qui œuvre pour Médiapart. À écouter aussi, l'émission avec Émilie Hache « Écologie politique et éco-féminisme. »

↘ Un podcast à soi « Écoféminisme : défendre nos territoires », la série documentaire de Charlotte Bienaimé est à retrouver en intégralité sur Arte Radio et il n'y a pas une miette à jeter.

La chanson à passer en soirée

↘ « *Run the world (Girls)* » de Beyoncé. Incontournable pour booster son déhanché. Certes c'est pas spécialement écoféministe, mais si tu as lu et écouté tout ce qu'on t'a conseillé avant ça devrait aller.

TOUS COBAYES !

Le mouvement **Générations cobayes** mobilise et sensibilise les jeunes de 18 à 35 ans et tente de faire bouger les lignes au niveau politique et économique pour adopter des stratégies plus respectueuses de l'environnement. On aime bien leur manifeste pour apprendre à donner des éco-orgasmes. Oui, parce qu'ils sont plutôt marrants chez GC. Ils prônent une écologie positive ! Collapso, passez votre chemin.

Colibrief

En vrac, ma dose d'actions pour le climat

- ☐ Je m'autorise du shopping pas plus d'une fois par an
  ● ● ● ○
- ☐ Je ne porte que des vêtements de seconde main
  ● ● ● ○
- ☐ Je méprise les jeans troués ou délavés
  ● ● ○ ○
- ☐ Je lave moins mes vêtements
  ● ● ○ ○
- ☐ Je préfère les matières naturelles : lin, chanvre
  ● ● ● ○
- ☐ Mes tee-shirts sont en coton bio
  ● ● ● ○
- ☐ Je donne mes vêtements
  ● ● ● ○
- ☐ Je fabrique mon shampoing
  ● ● ○ ○
- ☐ J'investis dans une coupe ou des culottes menstruelles
  ● ● ● ●
- ☐ Je me mets à la lessive maison
  ● ● ○ ○
- ☐ Je ne choisis pas n'importe quel or pour mes bijoux
  ● ● ● ●
- ☐ Je prends des douches plutôt que des bains
  ● ● ● ●
- ☐ Je n'ai pas plus de 3 crèmes dans mes placards
  ● ● ● ○
- ☐ J'oublie les matières synthétiques qui relarguent des micro-plastiques
  ● ● ● ○
- ☐ Pour le sport, je choisis des marques écoresponsables
  ● ● ● ○

- ☐ J'ai du dentifrice solide et une brosse à dents pas en plastique
  ● ● ○ ○
- ☐ Je transforme mes collants en éponges-maison
  ● ○ ○ ○
- ☐ J'accepte de payer plus cher un vêtement qui va durer toute la vie
  ● ● ● ●
- ☐ Je ne lave jamais à plus de 30 °C
  ● ● ○ ○
- ☐ Mes cosmétiques ne contiennent pas de micro-billes en plastique
  ● ● ● ○
- ☐ Comme pour les légumes, je préfère le bio pour les cosmétiques
  ● ● ○ ○
- ☐ J'apprends à raccommoder, rapiécer, tricoter
  ● ● ● ●
- ☐ Je préfère le *made in France*
  ● ● ● ●
- ☐ Je résiste aux soldes
  ● ● ● ○
- ☐ Je boycotte le pressing
  ● ● ● ○
- ☐ Je fais réparer mon sèche-cheveux
  ● ● ● ○
- ☐ Je n'utilise jamais de sèche-linge
  ● ● ● ●
- ☐ J'étends du linge mouillé dans ma chambre les jours de canicule
  ● ● ○ ○
- ☐ Je me renseigne sur l'écoféminisme
  ● ○ ○ ○
- ☐ Je n'achète plus de pulls moches pour la fête de Noël du bureau
  ● ● ● ●

BERLIN
LISBOA
GIF/YVETTE

Élie voyage vers un autre univers

Élie est fan de *L'Auberge espagnole* de Cédric Klapisch. Toute sa vie, on lui a dit que l'accomplissement de soi passait par les voyages, la découverte de nouveaux horizons. C'est comme ça qu'Élie – qui a vécu au Cambodge quand il était ado – a cultivé son goût du visa. Erasmus en Espagne, PVT (Programme Vacances Travail) en Nouvelle-Zélande..., son sac à dos est toujours prêt pour le départ. Mais, Élie n'est pas né de la dernière pluie. Il a beau vouer une passion aux grands voyages, il voit bien que ses mouvements ont un impact sur le climat. Pas facile de concilier ses désirs de bout du monde avec sa conscience écolo ! À l'heure actuelle (17 h 43 à mon horloge, perso), il y a plus d'un décollage d'avion par seconde. Et, selon l'Agence européenne pour l'environnement, un vol en avion émet en moyenne 285 grammes de CO_2 par kilomètre et par personne. Pour un simple vol long-courrier on atteint vite les quelques tonnes de CO_2 émises juste pour une seule personne. Globalement, l'industrie touristique émet 8 % des gaz à effet de serre à elle seule. Et les mails, on en parle ? Les data-centers, qui stockent nos données, font aussi grimper la température. Si Internet était un pays, il serait le troisième plus gros consommateur d'électricité au monde ! Et ça, Élie, ça le gave. Mais t'inquiète Élie, on peut trouver des solutions pour voyager autrement ! Jean Giono écrivait : « Les sentiers battus n'offrent guère de richesse ; les autres en sont pleins », et c'était pas la moitié d'une patate.

Dans ce chapitre on va te donner plein de conseils pour de nouveaux horizons moins chargés en dioxyde de carbone. Il y aura peut-être quelques sacrifices... comme faire une croix sur l'avion, revoir le contenu de ta valise et peut-être même tes destinations. Parce que là où on va, on n'a pas forcément besoin... de route.

Quiz

Es-tu prêt.e pour des vacances climato-compatibles ?

Bah alors, où vas-tu comme ça, Élie ? Avant de te lancer dans ce chapitre vacancier, faisons un petit point sur l'état actuel de tes habitudes de voyageur. Grâce à ce test élaboré avec la collaboration de chercheurs de la Nasa, tu parviendras à mieux te connaître !

1 À quelle fréquence prends-tu l'avion ?

A - Moins d'une fois par an.
B - Une fois tous les six mois.
C - Plus d'une fois par jour (tu es pilote d'avion).

2 Dans ta valise il y a...

B - Le strict minimum : un caleçon, une paire de chaussettes et une photo de ton chat.
A - Rien. Parce que tu as tout oublié à l'aéroport, ce qui va t'obliger à tout racheter sur place en maudissant les cieux.
C - Douze tenues différentes (pour être toujours en accord avec le paysage), un sèche-cheveux (pour être toujours bien coiffé.e sur les photos), 17 livres (pour être sûr.e d'avoir un peu de lecture), une poutre (on sait jamais).

3 Tiens, ce week-end tu as envie de changer d'air, alors on part où ?

A - Balade en forêt à pied, c'est à une heure en tram et franchement les arbres, c'est trop joli.
C - À Venise, c'est à deux heures en avion et franchement, le kérosène, c'est trop stylé.
B - À la mer, c'est à trois heures en voiture et franchement l'eau, c'est trop chouette.

4 Point linguistique : laquelle de ces formulations te semble correcte ?

A - « Je roule à vélo. »
B - « Je roule en vélo. »
C - « Je roule en 4x4. »

5 Comment définirais-tu moralement un aller/retour pour Barcelone en avion à 20 € ?

A - Une aberration.
C - Super cher ! Avec le taxi à payer en plus pour aller à l'aéroport, y' a pas moyen. Tu attends de trouver des billets à moins de 5 €, sinon c'est pas rentable.
B - Plutôt un bon plan, mais vu que tu y es déjà allé.e il y a deux semaines tu laisses tomber pour cette fois.

6 Pour toi, les vacances idéales, ça ressemble à quoi ?

B - Des randonnées à vélo avant d'aller camper à la belle étoile.

A - Faire du wwoofing et découvrir les joies du travail à la ferme.

C - La photo de tes doigts de pieds en éventail sur fond de plage paradisiaque avec soleil et cocotier alors qu'on est en plein mois de décembre.

7 Laquelle de ces citations sur le voyage t'inspire le plus ?

A - « L'important, ce n'est pas la destination, c'est le voyage. » Robert Louis Stevenson

C - « L'important, c'est de bronzer et rapporter des clopes pas chères. » Anne Onyme

B - « Retrouvez les choses de la vraie vie. » Club Med

8 Tu es parti.e cinq semaines au Vietnam : que comptes-tu rapporter de ce beau voyage ?

C - Des hippocampes séchés et 18 cartouches de clopes Vinataba.

A - Des souvenirs principalement, ça pèse pas lourd dans la soute.

B - Deux chapeaux coniques pour tes parents.

9 Ce sont les vacances ! Comment fais-tu pour donner des nouvelles à tes amis ?

B - Une bonne vieille carte postale.

C - Des stories toutes les trois secondes pour montrer à quel point tu as une vie formidable.

A - Loin des yeux loin du cœur, tu leur donneras des *news* en rentrant.

Tu as un maximum de A, tu es 100 % climato-compatible avec le voyage. Tes réponses sont sans appel. Tu sais vadrouiller sans polluer, du moins tu fais tout pour réduire ton impact carbone et pour cela tu voyages peu mais bien. Tu mérites un prix Nobel de la consommation durable.

Tu as un maximum de B, tu es moyennement compatible avec les vacances écoresponsables. Tu erres entre le démon et le premier de la classe. Pour toi les vacances, c'est sacré, et il est hors de question de les passer dans un cadre qui ne soit pas suffisamment dépaysant. Toutefois, ton goût de l'aventure t'incite à faire une partie du périple à vélo. On a d'autres idées à te souffler dans ce chapitre, te connaissant tu devrais les adopter.

Tu as un maximum de C, tu es un suppôt de Satan. L'avion, c'est ton dada. Tu le prends même pour aller voir un pote à l'autre bout de la ville (grâce à ton jet privé). Le matin au p'tit-déj, tu bois un bol de kérosène avec tes céréales. Et après, tu brûles des pneus en écoutant Jefferson Airplane et Plastic Bertrand (même tes choix musicaux ne sont pas écolos). Ton cas est sérieux mais pas désespéré parce qu'on est d'indécrottables optimistes. Faudra faire quelques efforts quand même, hein ?

Comment voyager sans faire de tourisme ?

Alors comme ça Elie, on se sent citoyen du monde ? C'est chouette, mais d'ici à 2030 on sera plus de 2 milliards de touristes à manier l'art de la vadrouille. Il est donc urgent de changer nos habitudes de grands baroudeurs et de voir si on ferait pas mieux de troquer notre statut de « touriste » pour celui de « voyageur »...

« Je hais les voyages et je hais les explorateurs »

Intransigeant, ce Claude Lévi-Strauss quand il écrit les premiers mots de *Tristes Tropiques*. Pourtant, difficile de nos jours de lutter contre l'irrépressible envie de changer d'air. Les vols long-courriers se sont démocratisés, ce qui nous a permis d'aller au-delà des frontières, de découvrir de nouvelles cultures... Mais pas sûr que le tourisme de masse qui en découle ait vraiment aboli les frontières. L'industrie qui se cache derrière cette injonction moderne à la découverte a plutôt tendance à faire des ravages. S'il semble oxymorique de parler de voyage sans tourisme, essayons juste de voir à quoi pourrait ressembler le voyage de demain... et, pour cela, il faut d'abord faire un point sur le tourisme d'aujourd'hui.

Tourisme et climat ne font pas bon ménage

Tu l'as bien pigé, Élie, le tourisme a un impact considérable sur notre douce planète. Ça lui coûte bien cher de satisfaire nos envies d'exploration. Dans une étude publiée dans la revue scientifique *Nature Climate Change* nous apprenons que le tourisme mondial serait à l'origine de 8 % des émissions de gaz à effet de serre. Et pas besoin de chercher bien loin pour trouver des impacts néfastes sur la nature. En France par exemple, le « plan Neige » mis en place par le gouvernement en 1964 a commencé par la construction de 20 nouvelles stations de ski (on y a mis fin en 1977 en se disant que c'était peut-être pas indispensable pour la nature, merci Giscard). N'empêche que depuis les années 1980 on perd vingt-cinq jours de neige par an et on bombarde d'eau les montagnes de neige en puisant directement dans les nappes phréatiques de la région, au détriment des habitants...

Le tourisme est conformiste

Est-ce que nos photos de vacances se différencient vraiment de celles de nos copains ou de nos collègues ? Bof. Le tourisme vend une image de catalogue qui standardise les paysages. C'est aussi pour cette raison que tous les touristes « se valent »,

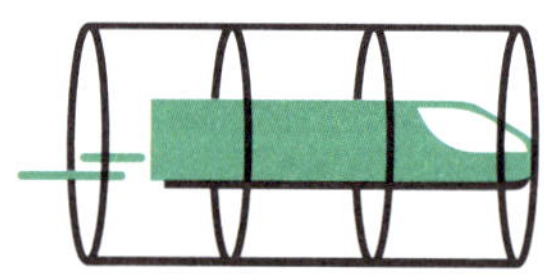

LES TRANSPORTS DU FUTUR : GROSSE PRESSION ?

L'homme d'affaires Elon Musk développe depuis 2013 le projet Hyperloop, qui devrait permettre de parcourir des distances de plusieurs centaines de kilomètres en quelques minutes par un réseau de tubes en acier à basse pression qui fonctionnerait au solaire. À voir si un jour Elon Musk lui-même fonctionnera à l'énergie solaire...

comme l'expliquent Bertrand Réau et Saskia Cousin dans leur ouvrage *Sociologie du tourisme*. Qu'on soit Stendhal ou les Bidochons, nos déplacements ont le même impact notamment à cause de l'effet mimétique qu'entraînent les comportements touristiques. Et comme on est 1,4 milliard à voyager selon les derniers chiffres de l'Organisation mondiale du tourisme et que près de 6 touristes sur 10 arrivent dans leur pays de destination par les airs, tu trouves pas qu'il y a quelque chose de moche derrière tes jolies photos, Élie ?

TOURISME, ENTRE DÉMOCRATISATION ET EXPLOSION

Au début du XIXe siècle, il n'y avait que les aristos qui pouvaient se payer le loisir de voyager. Pour le peuple, pas de voyage, pas d'avion, pas de pression jusqu'à ce que Thomas Cook se mêle de tout ça. En 1841, il commence à organiser des voyages collectifs. La chasse aux jolis lieux touristiques est ouverte (et refermée en 2019 pour Thomas qui vient d'être racheté). En 1910 est créé à Paris l'Office national du tourisme et, depuis, c'est l'escalade. On est passé de 24 millions de touristes internationaux en 1950 à 1,4 milliard aujourd'hui.

TOP 10 DES DESTINATIONS LES PLUS IMMORTALISÉES SUR INSTAGRAM

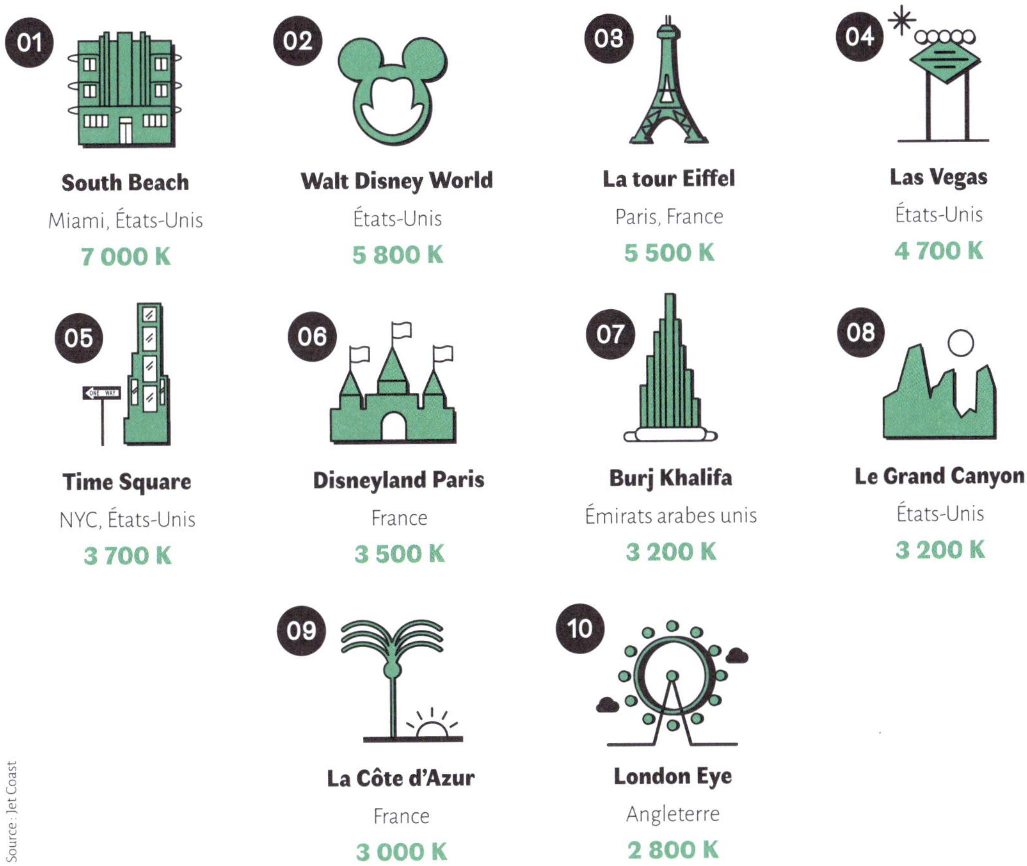

Source : Jet Coast

L'avion ne va plus bon train

Pardon Élie, la vérité n'est pas agréable à entendre, mais on va arrêter de se mentir : l'avion, c'est plus possible. Quoi que tu fasses, ce sont toujours les trajets en avion qui pèseront le plus lourd dans ton bilan carbone. Supprimer ce paramètre de tes prochaines vacances te fera forcément gagner quelques points de karma.

Prendre l'avion : la nouvelle honte ?

Pour limiter les dégâts à venir sur le climat, il faudrait que chaque humain ait une empreinte carbone de moins de 1,7 tonnes par an. Or, c'est déjà ce que représente à peu près un aller/retour Paris-New York en avion. Pour faire simple : le passager d'un avion va consommer autant de carburant au kilomètre qu'un conducteur seul dans une grosse voiture. À ce rythme, pas étonnant qu'un Français moyen émette à l'heure actuelle 10 à 12 tonnes de carbone par an (alors qu'un Cambodgien émet en moyenne moins de 500 kilos par an). Dans cette conjoncture, prendre l'avion relève de la pure injustice climatique : ce sont les habitants des pays les plus riches qui voyagent et polluent par la même occase les habitants des pays les plus pauvres. C'est ainsi qu'est né le mouvement **flygskam** en Suède (qui signifie littéralement « la honte de prendre l'avion »), qui s'étend progressivement dans le reste de l'Europe.

« Marseille-Aurillac en avion, c'est toujours moins grave que Los Angeles-Bangkok » → FAUX

Déso Élie, même si tu penses que réduire les distances de tes trajets en avion pourrait être une bonne chose, en réalité c'est un peu plus compliqué et les petits trajets en avion sont aussi les plus polluants. Car l'avion dépense énormément d'énergie au décollage et à l'atterrissage. Ramenés au kilomètre, les trajets courts ont une empreinte carbone plus élevée (sur un trajet de 800 kilomètres, l'atterrissage et le décollage représentent 25 % des émissions du trajet, alors t'imagines pour un Paris-Bordeaux ?). Ajoutons que les avions voyagent rarement au-dessus de 80 % de leur capacité de passagers, ce qui alourdit la facture. Mais la bonne nouvelle dans tout ça, c'est qu'il existe des alternatives aux courts trajets en avion… on y reviendra très vite !

Pire que l'avion ? Oui, c'est possible.

Et ça s'appelle… un ferry. Bonne nouvelle, Élie ! On parle moins souvent de l'impact des paquebots sur le climat et pour cause, ce n'est pas le premier

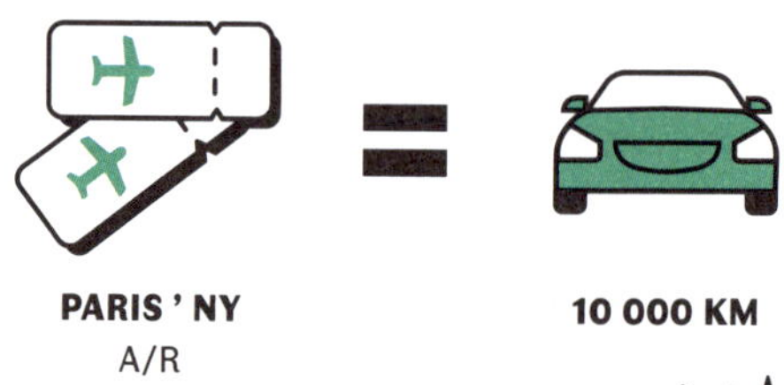

VOUS ÊTES PLUTÔT VOYAGE OU CHAUFFAGE ?

Un aller/retour Paris-New York émet plus d'une tonne de CO_2. C'est en moyenne ce qu'émet une personne pour chauffer son 85 m² pendant un an. C'est aussi l'équivalent de la fabrication d'1,3 ordinateurs et d'un trajet de 10 000 kilomètres en voiture qui tire du 6 litres au 100.

transport qui nous vient à l'esprit quand on évoque le voyage. Or, un bateau de croisière XXL émet autant qu'un million de voitures ! Dans la catégorie des mauvais élèves, on peut ajouter les grosses bécanes des *bikers*. Les émissions d'une moto de plus de 750 cm³ sont de l'ordre de 238 g éq. CO_2 par kilomètre, soit plus qu'un avion long-courrier. La moto est donc l'un des pires modes de transport du point de vue environnemental. Si on veut vraiment être le pire voyageur du monde, on s'organise un *roadtrip* à moto dans le grand Ouest américain : on s'y rend en ferry et on roule en Harley-Davidson en mangeant un *t-bone* devant des mouettes affamées.

CEUX QUI M'AIMENT PRENDRONT LE TRAIN

Même si les compagnies d'avion *low-cost* font tout pour nous attirer dans leurs griffes, il faut résister ! Car si le train coûte plus cher que l'avion, c'est non seulement à cause des infrastructures ferroviaires (gare, chemin de fer, sandwich triangle à bord) plus onéreuses que celle de l'avion (parce que youhou l'air est gratuit) mais aussi parce que le carburant de l'avion est le seul à ne pas être soumis à des taxes. Toujours est-il qu'en tenant compte de la distance et du nombre de voyageurs les vols intérieurs en avion génèrent près de 60 fois plus d'émissions de gaz à effet de serre que le train (par passager et par kilomètre).

PALMARÈS DU MEILLEUR TRANSPORTEUR

Émissions de CO_2** des transports à l'échelle nationale

en grammes de CO_2 par passager par kilomètre

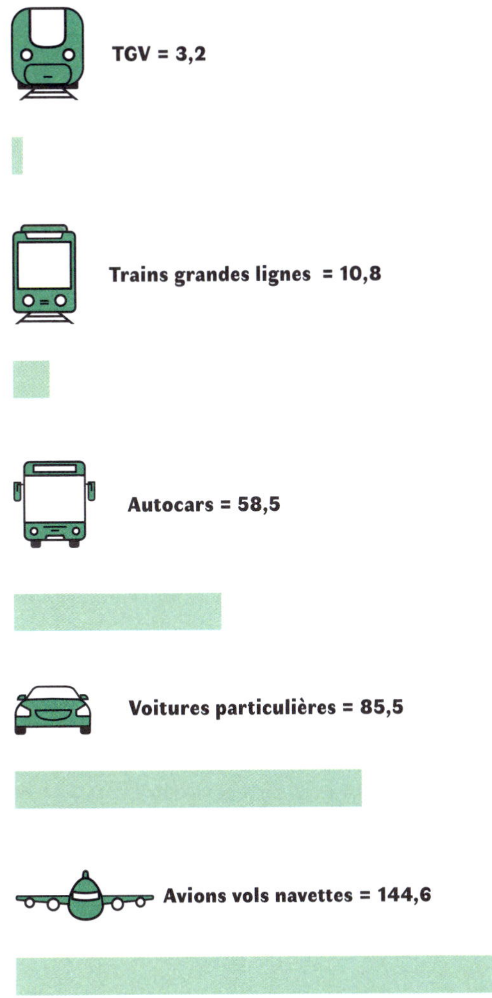

** Émissions en CO_2 dues à la production d'électricité ou l'extraction, le raffinage et le transport des carburants.

Sources : Deloitte pour l'ADEME « Étude sur les efficacités énergétiques et environnementales des modes de transports », 2008 (données 2005) ; SNCF « Information CO_2 des prestations de transport », juillet 2018.

La compensation carbone, pour ou contre ?

Maintenant que tu sais que n'importe quelle destination en avion t'enverra directement en enfer (avec une escale à Cholet), tu as certainement une gorgée de kérosène en travers de la gorge. Si toutefois tu refuses de faire une croix sur l'avion, tu peux compenser ton impact en payant. Mais est-ce vraiment une bonne idée ?

L'enfer est pavé de bonnes intentions

Hourra ! On peut compenser en deux clics notre empreinte carbone sur les trajets en avion ! Bonne nouvelle, on peut produire du CO_2 ici et financer ailleurs un projet qui l'absorbe (genre planter des arbres ou investir dans les énergies renouvelables). Pour cela, on calcule l'impact de son voyage et on estime la somme à reverser pour « compenser ». Pour un aller/retour Lyon-Bangkok on émet 4 tonnes de CO_2 selon le site Goodplanet. La compensation symbolique s'élève à 90 euros qui pourront être reversés à une action « écologique ». Un geste louable… pour s'acheter une bonne conscience ? Rien de tel pour déculpabiliser les usagers qui ont les moyens car après tout, si on sort sa CB, on a bien le droit de prendre l'avion comme on l'entend. À l'échelle internationale, la compensation permet ainsi à des entreprises très polluantes de se « racheter » en plantant 3 buissons (bon d'accord, c'est déjà mieux que rien).

Les arbres à notre secours ?

Beaucoup de sites de compensation proposent de planter des arbres. Ce qui est plutôt logique quand on sait qu'ils sont de formidables aspirateurs à carbone et que, en prime, ils retiennent l'humidité, permettent de lutter contre la sécheresse et l'érosion des sols et assurent également le gîte et le couvert pour la faune. Mais ne leur en demandons pas trop non plus. Les jeunes arbres mettent vingt ans à pouvoir fixer le carbone, c'est donc un investissement pour l'avenir et là on n'a plus vraiment le temps. Par ailleurs, une forêt plantée avec seulement une poignée d'espèces captera bien moins de CO_2 que l'Amazonie ou n'importe quelle forêt primaire. Bref, Élie, le mieux, c'est d'arrêter tout ce qui implique de déforester, de planter des arbres fruitiers dans ton jardin et d'inviter Louise et Olivier pour la cueillette.

ILS FONT LA PLUIE ET LE BEAU TEMPS

Il existe à Pékin un bureau des modifications météorologiques chargé de changer la météo. Comment ? Notamment en tirant des fusées pleines d'iodure d'argent qui vont ensemencer les nuages et déclencher une pluie artificielle. Idéal pour dissiper le smog et se la raconter aux Jeux olympiques. Voilà une belle mise en œuvre de la géo-ingénierie climatique qui coûte bon-bon. Plus de 150 millions d'euros, ça fait cher la goutte de pluie !

Une empreinte carbone zéro est impossible

C'est ainsi, il faut se faire une raison. Se déplacer implique forcément un coût énergétique. C'est pour cette raison que les expressions « compenser » ou « neutralité carbone » sont trompeuses. Elles supposent qu'on peut annuler nos actes. Or, jusqu'à preuve du contraire, si tu jettes le bibelot de ta grand-mère par la fenêtre, tu pourras toujours lui proposer d'en acheter un autre, elle te demandera pourquoi tu as jeté son bibelot au départ. Plutôt que de payer plus pour polluer plus, il serait plus efficace de changer nos petites habitudes. On vous l'accorde, ce n'est pas le plus facile.

LA MEILLEURE FAÇON DE COMPENSER

Parce qu'il n'est pas facile de s'y retrouver parmi toutes les initiatives qui nous proposent de compenser nos émissions carbone, le site **www.info-compensation-carbone.com** animé par le GERES (Groupe Énergies Renouvelables, Environnement et Solidarités) est une bonne entrée. D'abord, vous trouverez mille explications sur le sujet, mais en plus, en fonction de ce que vous avez à compenser, on vous orientera vers les acteurs les plus fiables.

LA COMPENSATION CARBONE, ÉCHANGES NORD/SUD

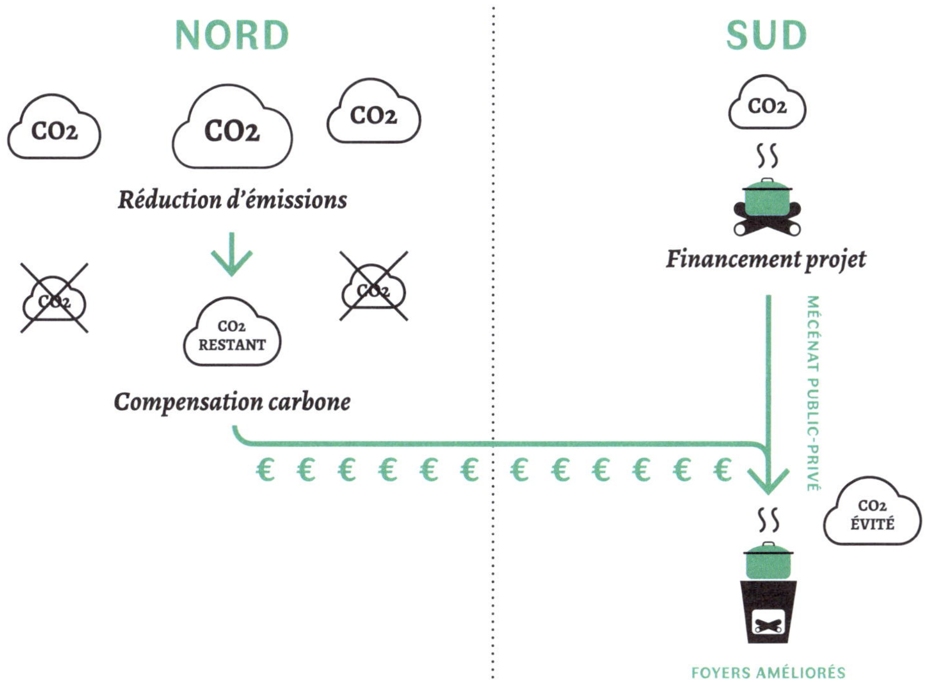

Source : CO_2solidaire.org

Les joies de la tortue

Avec au mieux cinq semaines de congé par an, la course à l'efficacité vacancière est devenue la norme. On cale un maximum de trucs à voir, juste pour cocher la case « vu ». On prend les moyens de transport les plus rapides parce qu'il n'y a pas une minute à perdre ! Mais pourquoi au fait ? Elles sont à qui, toutes ces minutes ? Ça te dirait pas plutôt qu'on se mette en mode « tortue », Élie ?

Plus on ralentit, moins on pollue

Question transport, tu connais maintenant les alternatives à l'avion. Mais pour prendre un peu de hauteur, pose-toi la question du temps ! Ce temps imparti au trajet qu'on cherche toujours à réduire pour arriver plus vite. On n'invente rien, c'est devenu un adage que de rappeler que l'important n'est pas la destination mais le chemin. Pour ça, il faut repenser ses vacances, prévoir différemment (ou ne rien prévoir du tout) et se laisser porter. Bien sûr, c'est pas évident pour tout le monde, surtout quand on voyage à plusieurs. Toujours est-il que le voyage climato-compatible, c'est un voyage plus lent, moins loin. Comme pour la viande, comme pour l'alcool, comme pour pas mal de choses finalement : mieux vaut voyager moins et mieux. Et pour ça, la *tortue way of life* devrait nous mettre sur la voie.

Homo vélocipus

À toi les mollets galbés, Elie ! Si tu adhères au concept du *slow-travel* (qui n'a rien à voir avec le fait de danser avec une fille ou un garçon sur une chanson d'Otis Redding), le voyage à vélo est fait pour toi. Entre 15 et 20 kilomètres à l'heure, zéro essence et beaucoup de transpiration. En Europe, il existe une bonne quinzaine de « véloroutes » : des itinéraires spécialement balisés pour les vélos sur plus de 1 000 kilomètres qui traversent plusieurs pays européens. Tu n'as pas de biclou ? De nombreux organismes peuvent te faciliter la tâche en te louant des vélos à un point de départ puis en prenant en charge leur récupération à un point d'arrivée.

À voile et sans vapeur

Si le vélo est le meilleur des transports sur terre, il faut bien avouer que son cousin marin, le pédalo, est beaucoup moins pratique. Alors comment se déplacer au fil de l'eau sans émettre de carbone ? Ferry et bateau à moteur ne sont clairement pas une solution climato-pouët-pouët. C'est ainsi que le voilier apparaît comme le saint patron des transports écolos (promu et approuvé par Greta Thunberg) avec une empreinte carbone quasiment réduite à néant et la joie de se créer en son sein une microsociété sobre où chaque goutte d'eau et chaque morceau de nourriture est compté. Un peu moins de confort, un peu plus de lenteur finalement, c'est pas la mer à boire, si ?

QUI SUIS-JE ?

« Je chemine d'est en ouest et réciproquement. Je m'invite dans les pages des romans de Blaise Cendrars ou de Maylis de Kerangal. J'avoue que je suis souvent présent dans les films, en même temps c'est assez normal, car je cumule les records dans ma catégorie. Il m'a fallu une bonne vingtaine d'années pour être complètement terminé et c'est en 1916 que je suis officiellement inauguré. Je cours sur 9 288 kilomètres et traverse 990 gares. Contrairement à ce que l'on pense, je ne suis pas un train, mais un réseau de voies ferrées. Je suis... je suis ? »

Le transsibérien !

DES VACANCES QUI ROULENT...

Vous souhaitez vous lancer dans le voyage à vélo ? Excellente idée ! Voici quelques sites pour vous préparer :

↘**eurovelo.com :** vous trouverez ici tous les itinéraires des véloroutes européennes. Celle de l'Europe de l'Est permet de traverser 11 pays.

↘**cyclo-camping.international :** c'est le site des petits et grands voyageurs à vélo qui se filent les bons tuyaux. Génial pour dormir chez l'habitant : les adhérents ouvrent leurs portes aux cyclos en offrant une douche et un lit. Dans le même style : **warmshowers.org.**

↘**fub.fr/reseau-fub/ateliers-velo :** qui dit vélo, dit crevaison, déraillage et patins usés. Avant de partir, inscrivez-vous à l'un des ateliers vélo pour apprendre les rudiments de la mécanique cycliste.

... ET D'AUTRE S QUI FLOTTENT

↘**sailsquare.com :** voilà la plateforme de voyageurs qui vouent une passion au voilier. Le site met en contact des skippers avec de potentiels passagers pour une durée allant d'une nuit à plusieurs semaines. Mais attention, les voiliers ne sont confirmés que quand il y a assez de participants. Dans le même style : **vogavecmoi.com** et **bourse-aux-equipiers.com**.

PAS COOL LE VAN

Trop stylé sur Instagram, le van l'est moins sur la facture carbone (un T4 consomme 4 fois plus qu'une voiture récente). Résultat : si on n'est que 2 dans notre van, on émet autant de CO_2 qu'un long-courrier classique !

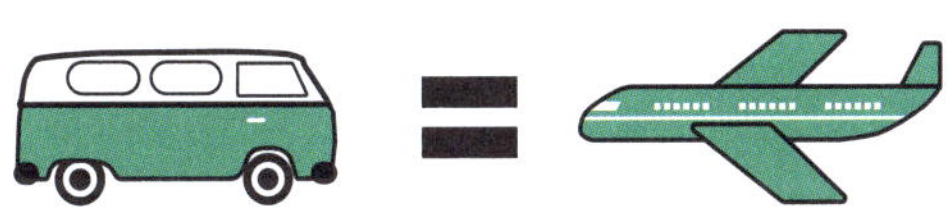

3 kilomètres, sérieux ?
La voiture est la première source de pollution en ville. En agglomération, 40 % des trajets effectués en voiture sont destinés à des trajets de moins de 3 kilomètres.

Particules non élémentaires
En France, 30 % des émissions de carbone viennent du transport. Santé publique France estime à 48 000 le nombre de décès liés aux particules fines chaque année. Selon Greenpeace, pour tenir nos engagements climat, il ne faudrait plus vendre une seule nouvelle voiture à essence, ni à diesel (ni même hybride) d'ici à 2028 en Europe. Tendu !

Poids lourds
Le poids des voitures a augmenté de 57 % en cinquante ans, ce qui veut dire 57 % de matières premières et d'énergie en plus. Quant au budget, il pèse lourd aussi : les Français dépensent en moyenne 6 000 € par an pour leur voiture.

Titine, 7,8 litres au 100

La voiture électrique est-elle vraiment fantastique ?

Cafouillage de recyclage
Les batteries ont une espérance de vie de huit à dix ans. Et leur recyclage est une grosse galère parce qu'elles contiennent des métaux rares. Or, ça coûte moins cher aux industries de créer de nouvelles batteries (avec des métaux rares qui sont de plus en plus rares, vous pigez le concept) que de recycler les batteries existantes, encore en nombre trop faible pour qu'on puisse vraiment tirer profit de la réutilisation de leurs matériaux. Un problème qui pourrait donc être réglé avec le temps.

Hics de fabrique
La fabrication d'une voiture électrique émet 2 fois plus de CO_2 que pour une voiture classique, il lui faut aussi des matériaux rares comme le lithium et le cobalt. Rappelons qu'elle carbure à l'électricité. Le jour où 30 millions de voitures pomperont de l'électricité, ça risque de coincer.

Ça boome
On vendait 1 million de voitures électriques en France en 2017 et l'industrie automobile espère atteindre les 30 millions de ventes d'ici à 2030.

Attention Élie, on n'a pas dit que les voitures électriques, c'était du flan. En fait, tout est une question de logique et d'usage : si tu roules peu, inutile de mettre ta vieille caisse à la casse pour la remplacer par une belle voiture électrique. C'est surtout le concept de voiture (et donc des déplacements) qui doit être questionné. Pas évident. En attendant, tu peux déjà te déplacer à vélo pour les trajets de moins de 8 kilomètres (30 min et c'est plié).

Électraordinaire, 16 kWh au 100 w

Quand on touche aux voitures des Français, le ton monte assez vite ! On accuse les uns de pollueurs parce qu'ils ont l'insolence de prendre leur voiture pour aller au travail, tandis que d'autres se sentent pousser des ailes de parfaits écolos après avoir investi dans une voiture électrique. Alors, on fait quoi ?

Où est-ce qu'on part ?

T'inquiète Élie, on ne va pas te dire où tu dois partir, tu restes libre de tes choix (on est sympa quand même). On va juste s'interroger sur les destinations dans le monde, vendues comme un paysage de rêve alors que sous l'eau turquoise, les coraux cassent leur pipe.

Les vacances au bout de ma rue

On le redit, mais les transports restent le secteur le plus impactant sur le climat lorsqu'on part en vacances. Or, si on exclut l'avion et qu'on n'a pas encore lâché son boulot, on part logiquement moins loin. Littéralement, Elie, tu peux t'offrir des escapades proches de chez toi. Dans les grandes villes, ce ne sont pas les offres qui manquent : de nombreuses associations proposent des balades bénévoles comme les Greeters. À Paris, chez L'alternative urbaine les guides sont des personnes en réinsertion qui proposent un parcours original de la ville à prix libre. Grâce à de nouvelles applis comme Eatwith ou Mammaz, tu peux aussi tenter de dîner chez l'habitant, dans ta ville ou ailleurs, l'idée, c'est juste de changer d'air et ça ne demande pas d'aller bien loin. À propos tu sais comment ça s'appelle les vacances où l'on fait du sur-place ? Le staycation, tout de suite c'est exotique ! Si tu veux pousser au-delà de ton quartier, va donc découvrir des paysages à portée de mollets ! Avec un peu d'entraînement, tu pourras arpenter la campagne à 30 kilomètres à la ronde rien qu'avec tes pieds. Troquons le Colorado pour les ocres de Rustrel !

Rester dans les sentiers battus

Après tant d'années passées à entendre qu'il faut cultiver notre goût de l'inconnu, fuir les attroupements touristiques et faire en sorte d'aller là où personne n'a jamais mis les pieds, n'importe quel touriste se sent pousser des ailes d'Indiana Jones. Mais cette démarche n'est pas aussi écolo qu'on le voudrait. Comme l'explique la sociologue Saskia Cousin, les touristes européens cultivés cherchent à se démarquer et à fuir tous les lieux qui seraient « pollués » par le tourisme. Or, cette habitude a tendance à rendre touristiques les dernières parcelles de nature qui n'étaient pas encore impactées par notre présence. Oups, la boulette.

Les amoureux de la nature ne sont pas toujours les plus écolos

Oui, c'est dur, Élie. Toi qui voues un amour inégalé aux parcs nationaux, qui aimerais tant nager avec des dauphins et faire un selfie avec une baleine... Si cela relève du pur paradoxe, on est plus sympa avec le climat en vivant dans un cagibi en centre-ville et en limitant nos déplacements qu'en bourlinguant aux quatre coins du monde, même si c'est pour apprécier la faune locale. En fait le problème, c'est la démesure. Des exemples ? L'Ultra-trail du Mont-Blanc attire chaque année 60 000 personnes.

SLOW TRAIN

Pour traverser la France sans plomber son bilan carbone ni insulter ses enfants dans les embouteillages, prenez donc le train. Juliette Labaronne dans son livre *Slow Train* nous a concocté « trente échappées ferroviaires pour clochards célestes contemporains », des itinéraires originaux qui n'empruntent que les petites lignes ferroviaires. On monte à bord ?

À Hanauma Bay, les 2 600 visiteurs quotidiens laissaient environ 186 kg de crème solaire dans l'océan jusqu'à ce qu'Hawaï les interdisent. Le meilleur moyen de protéger la nature serait donc d'être le moins nombreux possible à entrer en contact avec elle.

HÉBERGEMENTS 3 ÉTOILES POUR LE CLIMAT

Dans le monde du tourisme, il y a des centaines de labels. Voici ceux retenus par l'Ademe pour mieux choisir votre gîte, votre hôtel ou votre camping.

Ecolabel européen

Ce label que l'on trouve sur tout un tas de produits de consommation courante garantit ici que les hôtels sont respectueux de l'environnement, c'est-à-dire qu'ils limitent leur consommation d'eau et d'énergie (50 % de la consommation d'énergie de l'hôtel doit être d'origine renouvelable) et qu'ils réduisent leurs déchets. Par ailleurs, l'utilisation de pesticides dans leurs jardins est interdite.

La Clef Verte

Même topo que l'Ecolabel européen niveau respect de l'eau, de l'énergie et de gestion des déchets. En prime, 5 % de la nourriture servie doivent être d'origine bio ou issus du commerce équitable. C'est pas fou fou, mais un bon début.

Hôtels au Naturel

Pour avoir cette distinction, les hôtels doivent forcément se trouver dans un parc naturel régional, un bon point parce que c'est souvent très joli. En plus, ils doivent au moins avoir 2 étoiles de la classification hôtelière classique et réduire leur consommation d'eau et d'énergie.

CAMPING SAUVAGE POUR ÊTRES CIVILISÉS

Vous aimez dormir sous les étoiles ? On vous comprend. Rappelez-vous qu'en France, il est interdit de bivouaquer :

- sur la voie publique ;
- sur les chemins et terrains privés sans l'accord du propriétaire ;
- à moins de 500 mètres d'un monument historique ;
- à moins de 200 mètres d'un point d'eau propre à la consommation ;
- dans les réserves naturelles nationales, les zones couvertes par un arrêté préfectoral de protection de biotope et les réserves biologiques domaniales ;
- dans certaines zones définies par des arrêtés municipaux ou préfectoraux motivés.

Bref, pas toujours facile. Vous avez pensé au *gamping*, le camping chez l'habitant ?

Gîtes Panda

Issu d'un partenariat entre les parcs nationaux, naturels régionaux et le WWF, le label garantit que les gîtes ou les chambres d'hôte font des efforts sur le plan de la gestion de l'eau, de l'énergie, des produits achetés mais aussi qu'ils mènent des actions en faveur de la biodiversité. Dans chaque gîte, une malle avec plein d'outils pédagogiques permet d'aller découvrir la nature juste à côté.

Écogîte

Dans les écogîtes labellisés, on fait attention aux matériaux de construction, qui doivent être locaux et non polluants. Le chauffage au fioul est proscrit et le tri doit forcément être mis en place.

Green globe

Voilà un label qui marche aussi pour les campings et qui est internationalement reconnu. On se soucie de l'eau, de l'énergie et des produits utilisés jusque dans les piscines.

En avant toute vers la détox numérique !

Élie, te voilà maintenant vélocipède en quête de paysages atteignables par la seule force de tes mollets, alors pourquoi tout gâcher en passant tes journées le nez plongé dans les réseaux sociaux ? D'abord, c'est hyper dangereux quand tu conduis. Et puis, plus cette vidéo de toi armée de *hashtags* inspirants a de *likes*, plus elle réchauffe le climat. Qu'à cela ne tienne, adieu Internet et la technologie !

Les bits nous tiennent trop chaud

Si on accepte volontiers de ne plus manger de viande et de moins prendre l'avion, plutôt mourir que de renoncer à Netflix ou Spotify. Pourtant le numérique pompe 10 % de l'électricité mondiale et son empreinte carbone a le même poids que celle des avions ! Chaque mail, chaque vidéo, chaque téléchargement consomme de l'énergie dans de gigantesques *data-centers*, climatisés pour éviter la surchauffe. Une pollution pas du tout virtuelle. Sans compter que dans nos sociétés tout est lié au numérique : Sécurité sociale, banques... La promesse d'une technologie « smart » serait donc une belle arnaque qui pourrait avoir des conséquences désastreuses en cas de bug généralisé.

Les bons réflexes pour une sobriété numérique heureuse

Tu ne pourras pas endiguer la pollution numérique à toi tout seul, Élie, on te le concède. Mais c'est déjà bien de faire un bout de chemin dans ce sens. D'abord, tu peux faire un bilan de l'étendue des dégâts en installant l'extension de navigateur Carbonalyser qui permet de visualiser ta consommation électrique et tes émissions de gaz à effet de serre associées à ta navigation Internet. (theshiftproject.org/carbonalyser-extension-navigateur). Ensuite, tu peux te faire la liste bête et méchante des trucs à faire, le b.a.-ba : supprimer tes mails (un seul mail stocké émet 10 g de CO_2 par an, pour cela cleanfox.io/fr t'aide à faire un grand ménage), ne pas envoyer de pièce jointe, ne pas utiliser le cloud pour stocker des documents mais préférer un disque dur externe, éteindre ta box la nuit (les box consomment 1 % de l'électricité en France)... Jusque-là ça va ? Ça commence à se corser quand il faut aussi limiter le nombre de tes requêtes sur un moteur de recherche (et, le cas échéant, adopter un moteur chouette comme Ecosia, qui plante des arbres avec tes clics), ou faire une croix sur le *streaming*. Tu savais que regarder une vidéo en *replay* pollue autant (voire plus) que la production d'un DVD ?

Une seule condition : la recondition

Avoue Élie, ton smartphone a moins de deux ans ? Le problème, c'est que la fabrication de ces petits objets nécessite l'extraction de métaux rares, leur assemblage et leur transport. C'est comme ça que 80 % de l'empreinte énergétique d'un smartphone est consommée avant même que tu l'achètes. Pour réduire ton empreinte carbone numérique, tu peux déjà garder ton portable plus longtemps (idem pour ton ordi) et le faire réparer plutôt que de le remplacer. Tu peux aussi opter pour un appareil reconditionné sur Back Market ou acheter un téléphone portable de la marque Fairphone. Et bien sûr, si la bécane rend l'âme, tu la recycles dans un centre de tri dédié (à trouver sur eco-systemes.fr).

MOTEURS DE RECHERCHE RESPONSABLES, ON VOUS AIME

↘ **Qwant :** conçu et basé en France, il ne garde aucun historique de nos recherches. Et puis il a développé un moteur de recherche spécialement pour les juniors ;

↘ **Ecosia :** allemand, ce moteur de recherche reverse 80 % de ses bénéfices à des programmes de reforestation partout dans le monde ;

↘ **Lilo :** il est français, ne conserve pas nos données et reverse 50 % de son chiffre d'affaires à des projets sociaux et environnementaux choisis par ses utilisateurs. À l'automne 2019, plus de 2 millions ont déjà été reversés ;

↘ **Ecogine :** ce moteur de recherche associatif compense ses émissions de CO_2 liées aux serveurs et redistribue ses bénéfices à des ONG environnementales.

LES CHIFFRES QUI TUENT

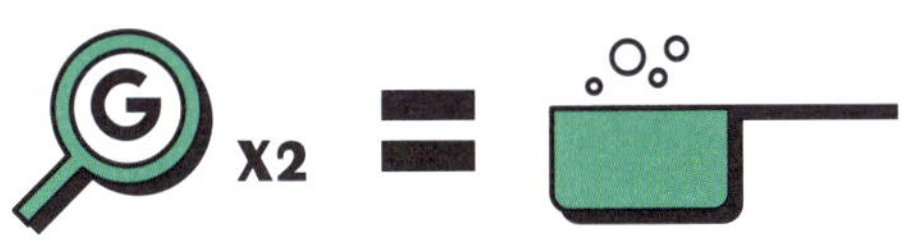

2 recherches sur Google consomment autant d'énergie que de faire bouillir une casserole d'eau.

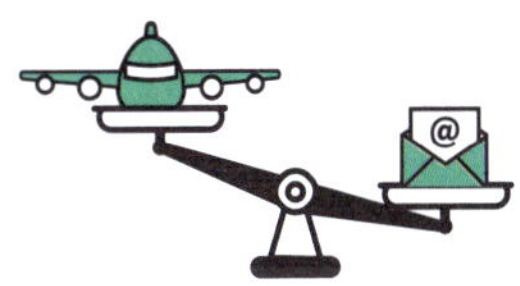

Les émissions de gaz à effet de serre liées à nos mails et Internet ont dépassé celles du transport aérien.

Regarder un film en basse définition, c'est 4 à 10 fois moins d'énergie qu'un visionnage en HD.

Au Ghana, la plus grande décharge de déchets numériques du monde reçoit chaque année 40 millions de tonnes de déchets numériques.

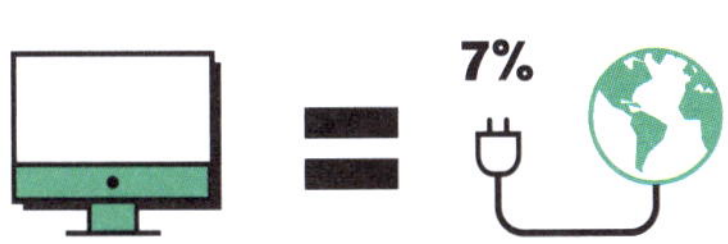

Le secteur informatique représente aujourd'hui environ 7 % de la consommation mondiale d'électricité.

Le taux de recyclage des métaux rares (nécessaires à la fabrication de matériels numériques) est inférieur à 1 %.

Une valise (trop) bien remplie

Quand tu pars en vadrouille, c'est pour changer d'air, pas vrai ? Alors pourquoi embarquer toute ta maison avec toi ? Voyager léger réduit non seulement ton empreinte carbone mais présente aussi de nombreux avantages pratiques qui ne manqueront pas de te convaincre, Élie ! Mais pour cela, un petit régime s'impose... dans tes affaires.

Les avantages à voyager léger

Qui ne s'est pas retrouvé à peser sa valise dans l'espoir que son poids ne dépasse pas la limite autorisée par la compagnie aérienne qui nous transporte ? Mais ça, c'était avant, Élie ! Avec ou sans avion, la légèreté, c'est la clé du bonheur. Ça réduit ton stress (moins d'affaires à surveiller), ça diminue ton empreinte carbone (moins tu trimballes de kilos, moins tu consommes d'énergie), ça te simplifie la vie (ton sac est prêt en deux minutes chrono), ça te fatigue moins (en rando, tu te remercieras). Le tout c'est de s'or-ga-ni-ser (en quatre syllabes). Comment ? En se limitant au strict nécessaire et en emportant un bon savon de Marseille pour laver ses petites affaires régulièrement.

Les indispensables de la valise climato-youplaboum

Tout en restant léger, il y a des trucs à embarquer pour limiter son impact sur place. On est sympa, on a fait une liste avec un indicateur de nécessité ultra élaboré :

- Une gourde filtrante **(+++)**;
- Une batterie solaire si tu ne peux vraiment pas faire sans ton téléphone **(+)**;
- Une coupe ou une culotte menstruelle (bon, pas pour toi, Élie, mais si tu pars avec Lina, je t'assure que ça lui sera très utile) **(+++)**;
- Une crème solaire qui préserve les coraux sans paraben, ni benzophénone, ni encore cinnamate **(++)**;
- Du savon de Marseille **(+++)**;
- Un sac de lavage (sachant que tu peux aussi te la jouer yolo et laver tes chaussettes dans un sac plastique hermétique) **(+)**;

Comme pour tout, il est préférable d'emprunter plutôt que d'acheter et en dernier recours, évidemment, de se tourner vers du seconde main. Quant aux trucs à ne pas rapporter, oublie si possible les piles à l'aller (elles ne sont peut-être pas recyclables dans le pays où tu te rends) et les souvenirs foireux au retour (parce que personne n'en veut).

Le casse-tête de la crème solaire

Se protéger la peau, c'est très bien, mais ça a des conséquences sur les océans. Chaque seconde, un litre de crème solaire se retrouve dans l'eau, détruisant les coraux. L'huile crée un écran à la surface de l'eau qui annule ou du moins ralentit le processus de photosynthèse pour les végétaux marins.

Pour bronzer serein, Élie, il faut acheter des crèmes solaires qui ne contiennent pas de l'oxybenzone (BP3 pour les intimes), l'ennemi des coraux. Exit également les nanoparticules souvent présentes dans les crèmes bio qui utilisent des filtres minéraux comme le dioxyde de titane ou de l'oxyde de zinc et que l'on repère sur l'étiquette par la mention [nano]. Aussi, ne mets pas de crème juste avant de te baigner. Enfin, rappelle-toi que si tu veux préserver le capital soleil de ton *summer body* rien ne vaut un bon tee-shirt.

QUESTIONS DE POIDS

Duel des gaz à effet de serre

Livre de poche

CO2 émis*

2,7 kg

Kindle d'Amazon

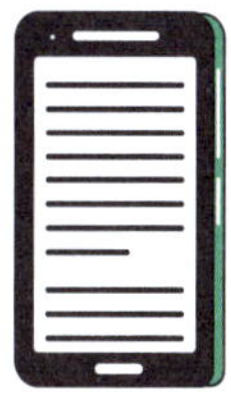

CO2 émis*

170 kg

Pour que la liseuse remporte le match il faut lire au moins 15 livres par an.

*Quantité de gaz à effet de serre émise durant le cycle de vie du produit

Source : Agence québécoise science-presse

VIVE LES PILES RECHARGEABLES

Ne choisissez pas vos batteries à pile ou face, préférez d'emblée les piles rechargeables. Pourquoi ? Parce que pour fabriquer une pile alcaline jetable, il faut environ 50 fois plus d'énergie que ce qu'elle peut produire tout au long de sa vie. Parce que les piles jetables ont 30 fois plus d'impact sur la pollution de l'air que leurs cousines rechargeables. Parce qu'on utilise en moyenne 21 piles ou petites batteries par an et qu'il vaut mieux recharger que recycler (voire jeter, comment ça jeter ?)

VOYAGER EN ALLÉGÉ

Quand on voyage en avion, réduire de 15 kilos ses bagages peut économiser entre 100 et 200 kilos éq. CO_2 sur un vol Londres-Tenerife, selon l'Ademe.

Et sur place on fait quoi ?

Maintenant que tu as accompli ton trajet sans jamais prendre l'avion, avec une valise pesant moins de 2 kilos et un vieux portable reconditionné, te voilà arrivé à destination ! C'est désormais au niveau local qu'il faut agir, Élie, et choisir avec un peu de bon sens la panoplie de tes activités.

Le grand combat des trucs à faire et à ne pas faire quand on voyage

LES ACTIVITÉS SUPER NAZES

Faire du jet-ski, du quad ou un tour en hélico, bref tout ce qui a un moteur pollue autant chez toi que chez les autres, donc oublie ces divertissements tout pourris qui ne te permettent même pas de te déplacer d'un point A à un point B.

•

Monter sur le dos d'un éléphant (OK, l'éléphant n'a pas de moteur, mais il n'a pas forcément envie de trimballer ton respectable popotin sur son dos).

•

Te remplir la panse au buffet à volonté de ton hôtel. Les buffets, c'est une succursale de l'enfer du gaspillage. Non, tu n'as pas besoin de cette ration supplémentaire d'œufs brouillés au bacon.

•

Faire des selfies avec des animaux. Même si le dauphin a l'air de sourire, il préférerait qu'il y ait moins de pailles dans l'océan que de photos de lui postées sur Instagram.

•

Rapporter des plantes arrachées à leur milieu naturel. Non seulement elles peuvent être porteuses d'organismes nuisibles dangereux, mais en plus elles sont très bien là où elles étaient au départ.

LES ACTIVITÉS DE SUPER PRO-ÉCOLO

Si tu fais du camping, n'utilise que des produits biodégradables (savon, shampoing, etc.). Et opte quand tu peux pour les toilettes sèches et les douches sèches (non, on blague).

•

Toujours avoir un sac avec toi pour garder tes propres déchets et t'en débarrasser dans un endroit qui les trie. Et du coup, bien penser à te renseigner sur les méthodes de tri et de gestion locale des détritus.

•

Adapter ton régime en fonction du pays où tu te trouves (pour une fois, tu peux manger des fruits de la passion au Brésil). Et limiter toujours autant que possible la viande.

•

Dans ta chambre d'hôtel, ne pas laisser la lumière de la salle de bains allumée alors que tu es dans la chambre. Ce n'est pas parce que l'électricité est comprise dans le prix de la chambre que c'est la fête du slip.

•

T'emparer illico du plan des transports de la ville pour apprivoiser le bus et te passer du taxi. Bonne nouvelle, ça t'épargnera aussi les mauvaises arnaques.

Faire tes besoins proche d'un point d'eau. Bah… non. Tes urines sont loin d'être naturelles, donc t'es sympa, tu fais ça dans un petit trou que tu refermes pour perturber le moins possible l'écosystème de tes déjections aux vapeurs d'ammoniaque.

•

Évaluer les sites qu'on a visités sur Tripadvisor (c'est ce qui entraîne des effets de concentration par un phénomène de mimétisme typique du tourisme).

Bien que ce conseil soit de plus en plus indiqué dans les hôtels, ne pas laisser ta serviette en boule dans la salle de bains après chaque douche, histoire qu'elle ne soit pas lavée systématiquement.

•

De manière générale, laisse tomber tous les hôtels de luxe. Tu savais que ce mot vient du latin *luxus* qui signifie « débauche » et « excès » ? Deux concepts très peu compatibles avec notre vision du voyage. RIP les 5 étoiles !

QUI AIME BIEN POLLUE BIEN

Ceux qui polluent le plus l'environnement sont ceux qui s'en préoccupent le plus.
Vous avez dit bizarre ?

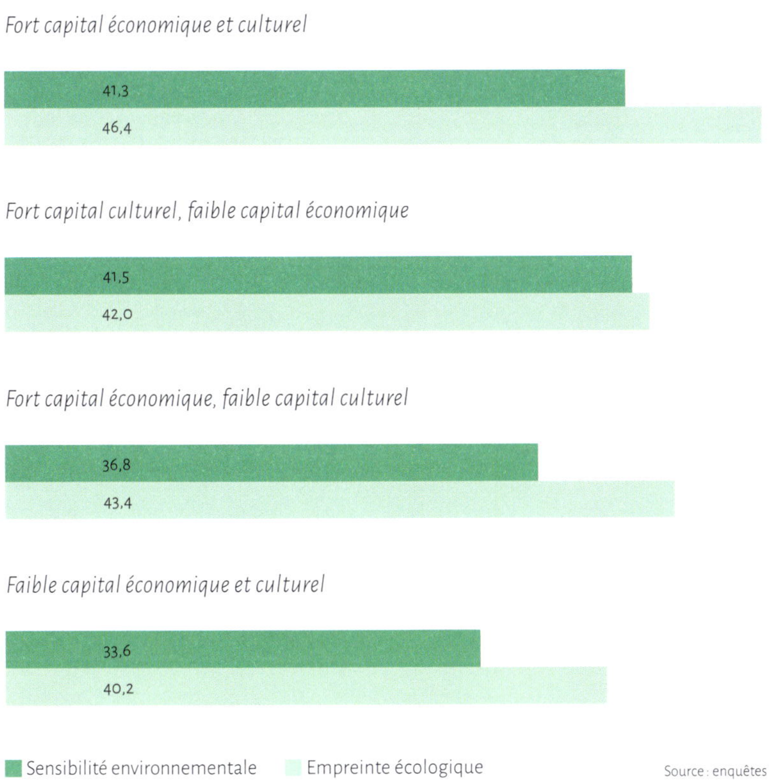

Fort capital économique : ***appartenir aux 40% les plus riches, c'est-à-dire aux classes moyennes supérieures et aux catégories aisées.***

Fort capital culturel : ***avoir au moins le baccalauréat comme 43% de la population française.***

Source : enquêtes Tendances de consommation, 2018, CRÉDOC

Les activités sportives les plus green pour transpirer vert

En vacances, tout le monde n'aime pas se la couler douce et le sport peut apparaître comme une activité de villégiature de première nécessité. Alors si tu aimes suer à tire-larigot Élie, il est de bon ton de faire un petit point sur ce dossier, car là aussi l'impact carbone suinte par toutes les microfibres de ton legging moulant.

Le podium des pires sports de la mort qui tue

Comme tu t'en doutes, tous les sports ne sont pas logés à la même enseigne et parmi les mauvais élèves on compte évidemment le ski, dont les infrastructures sont très coûteuses et nécessitent de la neige artificielle. Mais, heureusement, tu peux opter pour des stations labellisées « Flocon Vert ». Le golf est aussi à bannir de tes activités favorites, et de la vie en général (mais ça, c'est un avis personnel) : 40 hectares de terrain consomment autant d'eau qu'une ville de 70 000 habitants. Idem pour le foot. On a beau avoir été deux fois champions du monde, plus de 3 000 litres d'eau par seconde partent dans l'arrosage des terrains français. Quant au squash, au tennis ou tous les sports qui se pratiquent en intérieur, c'est pas fameux non plus puisque leurs infrastructures consomment un max d'énergie.

Les événements sportifs qui donnent le tournis

Le tourisme sportif n'est pas au top et un événement comme un marathon laisse derrière lui des déchets par milliers : gobelets d'eau donnés aux ravitaillements, tee-shirts offerts en guise de récompense ou médaille en toc très laide que tu abandonneras dans ton vide-poche avec un mélange de honte et de fierté. Sans compter que la plupart des participants se déplacent en voiture (parfois même en avion) pour assister ou participer à l'événement. Autant dire que la Coupe du monde n'a de glorieux que le nom…

Laisse tomber les équipements

Bonne nouvelle pour ton porte-monnaie, Élie ! Tu vas pouvoir te distinguer de la plupart des Français qui dépensent à l'échelle nationale 9 milliards d'euros chaque année en équipements sportifs. Pour le vélo et la course à pied, pas besoin d'avoir du matos de pointe. Pour le reste, sache que les vêtements sont pour être résistants au froid et aux odeurs, blindés de produits chimiques très vilains comme le perfluorcarbure (PFC), qui se retrouvent en pleine nature ! Le mieux, c'est donc de t'orienter vers des marques écoresponsables qui bannissent ce genre de produits et, le cas échéant, de les acheter d'occasion pour ne pas contribuer à l'essor de l'industrie textile.

Les Français dépensent 9 milliards d'euros chaque année en équipements sportifs.

LES MARQUES QUI SE DÉMARQUENT

↘ Patagonia

La mission de l'entreprise ne laisse aucun doute sur ses intentions : « Notre entreprise existe pour sauver notre planète. » Joli programme. Et comment s'y prend-on chez Patagonia qui vend des articles de sport et de montagne ? D'abord, les produits vendus durent longtemps, très longtemps. Les ⅔ des matériaux utilisés sont soit d'origine renouvelable, soit recyclés. L'entreprise a mis en place un système d'échange, de vente et de réparation des modèles usagés. En prime, elle reverse 1 % de ses ventes pour aider des associations environnementales partout dans le monde.

↘ Veja

L'histoire de ces baskets a commencé en 2005 avec des modèles à la fois branchés, équitables et écolos et se poursuit aujourd'hui avec la première basket « running post-pétrole » comme ils disent : 53 % des matériaux pour la fabriquer sont bio sourcés et recyclés (déchets de riz, huile de banane, bouteilles plastique recyclées, caoutchouc naturel d'Amazonie).

↘ Occasion Décathlon

La marque de sport qui vend pas mal de trucs pas du tout écolos a développé tout un marché d'occasion pour permettre à chacun de vendre son ancien matos et d'acheter de seconde main. Rendez-vous sur trocathlon.fr !

↘ Natural Peak

Spécialiste du vêtement technique, l'entreprise française utilise le bois comme matière première de ses vêtements (sous forme de pulpe, c'est plus souple). Évidemment, il provient de forêts renouvelables entretenues sans pesticides.

CINQ MINUTES DE SPORT, ET LA LUMIÈRE FUT

Et si s'inscrire à la salle permettait de produire de l'électricité ? C'est le pari de plusieurs salles de sport à travers le monde qui se sont équipées de machines spéciales pour convertir l'énergie humaine en énergie électrique. Les abonnés se dépensent en pédalant et produisent de l'énergie qui sert à alimenter la salle et bien plus encore.

QUI SUIS-JE ?

« On m'utilise pour rouler, que ce soit à vélo ou en voiture. Je m'amenuise peu à peu. L'air de rien, je perds 30 % de ma matière sur le bord de la route. Je laisse sans m'en rendre compte des mini bouts de gomme un peu partout qui finissent leur course dans les océans. On me retrouve dans le ventre des crevettes, je perturbe la reproduction des huîtres et je rends le crabe neurasthénique. Je suis… je suis ? »

Le pneu.

Piscine blue lagoon

Comme des petits bains

Selon UFC-Que Choisir, on compte 5 millions de piscines privées en France, utilisées en moyenne 127 jours par an. 32 % sont chauffées. Sortez vos calculettes !

Électrocution

Une piscine de 50 m2 chauffée sans excès consomme près de 12 000 kWh par an, soit l'équivalent de 24 000 kilomètres parcourus en Smart électrique. Et même si on accepte les bains à 16°C, elle consomme quand même à cause de la pompe qui permet de filtrer les saletés.

Vous avez dit propre ?

Pour entretenir une piscine, on met du chlore (pas vraiment un ami de la planète), des algicides (des pesticides des algues, pas super bons non plus), des correcteurs de pH, 35 kilos de produits d'entretien en moyenne par an. Ce cocktail chimique demande de l'énergie pour être produit et relargue ses cochonneries dans l'air et dans l'eau. Pas vraiment net tout ça.

Dans quel bain faut-il plonger la tête la première ?

Mer du Nord ou des Caraïbes

Jouets de plage
Quand on va à la plage, on peut aussi se faire une bataille d'algues vertes et jouer à ramasser des déchets gracieusement déposés sur le rivage. Venez comme vous êtes, pas besoin d'accessoires !

Question de survie
D'abord, s'il n'y avait pas de mer, on ne pourrait plus respirer. En effet, un quart du gaz carbonique issu de la combustion des énergies fossiles est absorbé par les eaux marines de surface. Alors rien que pour ça, on se love dans ses vagues pour la remercier.

Mal de mer
Vu que la mer monte et pas qu'un peu, il va falloir apprendre à l'aimer. Depuis 1900, le niveau des mers s'est élevé de 25 centimètres en moyenne et cette hausse s'accélère. Le problème, c'est qu'elle pourrait bien grignoter sur notre littoral. Adieu la plage, les clubs Mickey et les cabanons les pieds dans l'eau.

Tu as raison Élie, il existe aussi des piscines naturelles filtrées grâce à des végétaux. Et puis, sans les maîtres-nageurs de la piscine municipale on n'aurait jamais appris à maîtriser la brasse coulée. Par contre, installer systématiquement un bassin bleu surchauffé quand la mer est à portée de pied, on pourrait pas éviter ?

C'est souvent la première question posée quand on parle maison de vacances : « Elle a l'air bien, il y a une piscine ? » Avec le temps, il y a de plus en plus de chances pour que la réponse soit positive. Le parc a doublé ces quinze dernières années. Ce n'est pas une raison pour plonger dedans, tête baissée, et oublier le bain de mer.

Wwoofing, pet-sitting, couchsurfing : échanges de bons procéding

Partir, c'est chercher à se dépayser. Et pour se dépayser, rien ne vaut une bonne louche de rencontres et d'authenticité ? La bonne nouvelle, c'est qu'il existe aujourd'hui plein de solutions utiles (et pas chères) pour partager un vrai moment avec des vrais gens pour de vrai. Tu nous suis, Élie ?

↘ **Le wwoofing :** de l'acronyme World Wide Opportunities on Organic Farms qui signifie « Opportunités dans des fermes biologiques du monde entier ». Joli projet. Les wwoofers s'aventurent dans une ferme où ils travailleront durant des plages horaires préétablies et pourront bénéficier en échange du toit et du couvert. L'idée est née en 1971 et rassemble aujourd'hui près de 1 500 fermes dans une centaine de pays. Une expérience à faire quand on veut se sensibiliser au travail à la ferme. Toutes les infos sur wwoof.fr

↘ **Le couchsurfing :** si tu te fiches du confort de l'hôtel et que tu veux rencontrer des gens, le couchsurfing est pour toi. Un service d'hébergement gratuit pour 1 ou 2 nuits qui repose en partie sur ta propre générosité : tu auras plus de chances de trouver un logement si toi-même tu accueilles des gens chez toi. Sors le plaid, ton canapé va accueillir du monde ! Le réseau compte 14 millions de couchsurfers aujourd'hui dans plus de 200 000 villes. Toutes les infos surcouchsurfing.com

↘ **Le pet-sitting :** voilà encore une solution idéale pour ne pas porter atteinte à ton compte en banque. Si tu aimes les animaux, c'est banco ! Sur plusieurs sites comme nomador.com, tu peux choisir ton lieu de villégiature gratuit et garder en échange les animaux des propriétaires. Généralement, tu rencontres tes hôtes autour d'un repas la veille de leur départ, et puis à toi les joies du gardiennage de chèvres, de moutons, de chiens ou de chats.

↘ **L'éco-camping :** s'il n'existe pas de fédération officielle des éco-campings, l'idée pour ces établissements est de peser le moins possible sur l'environnement. Quand ils sont au top, ces campings ont des toilettes sèches, des récupérateurs d'eau de pluie, des douches solaires. Souvent, ils proposent aussi des nuits dans des yourtes, des cabanes dans les arbres, des tipis. Rien à voir donc avec les soirées mousse et les olympiades autour de la piscine du camping des Flots bleus.

↘ **Le plogging :** la course à pied, c'est sympa, mais c'est *boring*. Pourquoi ne pas la pimper en ramassant des déchets sur le chemin ? Bah voilà. Tu « plogues » : du suédois *plocka upp* qui veut dire « ramasser » et de « jogging ». Si tu veux faire ça en bande, tu peux rejoindre le mouvement Run eco team qui organise des sorties plogging régulièrement un peu partout.

↘ **La green gym (ça rime presque) :** parce que le jardinage, c'est vachement complet et qu'en plus ça vide la tête, l'ONG british Trust for conservation volunteers a créé en 1998 la green gym. Pendant trois heures dans les jardins publics d'Angleterre, les jardiniers sportifs alternent binage et gainage. Pour le moment, la pratique a bien du mal à traverser la Manche, mais ses résultats sont prometteurs : la green gym réduit de moitié le risque d'infarctus et d'accidents cardio-vasculaires, développe la force musculaire, permet de chasser le stress, l'anxiété et de combattre la dépression selon les experts d'Oxford. *Yes, my dear.*

Le réseau couchsurfing rassemble plus de 14 millions d'adeptes.

QUI SUIS-JE ?

« Je suis toute petite, hyper mignonne, le plus souvent en bois. Je ne dépasse pas les 20 m². On me trimballe sur une remorque de caravane et on me pose dans des endroits plutôt jolis. Mon père s'appelle Jay Shafer et habite aux États-Unis, mais moi, je me plais partout sauf sur les terrains en pente. Sur les forums, on parle beaucoup de moi, dans la presse aussi, parce que je fais partie des habitats écologiques, économiques, autonomes et esthétiques. Depuis quelques mois, à Saint-Brieuc, quelques copines se sont regroupées dans le Ty village. Je suis... je suis ? »

La tiny house.

ASSOCIATIONS DE BIENFAITEURS

Les montagnards et les *surfers* ont deux points en commun : un bronzage indécent toute l'année et le respect du milieu naturel dans lequel ils pratiquent leur activité préférée. Nous, on aime beaucoup :

↘ **Surfrider Foundation :** c'est un peu la référence côté protection des océans. Depuis 1990, l'association intervient sur les déchets aquatiques, la qualité de l'eau, l'aménagement du littoral et le changement climatique. Plus de 2 000 bénévoles répartis sur 11 pays européens organisent régulièrement des grandes opérations de nettoyage de plages, mais aussi des événements plus étonnants comme la « guerre des bouchons ». L'idée venue de l'antenne de Guadeloupe ? Subtiliser dans les rayons des supermarchés les bouchons des boissons pour déclarer ouvertement la guerre au plastique.

↘ **Mountain Rider :** une joyeuse bande de moutons libres et engagés, comme ils aiment à se définir, sensibilisent tous les acteurs de la montagne à la nécessité de la préserver. L'association organise des sorties nature, des séjours et des ateliers pour les enfants, mais aussi des journées de nettoyage de la montagne : les *mountain days*.

L'écotourisme est-il ~~souhaitable~~ possible ?

Un tourisme respectueux de l'environnement ? Le simple fait de donner un nom à ce concept montre à quel point cela ne va pas de soi. Alors, on en fait quoi de l'écotourisme, Elie ? Bonne option pour conjuguer ses vacances à sa morale ? *Greenwashing* d'agences de voyage ? Peut-on être un Robin des bois en bermuda et en sandales ?

Tout d'abord, qu'est-ce que c'est ?

Le concept de l'écotourisme est né dans les années 1980 au Costa Rica et indique un procédé économique destiné à protéger la nature grâce aux bénéfices générés par le tourisme. Note bien Élie, que ça n'évoque pas spécialement de comportement éthique même si par extension l'expression désigne aujourd'hui une forme de voyage responsable sympa avec l'environnement et les populations locales. Petit souci dans l'équation : le Costa Rica n'avait pas prévu que son joli boulot de préservation de la nature allait attirer encore plus de touristes. Difficile de préserver le paysage intact dans ces conditions. Si l'idée de départ louable était de réduire à néant notre impact lorsqu'on voyage, la réalité s'est avérée impossible. Ballot ! La seule chose que l'écotourisme peut faire, c'est donc d'encadrer cet impact.

Business as usual

Le concept d'écotourisme a déjà quelques limites dans sa définition de départ. Mais le grand cafouillis ne s'arrête pas là. N'étant pas une appellation protégée, sans charte officielle, n'importe quel hurluberlu peut te proposer un voyage labellisé « écotouristique ». Bref, du bon *greenwashing* comme on l'aime et auquel les agences de voyages n'échappent pas. Après tout, si la conscience écolo commence à se répandre, pourquoi ne pas en tirer profit ?

Le vrai du faux

Pour voyager de manière responsable, c'est pas compliqué, tu peux déjà suivre les conseils dispensés dans tout ce chapitre et farfouiller sur les bonnes plateformes. Par exemple, Voy'agir, qui est une sorte de TripAdvisor de l'écotourisme, donne

L'écotourisme n'est pas un label officiel et protégé. Tout le monde peut faire croire qu'il en fait.

SOUS LES ÉTOILES EXACTEMENT

Il existe en France deux réserves internationales de ciel étoilé (RICE) : celle du Pic du Midi de Bigorre et celle du parc national des Cévennes qui est la plus grande d'Europe. Cette distinction mondiale (il y en a moins d'une quinzaine sur terre) souligne la qualité du ciel étoilé du territoire concerné.

de la visibilité aux établissements touristiques écolos. Pour ce qui est des labels, voici quelques noms qui devraient choyer ta confiance :

- **ATR** (agir pour un tourisme responsable), un label français qui concerne les agences de voyages ;
- **Green Globe,** label mondial et transversal, qui peut s'appliquer à n'importe quelle activité touristique ;
- **Ecolabel européen** qui existait déjà pour les produits et s'est étendu aux établissements touristiques ;
- **Les labels des hébergements** (voir page 157).

Finalement, voyager de manière éthique, c'est possible, à condition de ne pas faire n'importe quoi. Ça demande juste une pincée d'investigation, un zeste de bouche-à-oreille, une tranche de bon sens et, parfois, un petit bifton.

LE TOURISME DE LA FIN DU MONDE

S'il n'est plus à prouver que le tourisme pollue et détruit la planète à vitesse grand V, certains tour-opérateurs à la morale légère se sont évidemment emparés du dossier... pour le tourner à leur avantage. Tourisme humanitaire à la limite de l'indécence (où de riches Occidentaux se sentent pousser des ailes de sauveurs du monde et veulent à tout prix aider des populations démunies sans la moindre compétence), croisière dans l'Arctique (facilitée par le réchauffement climatique, YAY) ou, pire encore, les safaris qui permettent de tuer les quelques dernières espèces d'animaux rares...

VACANCES À LA FERME

Renouer avec le monde paysan, et si c'était ça, les vraies vacances ?

- **Bienvenue à la ferme :** créé par les chambres d'agriculture, ce réseau rassemble les fermes qui ouvrent leurs portes au public. Parmi les formules proposées : chambres d'hôte, gîtes, campings, séjours pour les enfants... Une idée pour l'été prochain ? Louez une roulotte dans la ferme de l'Autruche drômoise. Dépaysement assuré !

- **Accueil paysan :** on retrouve à peu près les mêmes prestations que dans le réseau Bienvenue à la ferme, sauf qu'ici on est plus du côté de la Confédération paysanne que de la FNSEA.

- **Un lit au pré :** si on était branché on dirait qu'il s'agit de *glamping* (contraction de « glamour » et « camping ») à la ferme. Dans les fermes du réseau, on dort dans une tente archi luxueuse avec parquet, poêle à bois, literie tip top et lampes à huile tout en étant sur les terres d'un vrai agriculteur auprès duquel on peut, en prime, faire ses emplettes. Vu le prix, c'est une bonne idée de cadeau collectif à se faire offrir.

Est-ce que tu viens pour les vacances ?

Oui.

C'est quoi, le budget ?

À l'aise, Blaise.

Walou.

Chaud patate pour se remuser la graisse ?

Plutôt mourir.

C'est parti mon kiki.

On pose les valoches tranquillou dans un éco-camping.

Mets-toi à la mode du *plogging* : courir et ramasser des déchets en même temps.

Je suis allergique à tous les poils non humains.

Mollets, soyez au garde-à-vous, on part en *road trip* à vélo !

Tu as plutôt envie de bosser avec tes pieds.

As-tu envie de faire bosser tes mains ?

Oui.

Et si tu te laissais tenter par le wwoofing ? Un toit offert en échange d'un coup de main à la ferme biologique.

Flemme.

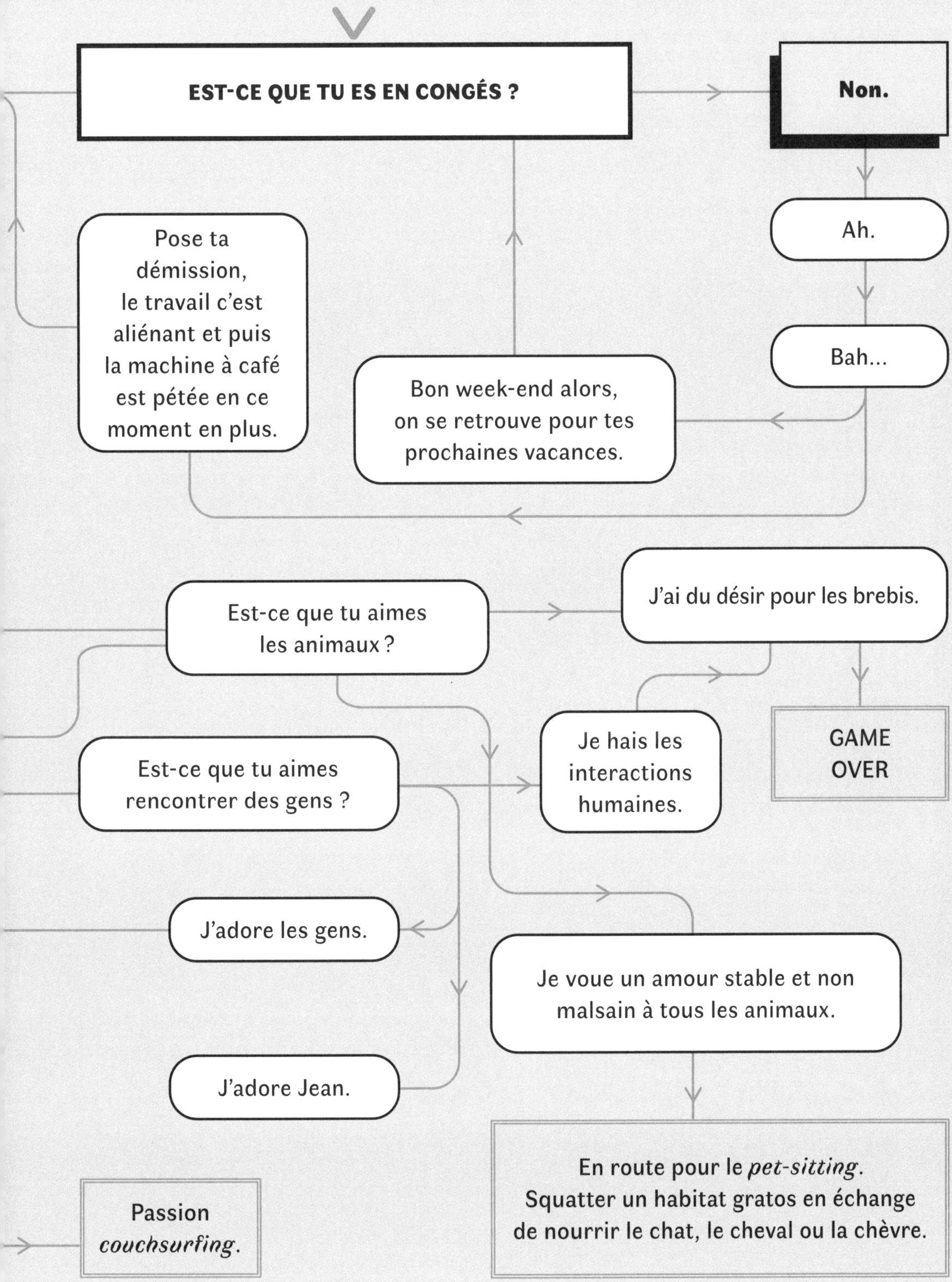

EST-CE QUE TU ES EN CONGÉS ?
Non.
Ah.
Bah…
Pose ta démission, le travail c'est aliénant et puis la machine à café est pétée en ce moment en plus.
Bon week-end alors, on se retrouve pour tes prochaines vacances.
Est-ce que tu aimes les animaux ?
J'ai du désir pour les brebis.
GAME OVER
Je hais les interactions humaines.
Est-ce que tu aimes rencontrer des gens ?
J'adore les gens.
Je voue un amour stable et non malsain à tous les animaux.
J'adore Jean.
En route pour le *pet-sitting*. Squatter un habitat gratos en échange de nourrir le chat, le cheval ou la chèvre.
Passion *couchsurfing*.

Colibrief

En vrac, ma dose d'actions pour le climat

- ☐ Je ne prends plus l'avion
  ● ● ● ●
- ☐ Je remplace l'avion par le train
  ● ● ● ●
- ☐ J'investis dans un vélo (et je roule avec)
  ● ● ● ●
- ☐ Je finance des projets de reforestation
  ● ● ○ ○
- ☐ Je me mets au covoiturage
  ● ● ● ○
- ☐ Je fais du wwoofing
  ● ● ○ ○
- ☐ Je pratique le coach surfing
  ● ● ○ ○
- ☐ Je fréquente les éco-campings
  ● ● ● ○
- ☐ Je n'utilise plus de mots qui se finissent en -ing
  ● ○ ○ ○
- ☐ Je ne mets pas de crème solaire avant de me baigner
  ● ○ ○ ○
- ☐ J'arrête de poster ma vie sur Instagram pendant mes vacances
  ● ● ○ ○
- ☐ Je ne mets pas la clim dans mon hôtel
  ● ● ● ○
- ☐ Je pars avec une valise de moins de 5 kilos
  ● ● ● ○
- ☐ J'ai toujours une gourde sur moi
  ● ● ○ ○
- ☐ J'oublie les piles non rechargeables
  ● ● ○ ○
- ☐ Je ne fais pas de selfie avec les animaux
  ● ○ ○ ○
- ☐ Je trie mes déchets même à l'étranger
  ● ● ○ ○

- [ ] Je me mets à la nourriture locale

●●●○

- [ ] Je fuis volontairement les buffets à volonté

●●○○

- [ ] Je me rencarde sur les écolabels pour voyager

●●●○

- [ ] Je jure de ne jamais jouer au golf de ma vie

●●○○

- [ ] Je ne rapporte pas de souvenirs, trop souvent inutiles

●●○○

- [ ] Je soutiens une association de protection de la nature locale

●●●○

- [ ] Je ne regarde plus de vidéos en streaming

●●●●

- [ ] Je n'écoute pas de musique sur YouTube

●●●●

- [ ] Je délaisse le ski et le jetski

●●○○

- [ ] J'oublie les croisières

●●●●

- [ ] J'ai toujours un sac sur moi pour ramasser les déchets

●●○○

- [ ] Je rejoins la Surfrider foundation

●○○○

- [ ] J'adopte un moteur de recherche responsable

●●●○

- [ ] Je calcule en ligne l'impact carbone de mes voyages

●○○○

Stéphane change de monde

Stéphane a un peu les jetons. À force de lire les livres d'Yves Cochet, de Pablo Servigne et de Jared Diamond, il se dit de plus en plus qu'on est sacrément mal barrés. Même quand il sort le nez des ouvrages à tendance collapso, le GIEC lui remet une couche avec des rapports toujours plus accablants. Stéphane n'a pas d'enfant, ça lui enlève un poids. Mais ça ne l'empêche pas de s'inquiéter. Citadin pure souche, habitué des vols long-courriers et de la côte de bœuf au barbecue, la prise de conscience de Stéphane est récente. Le choc n'en est que plus brutal et Stéphane veut carrément changer de vie. C'est son moteur pour ne pas se taper une grosse déprime. Mais comment fait-on pour changer de vie ? Et puis c'est quoi, une « bonne vie » qui serait sympa avec le climat ? Faut-il rester en ville ou tout plaquer pour aller vivre dans une cabane en pleine brousse ? Est-on plus fort seul ou groupé ? Est-ce qu'il y a des exemples de sociétés alternatives qui fonctionnent ? Est-ce que les écolos sont tous dépressifs et déprimants ou est-ce qu'on a aussi le droit de rigoler deux minutes ?

Pfiou. Pas marrant ce que tu vis, Steph' ! Mais t'inquiète, on est nombreux à être passés par là, c'est d'ailleurs pour cette raison qu'on fait un livre, ça tombe bien non ? Si tu as jeté un coup d'œil dans les chapitres de toute la petite famille, tu dois être maintenant informé sur les trucs à faire chez toi, au niveau individuel. Ici, on va davantage aborder la sphère sociale, parce qu'après tout, t'es pas tout seul Stéphane, et ça vaudrait le coup de travailler en bonne intelligence avec tes voisins, ta famille, tes potes et qui sait plus encore ? **On parlera de minimalisme, de banque, de solidarité, et parfois même d'utopie parce qu'elle se nourrit toujours d'une situation de crise.** C'est parti !

Quiz

Quel éco-dépressif es-tu ?

Halte, Stéphane ! Avant de t'aventurer dans ce chapitre à tendance éco-anxiogène, faisons un petit point sur ton niveau de déprime actuelle et ta manière de gérer la prise de conscience du dérèglement climatique en mode « Kikoo la fin du monde ! ». Grâce à ce quiz au fort potentiel d'analyse psychologique, tu vas pouvoir découvrir ton profil éco-dépressif. C'est cadeau. Enfin, seulement si on t'a offert le livre. Sinon, c'est le prix du livre quoi.

1 Quelle est ta position concernant la théorie de l'effondrement ?

A - En PLS sous ton lit. Quel monde l'avenir réserve-t-il pour ton chat ?

C - En PLS dans un supermarché, pour faire le plein de bouteilles d'eau. Le jour où on n'aura plus de flotte potable, tu pourras vendre tes précieuses bouteilles à prix d'or. Bon plan !

B - En PLS dans un avion pour un week-end à l'autre bout du monde. Puisque tout est foutu, autant faire ce qu'on veut ! À quoi bon se prendre la tête si tout est déjà trop tard ?

2 Lequel de ces habitats s'accorde le plus avec ton désir ?

A - Une yourte autosuffisante avec vue sur le Plomb du Cantal.

B - Une maison avec piscine en plein centre-ville.

C - Un bunker avec vue sur rien.

3 Qu'est-ce que tu as fait pendant tes dernières vacances ?

B - Tu es parti.e une semaine en Thaïlande. Photo du mojito avec huit pailles couleur arc-en-ciel prise sur la plage, le combo farniente parfaiiiiiiiiiiiiit !

C - Un stage de survivalisme en terre hostile, où tu as appris à boire ton urine. Émouvant.

A - Une retraite au Larzac dans un écovillage.

4 Quelle star de l'écologie emmènerais-tu sur une île déserte ?

A - Pablo Servigne, parce qu'il est trop chou.

A - Aurélien Barrau, pour connaître son secret pour avoir de si beaux cheveux.

A - Cyril Dion, pour gratter un autographe qui nous fera oublier qu'on n'a jamais réussi à avoir celui de Céline.

5 Quelle est ta courbe préférée ?

B - Celle de ton compte en banque. Du moins, c'est celle que tu consultes le plus.

C - « La courbe de tes yeux fait le tour de mon cœur », d'après Paul Éluard.

A - La courbe de Meadows qui, selon le rapport publié en 1972, montre comment notre modèle va s'effondrer dans la première moitié du XXIe siècle.

6 Parmi ces films qui se passent dans le futur, lequel te semble le plus crédible ?

A - *La route* de John Hillcoat : plus rien à becter à part des humains (mais où est passé l'esprit végan ?), gare à tes miches.

C - *2012* de Roland Emmerich : les Mayas l'avaient prédit ! Tout se pète la figure, j'espère que t'as pensé à mettre quelques millions de côté pour payer ton ticket sur l'arche qui sauvera les plus riches de la planète !

B - *Minority Report* de Steven Spielberg : des voitures qui volent et des robots ultra élaborés. L'avenir de l'humanité dépendrait-il du progrès technique ?

7 Ton poulet, tu l'aimes comment ?

B - En batterie, parce qu'il y joue super bien.

C - En sandwich triangle, l'avantage c'est que ça se conserve plusieurs dizaines de jours, tellement c'est chimique.

A - En compagnon de vie.

8 Quelle est la meilleure raison pour toi de rompre une amitié ?

C - Ton ami a jeté son mégot de cigarette dans la mer.

B - Ton ami a jeté son mégot de cigarette dans ta mère.

A - Ton ami a jeté son mégot de cigarette dans un cendrier, alors qu'il ne fume pas.

Tu as un maximum de A, tu es résilient.e condamné.e, mais joyeux.se. Tu as fait ton deuil de la société telle qu'on la connaissait jusque-là. Tu as fait une croix sur l'avion, les vêtements neufs, et tout ce qui nous rattache de près ou de loin à la consommation. Si ce n'est pas déjà le cas, tu envisages de vivre dans une ZAD ou dans une yourte.

Tu as un maximum de B, tu es collapso-YOLO. Tu penses que tout est foutu, et puisque c'est bientôt la fin du monde, autant se faire plaisir sur l'avion et la côte de bœuf. S'il y avait encore une once d'espoir tu te serais attardé.e sur les petits gestes du colibri, mais là tu n'y crois plus. Autant accélérer notre chute, histoire qu'on en finisse enfin. Et puis ça tombe bien, parce que t'avais pas du tout envie de changer ton mode de vie. Pratique.

Tu as un maximum de C, tu es survivaliste zombie killer. Et les zombies, ça marche pas vite mais qu'est-ce que c'est pot de colle. Le mieux pour éviter les galères, c'est de vivre en solo dans ton bunker enterré 600 mètres sous la terre. On croise les doigts pour qu'il y ait Netflix et que tu puisses à nouveau mater *The Walking Dead*.

Vous avez dit « effondrement » ? Pablo Servigne, ma psy et moi...

Il y a un truc chouette avec l'écologie, c'est qu'on fait difficilement marche arrière. Plus on se renseigne et plus on a besoin de se renseigner. Mais la contrepartie, c'est aussi que plus on est renseigné plus on commence à sérieusement flipper. Et c'est normal, tous les indicateurs sont au rouge. Mais alors, c'est pour quand, la fin du monde ?

La fin d'un monde, collapso what ?

La pensée collapsologue n'a pas toujours eu bonne presse. Trop alarmistes, catastrophistes, futurologues autoproclamés... Mais qui sont donc ces étranges énergumènes qui osent nous dire que nous ne pouvons pas continuer sur cette voie sans nous prendre en pleine poire un effondrement global ? Malheureusement, ce sont des spécimens bien renseignés. Comme l'explique Pablo Servigne, un des porte-parole de la théorie de l'effondrement (n'hésite pas à lire son livre *Comment tout peut s'effondrer* qui devrait piétiner ton moral durablement), la collapsologie ne fait pas tant l'hypothèse de la fin du monde que celle de la fin d'un monde. Et plusieurs indicateurs montrent que nos sociétés vont subir des changements radicaux dans un avenir proche. Cet effondrement, Yves Cochet (ancien ministre de l'Environnement et fondateur de l'institut Momentum) le définit ainsi : « Un processus à l'issue duquel les besoins de base (eau, alimentation, logement, habillement, énergie, mobilité, sécurité) ne sont plus fournis à une majorité de la population par des services encadrés par la loi. » Et pour faire face à cet effondrement considéré comme inéluctable par les collapsologues, il faut construire des systèmes résilients à petite échelle parce qu'il est trop tard pour mettre en place une politique de développement durable. Discours anxiogène, ça ne fait aucun doute. Mais tout semble pourtant lui donner raison. Aujourd'hui, la collapsologie ne dénonce rien d'autre qu'une société de surconsommation qui part à la dérive et dont la course galopante à la croissance ne peut que mener à l'autodestruction de notre espèce.

Comment ne pas déprimer ?

Quand on se penche sur les théories de l'effondrement il y a de quoi se taper une grosse déprime. Rien de surprenant à cela, c'est même devenu un mal des temps

ET POURTANT, ON NE FAIT RIEN (ET C'EST NORMAL)

Comment expliquer que malgré notre niveau d'information nous soyons si peu aptes à passer à l'acte ? C'est quoi, le problème avec nous ? Plusieurs pistes :

- Pour le philosophe **Jean-Louis Vullierme**, c'est un problème « d'interaction spéculaire ». On ne fait rien parce qu'on spécule sur l'idée que les autres ne font rien.
- Pour le philosophe **Jean-Pierre Dupuy**, on ne fait rien parce que notre cerveau voit à court terme. L'effondrement est impossible tant qu'il ne se produit pas et ne deviendra possible que rétrospectivement.
- Pour le docteur en neurosciences **Sébastien Bohler**, tout est la faute du striatum, un petit organe présent dans notre cerveau qui nous a habitués à poursuivre des objectifs de satisfaction immédiate pour notre survie. On n'agit donc pas avec notre raison ou notre intuition, mais avec notre instinct (qui ne pense qu'à bouffer).

modernes : l'éco-anxiété, appelée aussi solastalgie, une détresse existentielle liée aux chamboulements environnementaux. Elle se caractérise par des crises d'angoisse au quotidien résultant de notre impuissance face à la trajectoire que prend notre société et contre laquelle on peut difficilement lutter à notre niveau. À quoi ça sert que tu fasses ta lessive maison si l'industrie continue de polluer autant ? En ce qui concerne la collapsologie, Pablo Servigne parle d'un processus d'endeuillement. On fait le deuil de la société telle qu'on l'a toujours connue. Mais si ce deuil est douloureux et peut nous faire passer par différentes étapes de la colère à la tristesse, il ne faut pas forcément l'appréhender comme un mécanisme négatif. Le deuil permet de « ne plus être dans l'attente du pire mais dans la construction du meilleur ». Si une part de déni reste recommandée pour ne pas se laisser submerger par l'émotion, c'est l'action qui nous permettra de garder le cap et de préserver une once d'optimisme. En ceci, la théorie de l'effondrement est avant tout un appel à adopter une vision positive de l'avenir dès lors qu'on accepte qu'il y aura un effondrement dont on ne peut pas vraiment prédire l'ampleur. La collapsologie n'est pas une science, elle se présente plutôt comme une mise en récit des différents scénarios possibles de chutes de la civilisation thermo-industrielle.

HUMAINS, EN SCÈNE !

En 2000 le chimiste Paul Josef Crutzen propose un nouveau mot qui entre de plus en plus dans le langage courant : **anthropocène**. Derrière cette notion, il suppose que nous vivons dans une époque géologique déterminée par l'empreinte irrévocable de l'humain sur la nature. Toutefois, le terme n'est pas approuvé par toute la communauté scientifique et est parfois critiqué car il met tous les humains sur le même niveau de responsabilité face aux dégâts causés sur l'environnement.

CINQ ÉTAPES INCONTOURNABLES D'UN BON EFFONDREMENT, PROMO SUR LA FIN DU MONDE !

Pour l'ingénieur russo-américain Dmitry Orlov, l'effondrement se répartit en cinq stades :.

↘ FINANCIER :
toutes tes économies à la banque sont parties aux oubliettes. OK, les boules.

↘ ÉCONOMIQUE :
les chaînes d'approvisionnement sont rompues. Comment ça, y'a plus de beurre demi-sel au supermarché ?

↘ SOCIAL :
faut plus trop compter sur tes potes, chacun pour soi et les rats seront bien gardés.

↘ POLITIQUE :
faut plus trop compter sur le gouvernement et des services publics. C'est top de ne plus payer d'impôts, en revanche, là, faut pas tomber malade hein, y a plus d'hôpitaux publics ni de sapeurs-pompiers… oups.

↘ CULTUREL :
globalement on perd ce qui nous reste d'humanité. On laisse plus de pourboire, on prête plus ses codes Netflix, le chaos quoi.

Il en faut peu pour être heureux

Et si on suivait l'exemple de Pierre Rabhi ? Et si l'avenir était à la sobriété heureuse ? Ne garder que ce qui nous est essentiel, pour les yeux et pour le cœur, et se concentrer sur l'être plutôt que l'avoir. Minimaliste comme discours ? Tu ne crois pas si bien dire, Stéphane…

Décroissance et minimalisme sont dans un bateau

On l'a vu avec Lina, Olivier, Louise et Élie, une des solutions pour moins appuyer sur la touche carbone, c'est certes de consommer mieux, mais surtout de consommer moins. Vivre davantage d'amour et d'eau fraîche que du nouvel iPhone et de Coca à la fraise. Certains diront qu'il s'agit de « simplicité volontaire », d'autres parleront de « décroissance », les plus jeunes invoqueront le « minimalisme ». Ça ne serait pas un peu la même chose tout ça ? Disons pour résumer qu'on est dans la même famille d'idées. La décroissance englobe le tout, c'est un mouvement politique selon lequel on ne peut plus croître dans un monde fini. Selon les décroissants ou les objecteurs de croissance, une des clés pour arrêter de consommer est de croire en la simplicité volontaire et d'adopter un mode de vie plus frugal matériellement, plus riche socialement. Et comment on fait pour être plus frugal ? On achète moins et on en profite pour faire le vide, bref on la joue minimaliste. Ouais, t'as raison, Steph, on aurait pu aussi te dispenser de ce paragraphe, ça aurait été carrément minimaliste, ça.

La vie 100 % allégée

On n'imaginait pas que ce métier puisse un jour exister : coach en minimalisme, pas plus que le mot *declutter* (anglais pour « désencombrer ») puisse donner accès à autant de tutos sur YouTube (vous avez dit paradoxe ?). Toujours est-il qu'il existe des méthodes assez efficaces pour devenir minimaliste qui commencent forcément par faire le tri dans ses affaires et ne pas re-remplir tous ses placards fraîchement vidés. On s'allège ?

1- On se prévoit du temps

Sachez que le désencombrement peut prendre une journée, un week-end, plusieurs semaines. Aussi, préparez-vous psychologiquement à ce que ce soit un peu long. Une fois que l'on a commencé, il faut aller jusqu'au bout.

2- Sortez tout !

Étalez tous vos vêtements sur votre lit, même ceux qui traînent dans le salon. Faites des piles de tous vos livres, videz les placards de votre cuisine sur le sol. Amassez vos objets, non par pièce mais par catégories. L'objectif est de vous offrir un panorama de tout ce que vous possédez. Pour ne pas totalement paniquer, vous pouvez aussi procéder par catégories. Un jour la garde-robe, trois semaines plus tard la salle de bains.

3- Vibrations de bonheur

Marie Kondo, dont l'ouvrage *La Magie du rangement* et la série *L'Art du rangement* (sur Netflix) cartonnent, invite à se poser la question suivante pour chaque objet : « M'apporte-t-il de la joie ? » Si la réponse est non, la spécialiste conseille de s'en séparer. C'est assez efficace, mais pour ne pas bazarder tout ce qui est strictement utile et nous sert quasiment tous les jours, il faut quand même y réfléchir à deux fois. Par exemple, cette éponge ne me procure aucune joie, mais le fait qu'elle nettoie cette casserole dans laquelle j'ai fait mijoter de si bons petits plats, oui. Donc, s'il y a bonheur par transitivité, on ne jette pas.

4- Dernière chance

Vous voilà donc avec plusieurs piles : 1. je donne, 2. je recycle, 3. je revends, 4. je garde. Vous pouvez aussi en avoir une cinquième : on ne sait jamais. Celle-ci sera revisitée dans quelques mois. Si les objets n'ont toujours pas servi, il sera temps de les envoyer à la case recyclage.

5- Le bonheur

Votre garde-robe ne contient plus qu'un nombre raisonnable de tee-shirts, vos Tupperware ont tous un couvercle, vos chaussettes ont retrouvé leur moitié, vous utilisez tous les produits de votre salle de bains. Terminé le super superflu, vous êtes désencombré.e, prêt.e à méditer sur cette phrase de Platon : « l'essentiel n'est pas de vivre mais de bien vivre. »

LES VOIX DE LA DÉCROISSANCE

« Celui qui croit que la croissance peut être infinie dans un monde fini est soit un fou, soit un économiste. » La citation de Kenneth E. Boulding (1910-1993), président de l'American Economic Association est reprise sur la première page du site **La Décroissance**, titre non officiel d'un mouvement né dans les années 1970 selon lequel croître indéfiniment est non seulement impossible mais en plus n'apporte rien de bon que ce soit sur le plan de l'emploi, du bien-être au travail ou de la pollution. En 1972, le rapport Meadows « Halte à la croissance » pose la première pierre de cette idéologie protéiforme reprise et étayée depuis par un certain nombre de penseurs dont l'économiste Serge Latouche, le politologue Paul Ariès ou le député François Ruffin.

PODIUM DES OBJETS LES PLUS INUTILES QUI TRAÎNENT CHEZ NOUS

PILES USAGÉES

→ *à recycler en magasin ou dans un point de collecte DEEE*

CÂBLES ÉTHERNET (ou tout ce qui est EEE, équipements électronique et électrique)

→ *à recycler en magasin ou dans un point de collecte DEEE*

SHAMPOING ENTAMÉ

→ *à réutiliser pour laver à la main les vêtements fragiles,*

CE PULL qui fait 50 années 2000

→ *à donner ou à vendre ou à recycler dans un point de collecte si ton pull n'est pas en pleine décomposition*

PLAQUETTE DE MÉDICAMENTS pas finie

→ *à donner en pharmacie*

UNE 15e SERVIETTE DE BAIN

→ *à donner*

DES CARNETS VIERGES (avec juste une liste de courses inscrite à la 1re page)

→ *à donner sur Geev*

UN PARAPLUIE PÉTÉ

→ *à réparer (si si, prenez un tuto sur Internet et ayez confiance en vous !)*

Le grand retour à la terre

Puisque le jour où il n'y aura plus de pétrole, les villes seront incapables de nourrir leurs habitants plus de 48 heures, certains urbains préparent déjà leur baluchon pour se mettre au vert et cultiver leur potager secret. Prêt à battre la campagne, Stéphane ?

Villes pas très nourricières

Franchement, parfois on se demande comment on a pu en arriver là. En 2017, le cabinet Utopies a analysé les 100 premières aires urbaines en France sous le prisme de l'autonomie alimentaire et les résultats sont, non seulement pas brillants, mais carrément absurdes. En moyenne, le degré d'autonomie alimentaire de ces agglomérations n'est que de 2 %. Ce qui veut dire que 98 % de ce qui est consommé sur place est importé.
Mais le pire, c'est que 97 % de ce qui est produit sur place est exporté. Là, tu te dis, Stéphane, que tout ça n'est pas si grave car le jour où on n'aura plus de pétrole, on aura peut-être l'idée de manger ce qu'on produit localement. Va falloir aimer le chou-fleur si t'habites en Bretagne parce qu'aujourd'hui les productions sont archi territorialisées.
L'Île-de-France, par exemple, est autonome à 159 % pour le blé et à 117 % pour le sucre, mais seulement à 10 % pour les légumes frais, 1,5 % pour les fruits et 1 % pour le lait. Pas très régime crétois tout ça.

Le grand virage

Dans ce contexte de pénurie alimentaire post-pétrole, certains se disent qu'il serait malin d'apprendre à planter des choux. Ils pensent aussi, comme 81 % de la population, que la vie idéale est à la campagne. Bref, un jour, ils claquent la porte d'Orléans ou de Lyon pour rejoindre le clan des 101 000 néoruraux qui chaque année viennent peupler les zones rurales. L'idée te démange ? Voici un plan d'action en 4 sets gagnants.

1- Choisir ta destination

Ce n'est pas parce que tout le monde part s'installer dans les Pays de la Loire que ce sera forcément le bon biotope pour toi. Cholet est peut-être plus ton style. Ou la Drôme. Ou les Cévennes. Pour te faire une première idée gastronomique de ta future région, va faire un tour au Salon de l'agriculture. Tu verras si tu es plus kouign-amann que bouillabaisse. Ensuite, organise-toi des vacances dans tes paradis ruraux et prends le temps de voir comment tu t'y sens. Si on te jette des cailloux parce que tu es immatriculé 13, 69 ou 75, passe ton chemin. Bref, vas-y tout doux, un changement de vie, ça se prépare.

À LA GUERRE COMME À LA GUERRE

En temps de guerre, on va généralement moins au McDo. Durant la Première et la Seconde guerre mondiale, le peu de nourriture disponible était destinée aux soldats.
Alors pour ne pas crever la gueule ouverte, on incitait tout le monde à cultiver son propre potager de manière à subvenir à ses besoins alimentaires. L'initiative fut lancée en 1916 par la ministre française de l'Agriculture (mais elle a été utilisée partout en Europe et même aux États-Unis avec les « jardins de la victoire »). La ligue française du coin de terre et du foyer a offert des semences à tout le monde, faisant ainsi doubler le nombre de potagers entre 1912 et 1920.

2- Se former dans ton lit

Souviens-toi, Stéphane, tu veux mettre les voiles pour planter tes choux et vivre de ta production potagère qui résistera à la fin du monde pétrole. Avant de partir, il y a plein de moyens pour te former à ta prochaine vie. Sur le site permatheque.fr, tu trouveras mille infos sur la permaculture, mais aussi sur ces nouveaux modes de vie libres et autonomes grâce à des livres, des fiches explicatives, des vidéos. Pour te donner envie tout de suite de t'acheter une grelinette, parcours le site de l'agriculteur québécois Jean-Martin Fortier, dont le livre *Le jardinier-maraîcher, manuel d'agriculture sur petite surface* s'est vendu à plus de 100 000 exemplaires. Son motto ? « Remplaçons l'agriculture de masse par l'agriculture par la masse. » Si tu as quelques heures de libres par semaine, inscris-toi à un MOOC sur l'agroécologie, celui de SupAgro a particulièrement bonne réputation. Enfin, regarde les vidéos de Claude et Lydia Bourguignon, de la ferme du Bec Hellouin (les champions de la permaculture), et invite sur ta table de chevet la BD de Davodeau *Les Ignorants* pour faire le point sur le pinard et la biodynamie. Car rappelle-toi : « rien n'existe qui n'ait au préalable été rêvé. »

3- Tester et approuver (ou pas)

Partir cultiver des carottes à la campagne est peut-être un fantasme qui va s'évaporer (comme quand tu voulais être astronaute en CE2). Le plus sage est donc de passer tes nouvelles convictions au crash-test de la réalité. Pour cela, commence par faire un tour dans les fermes cueillettes autour de chez toi, juste pour voir ce que ça fait de mettre les mains dans la terre. Poursuis en t'inscrivant dans un jardin partagé ou sur le Tinder des travaux agricoles : www.pretersonjardin.com qui te permettra d'aller jardiner chez ton voisin. Pendant tes vacances, rejoins Élie dans ses aventures de wwoofer et si tu veux devenir agriculteur pour de vrai, commence par un espace-test agricole (les 80 membres sont présentés ici : reneta.fr). Dans ces pépinières d'agriculteurs, on te permet de tester grandeur nature ton nouveau métier.

4- Le grand saut : s'installer

C'est décidé, tu pars. Sur le réseau social de Fermes d'avenir, tu as trouvé comment être bénévole ou salarié dans une ferme, mais aussi plein d'annonces de terrains à louer ou à acheter. Tu t'es inscrit à la prochaine formation de la coopérative en open source l'Atelier paysan sur la construction de serres mobiles. Parce que tu as plein d'amis, tu as lancé un financement participatif pour amorcer ton projet sur les sites KissKissBankBank, Bluebees ou MiiMOSA. Tu as rendu les clés de ton appart, écouté une dernière fois la clameur de la ville, dit adieu aux livraisons de pizza à 2 heures du matin et prévenu ton chat. Va Stéphane, c'est ta vie, c'est ton destin !

DÉPARTEMENTS RECHERCHENT HABITANTS

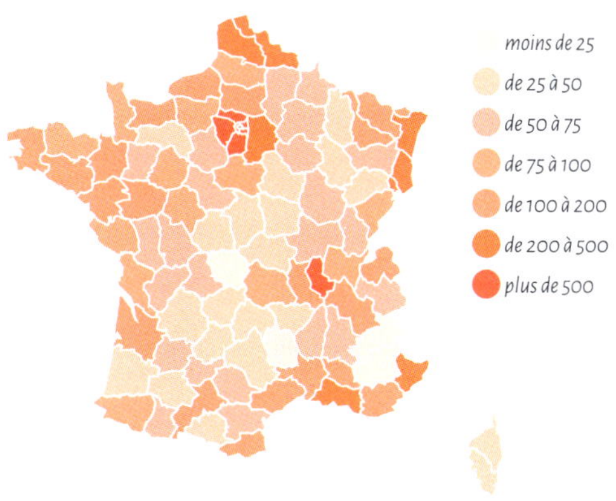

*Nombre d'habitants au km².

(Sur)vivre en ville, c'est possible aussi

Le citadin serait-il la personne climatique à abattre ? Rassure-toi, Stéphane, il est sur pas mal de points plus écolo que le campagnard. En fait, le pire du pire pour le climat, c'est l'étalement urbain, tu sais tous ces pavillons qui mitent la campagne. Vivre concentré, ça a aussi du bon. Allez, on s'offre une bonne dose d'inspirations urbaines ?

Villes transitionneuses

Qu'ont en commun Chambéry, Dijon, Évreux, Marseille, Nantes ou Orléans ? Ces charmantes bourgades s'inscrivent dans le mouvement des villes en transition lancé en Grande-Bretagne en 2006 par Rob Hopkins, guest star du film *Demain*. Concrètement, des collectifs de citoyens se sont constitués au sein de ces villes pour construire localement une société plus résiliente. Ensemble, et avec le même sourire que Rob, ils mettent en place plein de solutions que ce soit au niveau de l'alimentation, des transports ou encore des énergies. En France, on dénombre 150 initiatives de transition, et dans le monde elles sont plus de 2 000. Ça te dit, Stéphane, d'aller voir ce qui se trame près de chez toi ?

Pari(s) climatique

Dans un style plus formel, 94 villes du monde entier (représentant 1 habitant sur 12), font partie du **Cities Climate Leadership Group (C40)**. Cette organisation a été créée en 2005 par l'ancien maire de Londres Ken Livingstone pour que les villes puissent prendre toutes les mesures possibles pour réduire les émissions de gaz à effet de serre. On retrouve autour de la table Rio de Janeiro, Dakar, Hanoï, Los Angeles, Melbourne... Et ça marche ? 30 villes dans le monde sont parvenues à faire baisser leurs émissions de CO_2 de 22 % en moyenne depuis au moins dix ans. Copenhague rafle toutes les médailles pour avoir réduit de 60 % ses émissions depuis 1991 en créant des autoroutes à vélo et en multipliant les transports en commun. Les 29 autres villes ont réduit leur facture énergétique en jouant également sur la baisse du trafic automobile et sur l'isolation, la mise aux normes ou la construction de bâtiments plus sobres en énergie. Et Paris dans tout ça ? Ses émissions ont diminué de 12 % depuis 2004.

Premières de la classe

Niveau résilience, certaines villes donnent l'exemple. Grande-Synthe (23 000 habitants) met à disposition des agriculteurs qui pratiquent l'agroécologie ou la permaculture 14 hectares de terres maraîchères qu'elle a achetés. Résultat ? Depuis 2011, tous les repas servis dans les cantines de la commune sont 100 % bio (et

QUI SUIS-JE ?

« J'aime m'étaler partout et investir des contrées encore vierges. Je réponds aux envies de tous ceux qui rêvent d'une maison et d'un jardin. Dans les années 1960, j'ai pu m'étendre à toute vitesse grâce aux chalandonnettes. Grâce à moi, on a créé plein de routes, plein de supermarchés, ce qui fait qu'aujourd'hui tout le monde prend sa voiture partout et tout le temps. Certains trouvent que je suis un gros boulet écologique parce que je fais exploser la facture énergétique. Je suis la conséquence directe de l'étalement urbain et la phobie des urbanistes écolos. Je suis... je suis ? »

Le mitage.

à 80 % régionaux). À Liège (197 000 habitants), un réseau de 200 paysans installés dans les alentours de la cité s'est structuré autour du projet citoyen la Ceinture Aliment-Terre liégeoise (CATL). Ainsi, la ville offre à ses habitants des produits qui ont parcouru moins de 50 kilomètres.

Dans les villages, ça bouge aussi. Ungersheim en Alsace (2 000 habitants) a abandonné tous les pesticides et produits chimiques, assure le ramassage scolaire en calèche et a développé une centrale photovoltaïque. À Vinon-sur-Verdon (4 000 habitants), la centrale solaire permet de couvrir en électricité renouvelable 120 % des besoins de la commune. Et à Langouët, en Bretagne on dit quoi ? Le maire de cette commune de 600 habitants, qui a pris le premier arrêté sur les pesticides, vise l'autonomie alimentaire grâce à la construction de logements équipés de potagers en permaculture.

LE COLLECTIF, ÇA RÉCHAUFFE

C'est à la campagne que les factures énergétiques des ménages sont les plus élevées. Dans les communes rurales, elles se situent à 17 % au-dessus de la moyenne nationale alors que dans les grandes villes, elles sont à 14 % au-dessous. À Paris, la chaleur humaine permet de battre les records avec des factures de 27 % au-dessous de la moyenne.
C'est pour ça qu'il faut tchatcher avec Olivier pour apprendre à isoler, ou faire isoler son habitat.

Source : Credoc

TON MAIRE EN SHORT DEVANT BIOCOOP

50 % à 70 % des leviers d'action contre la crise climatique se trouvent au niveau local. Pour mettre les maires dans le coup de la transition écologique, voici trois initiatives à suivre.

↘ Un groupe de citoyens engagés a créé le groupe **SOS Maires** pour que les communes puissent mettre en place des projets de résilience et d'autonomie et s'inspirer les unes les autres. On y trouve quelques pistes pour interpeller ses élus.

↘ **Le Pacte pour la transition** a été imaginé par plus de 50 ONG. Le principe ? S'appuyer sur les citoyens pour faire bouger leur mairie. Sont au programme 32 actions concrètes et c'est à chaque collectif local de piocher ce qu'il souhaite pour sa commune. Parmi les idées : mettre fin au développement de grandes surfaces commerciales sur le territoire, donner la priorité aux mobilités actives (marche, vélo) dans l'espace public, adhérer aux monnaies locales et citoyennes, développer les habitats participatifs et les écolieux accessibles à tous.

↘ Enfin, la campagne **Alternatives territoriales** portée par le mouvement écolo **Alternatiba** propose également de fédérer les énergies positives pour proposer des mesures concrètes aux élus.

Jamais sans mon bouclier thermique
Pour habiter sur Mars, mieux vaut choisir de s'installer près de l'Équateur où les températures peuvent atteindre 20 °C. En revanche aux pôles, ça caille sévère, genre - 150 °C. Pour réchauffer tout ça, des chercheurs ont imaginé de créer un bouclier magnétique artificiel capable de protéger la planète des radiations cosmiques et de créer un effet de serre... Euh, ça nous rappellerait pas quelque chose ?

Courage, fuyons...
... Et suivons les recommandations du physicien Stephen Hawking : quittons la Terre et envoyons-nous en l'air. Mais il va falloir être patient pendant le voyage Terre-Mars et bien faire gaffe à la date de départ. En effet, la distance entre les deux planètes varie entre 56 et 400 millions de kilomètres selon la place à laquelle elles se trouvent sur leurs orbites respectives. Quand les planètes sont alignées, il faut au minimum 210 jours. Sinon, comptez 400 jours.

Life on Mars ?
La Nasa s'apprête à rapporter des preuves de vie sur Mars. Pas d'autographes de Martiens en perspective, juste des traces de micro-organismes. Ces hypothèses devraient être confirmées par les prochaines missions de l'Agence spatiale européenne et la Nasa à partir de l'été 2020.

2033, l'Odyssée de l'espace
Puisqu'il paraît difficile de rendre la planète Mars habitable, les chercheurs américains proposent d'y aller piano et de créer des petits îlots de vie. « Sous un dôme recouvert d'une couche d'aérogel de silice, vous aurez de l'eau liquide en permanence », assure Robin Wordsworth, professeur à Harvard. Dans ces dômes protégés du rayonnement ultraviolet, la lumière pourrait passer, faire fondre les glaces pour nous donner de l'eau et faire grimper les températures. Le paradis martien serait-il à portée de rover spatial ?

Mars, ses cratères et ses capsules

Mais sur quelle planète vivra-t-on ?

Chacun sa bulle

Il existe mille façons de vivre dans une bulle. Le domespace est une maison ronde qui tourne avec le soleil. Le zome est fait de facettes géométriques régulières qui, assemblées, forment un dôme. La yourte est à l'image du monde. Sa forme ronde évoque la voûte céleste, ses piliers centraux symbolisent le lien entre la terre et le ciel. Le feu est au centre et la porte est orientée sud pour « n'accueillir que le soleil et les amis ».

Maison de la liberté

Elle se démonte en quelques heures, a une armature extensible faite de bois, son toit et ses murs sont recouverts de toile. À l'origine, la yourte était l'habitat des nomades turcs, mongoles ou d'Asie centrale et est apparue il y a deux mille ans dans les steppes eurasiennes. Aujourd'hui, elle peut prendre des accents très contemporains, posséder plusieurs pièces, dépasser les 100 m². On trouve même des yourtes salles des fêtes ou des yourtes habitats d'urgence pour les sans-abri.

Habiter léger

Pas besoin de partir dans l'espace pour en trouver. Il existe en France mille coins perdus où il fait bon poser sa yourte mais aussi sa tiny house, sa roulotte, son tipi ou son zome. L'avantage de ces nouveaux/anciens habitats ? Ils sont archi écologiques et peuvent facilement se monter, se démonter et se remonter à l'infini sans laisser de traces. Au fait, vous connaissez les paillourtes, ces yourtes faites de terre, de bois et de paille ?

Yourte, l'habitat très terre à terre

L'idée pourrait être tentante. Plutôt que d'essayer de tout changer ici, on pourrait prendre nos effets de serre sous le bras et conquérir une nouvelle planète. 2030, Mars attaque ? Ceux qui ont le mal des transports préféreront rester terre à terre dans une maison légère tournée vers le soleil. Capsule contre yourte, choisissez votre nid !

Besoin de personne, demain tous autonomes

Tu es plutôt du genre à te casser un ongle en épluchant une banane ou man versus wild capable de dormir dans une peau d'ours des Pyrénées ? Sans devenir ni survivaliste ni ermite, voici cinq expériences à tester pour se préparer au monde de demain.

Niveau 1 : comprendre, ressentir pour passer à l'action avec Edeni

C'est quoi, le problème avec les perturbateurs endocriniens ? Comment on calcule l'empreinte carbone ? Les déchets, on fait comment pour les limiter ? Pour approfondir le sujet, les formations du collectif Edeni (aujourd'hui à Paris et demain partout en France) donnent toutes les clés pour comprendre les enjeux du XXIe siècle. Pas de cours théoriques barbants dans ces formations de six semaines, mais plutôt des cercles de parole, des ateliers concrets, du travail collectif, du yoga, de la méditation et une bonne dose d'économie, de digital, d'énergie, d'écoféminisme ou de politique de résistance, le tout accompagné par un comité scientifique renommé. On en ressort avec la ferme intention de vivre mieux avec moins et, peut-être un jour, de réussir à faire tenir tous ses déchets annuels non recyclables dans un bocal comme Hélène de Vestele qui est à l'origine de tout ça. Ah oui, on allait oublier : Edeni propose aussi un séminaire en éco-sérénité pour répondre aux angoisses et pertes de sens liées à toute cette période de bouleversements. Utile les jours de grosse déprime. edeni.fr

Niveau 2 : apprendre à se construire un toit et à cultiver son potager avec Etika Mondo

Boris Aubligine à l'origine d'Etika Mondo prévient : « Ici, dans les Cévennes, on a les plus belles nuits, on est dans la 2e réserve de ciel étoilé de France. »
Le jour, l'entrepreneur a développé des « immersions 100 % nature et écologique pour apprendre les bases nécessaires pour installer un écolieu ». Dans cet endroit magique, des stages de cinq jours alternent les bases théoriques et les travaux pratiques pour expérimenter la permaculture, la construction en pierre sèche, la menuiserie, l'éco-rénovation… Boris a d'autres projets enthousiasmants dans ses cartons, comme la mise en place de chantiers écologiques massifs où chacun pourra venir donner un coup de main à un projet utile à la société. À guetter sur etikamondo.com

Niveau 3 : vivre la transition écologique en collectif avec la Bascule

Le mouvement initié par Maxime de Rostolan à l'origine, entre autres, de Fermes d'avenir réunit sur un même lieu des étudiants en césure, des futurs diplômés qui font la grève de leur stage et des personnes motivées pour créer et fédérer un mouvement de lobbying citoyen. La première année, la Bascule s'est installée dans une clinique désaffectée de Pontivy, où il a fallu, en plus d'inventer un nouveau monde, apprendre à vivre en collectif et en autonomie. Il existe aujourd'hui de nouveaux quartiers de bascule où, pour quelques jours ou plusieurs mois, les jeunes peuvent expérimenter la transition écologique et inventer de nouveaux projets de sobriété heureuse. la-bascule.org

Niveau 4 : expérimenter la vie de zadiste

Les habitants du Larzac ont ouvert la voie en 1971 en se mobilisant contre l'extension du camp militaire.

Pendant 10 ans, plus de 100 000 militants de la France entière ont soutenu les paysans menacés d'expulsion et inventé du même coup le concept de ZAD, « zone à défendre » (néologisme inspiré du concept nettement moins fun de « zone d'aménagement différé »). Aujourd'hui, on connaît surtout l'ex-ZAD de Notre-Dame-des-Landes, mais il en existe une vingtaine en France. Dans ces territoires, l'autonomie est le maître-mot ; la solidarité, la clé de la réussite. On y cultive la solidarité, la coopération et la formation. Y passer quelques heures ou quelques jours permet de découvrir cette vie alternative où l'on invente de nouvelles recettes pour vivre ensemble et prendre soin du monde.

Niveau 5 : tout laisser (sauf son duvet) et survivre dans les bois

Signe des temps ? Les stages de survie se multiplient comme des girolles après la pluie. De l'individuel au collectif, de la journée à la semaine, de l'immersion dans la jungle à l'excursion dans les Alpes, les formules varient selon les organisateurs. Toutes partent d'un même objectif : savoir se débrouiller dans la nature avec pas grand-chose. Les participants apprennent à trouver de l'eau, à faire du feu, à repérer les plantes comestibles pour se nourrir, à se construire un abri, à dormir tout habillés, à ne pas se réveiller quinze fois dans la nuit parce qu'il y a un bruit, à oublier qu'un jour ils avaient un portable. À réserver aux fans de *Lost* et de *Robinson Crusoé*.

CUEILLETTE SAUVAGE, FAITES VOS COURSES DANS LA NATURE

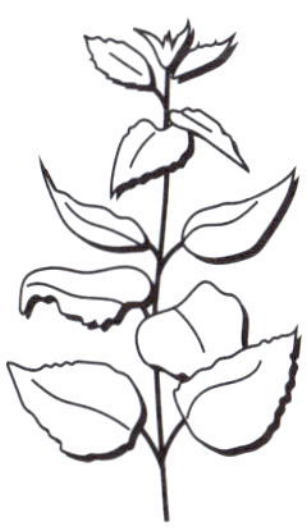

L'ortie : tout le monde connaît l'ortie (*Urtica*) pour s'y être frotté, piqué ou pour y avoir jeté mémé. Sachez que la belle urticante se mange aussi. Cueillez-la assez loin des habitations ou des routes, rincez-la et cuisinez-la comme des épinards.

Le pissenlit : *Taraxacum officinale* est sans doute le légume sauvage le plus fréquemment ramassé et cuisiné. Alors on avale tout, ses racines sautées avec un peu d'huile et de sauce soja, ses feuilles tendres en salade, et ses fleurs dans une confiture ou un vin maison.

La stellaire (ou mouron des oiseaux) : dans les champs, les maraîchers ont l'habitude de la retirer car elle s'incruste entre les plantations. Mais *Stellaria media* a beaucoup d'avantages. Outre son petit goût de noisette, elle est très nourrissante et peut servir de base à toutes les salades.

La mâche sauvage : vous connaissez la mâche de Bretagne ? Sa cousine sauvage, *Valerianella locusta*, pousse partout pour pas un rond. On la mange comme sa cousine domestique.

Les banques : un piège à compte ?

Dis donc, Stéphane, tu te doutais, toi, que ton plan épargne était un puissant polluant ? Si tout le monde (ou presque) est prêt à changer ses habitudes, on imagine moins que notre flouze a un impact sur le climat. Et pourtant…

Plan épargne super moisi

Le montant de la somme qu'on possède sur son compte en banque est souvent un sujet tabou. Mais au moins on sait une chose : selon la Banque de France le montant total du patrimoine financier des ménages français atteignait 5 002 milliards d'euros en 2018. La totalité de cette somme se répartit entre les comptes courants, les livrets d'épargne, l'assurance-vie. Mais si l'on en croit le rapport *Banques françaises, les fossiles raflent la mise* établi par les associations Oxfam et Les amis de la terre, la gestion de ces fonds est plutôt accablante. Par exemple, on estime qu'en 2016, 70 % du financement des énergies par les banques était consacré aux énergies fossiles et seulement 20 % aux énergies renouvelables. En soi, rien de surprenant, cette répartition reflète avant tout le mix énergétique mis en place. Ce qui est drôle, c'est surtout la campagne de *greenwashing* sur les énergies renouvelables (EnR) qui tente de donner une image à l'opposé de la réalité. Parmi les plus mauvais élèves, BNP Paribas porte le bonnet d'âne : avec 12,8 milliards d'euros servant à financer principalement l'industrie du pétrole, du gaz, du charbon, elle est en tête de file de la lose. Mais, rassure-toi Stéphane, ça ne l'a pas empêchée d'être l'un des sponsors de la COP 21 en 2015. On te ressert un peu de cynisme ?

Suffisait de demander !

C'est quand même la meilleure, celle-là ! Alors qu'on fait tout bien à la maison, qu'on a même changé de fournisseur d'électricité, voilà qu'on découvre que notre argent nous la fait à l'envers ! Relax Max. Enfin, relax Steph'. Tout ça peut changer. Il suffit dans un premier temps de te renseigner sur les petites activités sympathiques de ta banque. Pour cela, tu peux déjà leur demander (ils te répondront certainement qu'eux-mêmes n'ont pas une visibilité totale sur les projets qu'ils financent), ensuite tu peux te renseigner. La plateforme fairfinance.org permet de voir un peu qui sont les nazes en ce qui concerne le dérèglement climatique, le respect des droits humains, la corruption, etc. Et crois-nous, ça fout le bourdon. BNP Paribas partage le podium du pire avec Crédit Agricole et Société Générale. À un niveau international, ce sont les banques les plus néfastes pour le climat. Bonne nouvelle, les démarches sont désormais simplifiées pour changer de banque, ce qui te donne aussi le pouvoir de réclamer plus de transparence à ta banque, sans quoi tu iras voir ailleurs (tu peux même les interpeller publiquement via le site jechangedebanque.eu). La question, c'est de savoir si ça existe un « ailleurs » éthique…

Fric éthique, du toc ?

Quand on commence à se mettre en quête d'une banque éthique, difficile de ne pas croiser le chemin de la Nef : la seule banque aux investissements entièrement transparents, normal puisqu'ils sont aussi responsables, condition sine qua non de leur existence. Cette coopérative de finances solidaires utilise ainsi les épargnes qui lui sont confiées (à ce jour la Nef n'est pas encore en mesure de proposer des comptes courants) afin de financer des projets solidaires, culturels et écologiques, ce qui en fait la banque à l'empreinte carbone la plus faible, suivie de près par le Crédit Coopératif. Ça fait rêver, pas vrai ? Bon. Dans les faits, il faut bien comprendre qu'une banque aussi éthique qu'elle le prétende existe parce qu'elle est adossée à une autre banque (moins éthique) : la Nef est adossée au Crédit Coopératif qui lui-même est adossé au groupe BPCE (organe central commun à la Banque populaire et à la Caisse d'épargne française)... qui fait partie des banques au bilan peu reluisant. Donc on peut soutenir la Nef en guise de revendication, mais les fonds détenus par la Nef représentent une proportion toute riquiqui par rapport à la BPCE. On soutient donc cette volonté de transparence de la Nef, mais c'est sur les grosses banques qu'il faut faire pression puisque ce sont elles qui ont tous les biftons. Par exemple, en novembre 2019 la Banque européenne d'investissement (BEI) s'engageait à ne plus investir dans les énergies fossiles. Victoire ? Attendons de voir si l'effet de contagion fonctionne !

LES CROWDFUNDINGS QUI ONT DU SENS

Si tu n'en peux plus de participer à une énième cagnotte d'anniversaire pour un collègue que tu ne peux pas piffer, sache que tu peux faire mieux avec tes sous et soutenir des projets solidaires qui ont une réelle valeur écologique comme la fondation **Terre de liens** qui utilise les épargnes solidaires ou de simples dons pour créer des fermes biologiques. Ça ne te coûtera pas plus cher que de laisser pioncer tes économies à la banque et en plus ton argent sert à quelque chose (de chouette). C'est tout bénef ! Pour découvrir quel projet tu souhaiterais soutenir, tu peux faire un tour sur plusieurs plateformes consacrées à la transition énergétiques comme celle de la Nef : **Zeste**, mais aussi **Lumo**, **Gisemo**, **MiiMOSA**, **Blue Bees**, **Lendo Sphère** ou **Enerfip** (ces deux dernières sont uniquement dédiées aux énergies renouvelables). Et pour finir, l'agrégateur **Tousnosprojets.fr** de la BPI référence plus de 1 000 projets écologistes, solidaires, culturels qui répondent au cahier des charges. Bref, ce ne sont pas les projets à soutenir qui manquent.

VOTRE BANQUE EST-ELLE CLIMATICIDE ?

La Nef Crédit Coopératif	**Impacts minimes**
Banque Postale Crédit Mutuel – CIC Banque Populaire - Caisse d'Épargne	**Risques modérés à risques importants**
Société Générale Crédit Agricole – LCL BNP Paribas	**Risques maximums**

Pour connaître l'empreinte carbone de ta banque et savoir si ses investissements lui valent un aller simple en enfer, tu peux te rendre sur epargneclimat.com.

Source : « Climat, comment choisir ma banque ? » Les Amis de la Terre

Et si on changeait de boulot ?

« Si tu travailles chez Total, mais que tu y vas à vélo, tu ne changes pas la face du monde », explique en substance l'écrivain écologiste Cyril Dion. En revanche, si tu consacres 8 heures par jour à un boulot qui a du sens pour toi et pour le climat, alors là, tu fais vraiment ta part. Stéphane, voici quelques pistes pour mettre un peu, beaucoup, passionnément, d'écologie dans ton boulot.

Tu as l'âme d'un prédicateur

Ton entreprise n'est pas vraiment portée sur le climat, mais tu te sens pousser des ailes de super-héros pour convertir l'ensemble du personnel à la cause environnementale ? Commence par mettre tout le monde d'accord en organisant une séance avec la Fresque du climat. Des formateurs viendront expliquer, cartes à l'appui, les enjeux et les conséquences du réchauffement climatique et aider à faire émerger des propositions concrètes et collectives. Généralement, ça secoue, mais ça crée un consensus sur l'urgence de se bouger.
Si ton boss n'est pas chaud pour la formule, tu peux organiser une session sensibilisation *low cost* et *low* carbone avec les cartes-questions du dernier livre de Julien Vidal, *Ça va changer avec vous*. Caro de la compta saura alors combien de tonnes de mobilier de bureau sont jetées chaque année en France (250 000) et Jean-Pierre des RH apprendra que la quantité de CO2 économisée quand on télétravaille deux jours par semaine est de 800 kg par personne et par an. De ton côté, tu commenceras à avoir quelques alliés.

Tu veux donner de ta personne

Ce que tu veux, ce n'est pas palabrer sur les enjeux du climat, mais mettre les mains dedans. Agir concrètement, faire un truc qui sert, quoi ! Pour commencer, milite pour que les séances de team building régressives à faire du jet ski la nuit à Agadir soient remplacées par des journées socialement constructives tout aussi efficaces pour la chope et la cohésion : rénovation d'appartement, désherbage et maraîchage, nettoyage de plage, ramassage de déchets.
Regarde ensuite si ton entreprise a mis en place des formules de mécénat de compétences qui, contrairement aux idées reçues, ne sont pas réservées qu'aux seniors en fin de carrière. Elles s'adressent à tous les salariés qui peuvent donner un peu ou beaucoup de leur temps à une association. La start-up Vendredi facilite la mise en relation entre entreprises et associations, et propose de belles opportunités pour passer à l'action. Enfin, si rien de tout ça n'est possible, pourquoi ne pas lever le pied et passer à un temps partiel ? Tu auras alors tout le loisir de t'investir là où il te plaît.

Tu es complètement largué

Tu sens qu'il faut que tu bouges, mais tu ne sais plus par où commencer ? On a une idée pour toi, Stéphane : et si tu t'inscrivais à une formation de l'Institut des futurs souhaitables ? Cette école de la réinvention propose des sessions longue durée, « 6 mois de voyage dans les futurs » ou des cycles plus courts, mais aussi des ateliers, des conférences, à la fois créatifs, innovants, inspirants pour t'ouvrir les chakras. Tu rencontreras plein de gens passionnants et tu entreras dans la galaxie des conspirateurs positifs. Tu peux aussi rejoindre le programme Éponges de Makesense pour te former aux enjeux climatiques et rejoindre

63% des salariés s'ennuient au travail.

d'autres personnes qui, comme toi, rêvent de passer à l'action. Si tu ne sais plus comment tu t'appelles, tu peux t'inscrire au parcours Ikigai (qui veut dire en japonais quelque chose comme « trouver ma voie ») chez monjobdesens.com ou rejoindre la communauté Makesense Paumé.e.s qui discute sur Facebook et organise des événements dans la vraie vie avec ceux qui se demandent comment ils sont arrivés à ce poste de directeur marketing pour marque de croquettes félines. Ondes positives et échanges de bons plans assurés.

Tu cherches un emploi compatible avec le climat

Si l'on en croit les différents rapports sur l'emploi et le changement climatique, il devrait y avoir un paquet de boulot ces prochaines années. Certains parlent de la création de 400 000 emplois, d'autres invoquent carrément le million. Bonne nouvelle, Stéphane, ça va embaucher. Où ça ? Tu trouveras des offres sur les réseaux classiques du genre Pôle Emploi et Linkedin, mais aussi sur les nouvelles plateformes comme Welcome to the Jungle, Jobsense, Green job, Réseau-tee, Job for change, Birdeo, Mouves...

Tu veux être ton propre patron

Parce qu'on n'est jamais mieux servi que par soi-même, tu as décidé de te lancer et de créer ta propre entreprise. Pour te sentir moins seul, tu as rejoint un espace de co-working ou un incubateur branché sur le monde durable de demain, du genre INCO, Makesense, Ticket for change, La Ruche factory... et rêve secrètement de devenir l'un des 3 500 entrepreneurs sociaux adoubés par le réseau Ashoka. Stéphane, on est avec toi !

CONFIDENCES SUR LE CLAVIER

- 63 % des salariés s'ennuient au travail.
- Pour 29 % des femmes et 26 % des hommes, leur boulot est même « très ennuyeux ».
- 31 % des femmes et 28 % des hommes trouvent que leur travail n'a strictement aucun intérêt.
- Et pourtant 65 % des femmes et 59 % des hommes font croire qu'ils ont un job de rêve.

Sondage réalisé entre le 13 et le 20 février 2019 auprès des 4,5 millions de candidats sur Qapa.fr

Vous reprendrez bien une tasse de solidarité ?

Il ne faut pas opposer fin de mois et fin du monde, comme dirait l'autre. En ces temps de crise, le pire du pire serait de s'écharper et d'avancer divisés. Dans la nature, plus le milieu est hostile, pauvre ou difficile, et plus les individus s'entraident. Allez, on se serre les coudes, on desserre les dents et on va de l'avant ?

La planète n'a pas besoin de bodyguard

Il appartient à tout le monde (et donc à toi aussi, Stéphane) de s'engager comme il le souhaite. Tu peux t'engager un peu, beaucoup, à la folie et de diverses façons. L'écologisme, ce n'est pas que pour ceux qui veulent protéger les arbres, c'est pour tout le monde et ça intègre aussi la lutte contre la pauvreté, le sexisme et toute forme d'injustice sociale. Il ne faut pas opposer le combat social au combat écologique, bien au contraire ! Plus on se rapprochera d'une justice sociale, plus on pourra mettre en place des systèmes d'entraide qui ne détruisent pas la nature. En Occident, on a la fâcheuse tendance à adopter une vision environnementaliste de l'écologie qui consiste à nous positionner comme des super sauveurs de la nature, du climat et de la planète. Mais la planète... n'a pas besoin de nous ! Ce n'est pas pour elle qu'on doit réduire notre empreinte carbone, c'est avant tout pour sauver notre peau, histoire d'être encore là dans un an ou deux, juste le temps de toucher nos droits sur le livre, quoi.

Tous copains ?

Dans leur ouvrage *L'Entraide, l'autre loi de la jungle*, Pablo Servigne et Gauthier Chapelle analysent les différents mécanismes de l'entraide, de l'éthologie à l'anthropologie, et supposent que la survie de notre charmante espèce dépendra de notre capacité à nous entraider et à collaborer. L'avenir n'appartient pas à la loi du plus fort, et des notions injustement considérées comme bécasses ou naïves sont de plus en plus plébiscitées par un ensemble d'intellectuels (comme on peut le voir dans le *Manifeste convivialiste*) : altruisme, gentillesse, empathie et solidarité ne sont pas seulement des signes de bonne éducation, mais un ensemble de conditions nécessaires au « vivre ensemble ». C'est dans des situations de crise comme après l'ouragan Katrina en Louisiane que l'on a vu naître les cas d'entraide et de solidarité parmi des individus qui ne se connaissaient pas. Cette vision collaborative de l'avenir peut susciter des désirs d'engagements déjà sur le plan associatif. Depuis quelques temps, chaque jour apporte son lot de nouvelles alarmantes sur le climat et pour ne pas totalement désespérer, le mieux, c'est encore de passer à l'action pour ne pas sombrer dans l'éco-anxiété en PLS sur un tronc d'arbre. L'action permet de créer de nouveaux imaginaires et des lendemains plus acceptables. Tu piges le délire, Stéphane ?

DOUBLURES DE MANIFESTANTS

Combien de pétitions Change.org se sont accumulées dans vos spams ? On peut se demander ce que valent nos engagements maintenant qu'ils sont à portée de clics ! La start-up **Wistand** a même mis au point un système pour envoyer quelqu'un manifester à votre place. Vive la flemme...

ENTRAIDE NATURELLE

La nature aime la coopération, on s'en inspire ?

Le poisson-clown et l'anémone de mer ont un pacte secret. Quand un prédateur s'approche du poisson-clown lové dans les tentacules des anémones, ces dernières crachent leur venin. En échange, elles apprécient que Nemo leur fasse un brin de toilette.

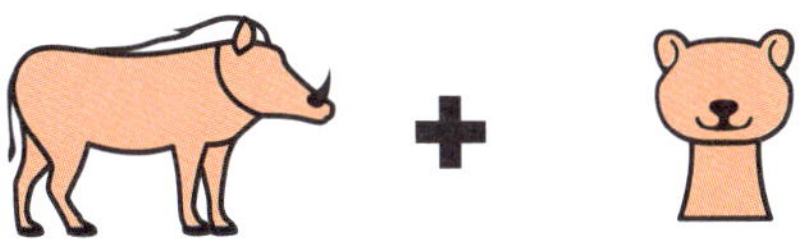

Le phacochère, grosse bête de 100 kilos, pourrait très bien se délecter d'une mangouste à l'armoricaine, mais préfère confier à la petite bête le soin de le débarrasser des parasites qu'il a sur son corps.

Lorsqu'il est attaqué par un parasite, le haricot de Lima diffuse un parfum qui attire illico l'ennemi de ce même parasite. Futé, non ?

« BONJOUR, VOUS AVEZ UN MESSAGE VIEUX DE 100 000 ANS ! »

Comment être solidaires avec les générations futures et leur signaler ce qu'on a bien planqué ? Des scientifiques planchent sur un moyen de communiquer aux espèces qui seront là dans cent mille ans le niveau de dangerosité des zones d'enfouissement des déchets radioactifs. Sachant que le langage humain existe depuis à peine dix mille ans, essayer de communiquer avec des vivants hypothétiques dans cent mille ans revient à vouloir papoter avec une molécule. La mission rêvée pour n'importe quel linguiste ?

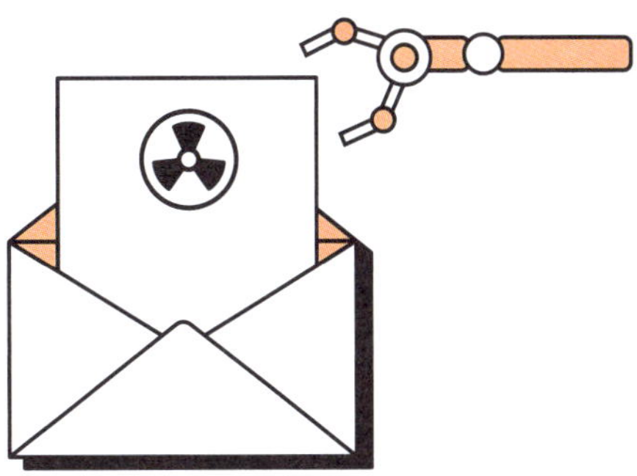

Le climato-activisme est une mission contagieuse

Henri Michaux disait : « Ne désespérez jamais, faites infuser davantage… » Tout à fait d'accord, mais là, on va passer à la décoction et à la vitesse supérieure. Stéphane, te voilà donc promu chevalier de défense de la cause climatique. À toi la conquête des esprits égarés, des récalcitrants, des sceptiques, des désespérés. Comme on est sympa, on te fournit quelques armes pour remettre dans le droit chemin ces âmes perdues.

Marcher accompagné

Tous les mois, des marches pour le climat sont organisées dans les grandes villes du monde, orchestrées par un nombre variable d'organisations. Le principe est basique : il s'agit de se déplacer d'un point A à un point B avec des pancartes aux slogans plus ou moins percutants. Le soir, la police et les organisateurs font le décompte des participants, la presse relaie la performance et la prise de conscience climatique gagne encore quelques points dans l'opinion publique.

↘ **Le plus :** les marches pour le climat se déroulent dans une ambiance familiale, festive, tranquille. On croise toujours un tas d'organisations et des gens qu'on aime bien.
↘ **Le moins :** on peut avoir parfois l'impression de marcher à reculons devant la non-prise en compte de ces mobilisations par les politiques.

Désobéir

Il existe une solution éprouvée depuis pas mal d'années par les ONG : désobéir, faire des choses hors la loi pour se faire entendre. Depuis la fin 2018, Extinction Rebellion (XR pour les intimes), né en Grande-Bretagne, reprend les règles de la désobéissance civile et les cuisine à la sauce 100 % pacifiste. En quelques mois, le mouvement s'est incroyablement étendu. Il rassemble des activistes du monde entier qui partagent les mêmes revendications : en gros, la réduction immédiate des émissions de gaz à effet de serre pour atteindre la neutralité carbone en 2025 et la création d'une assemblée citoyenne chargée de décider des mesures à mettre en place pour atteindre ces objectifs.

↘ **Le plus :** les mobilisations sont créatives, joyeuses, bienveillantes, on rencontre plein de gens formidables.
↘ **Le moins :** la répression est beaucoup moins sympathique. On peut terminer sous les gaz lacrymogènes ou en garde à vue.

Montrer l'exemple (en restant modeste)

On appelle ça aussi l'éducation silencieuse. Il s'agit de montrer en toutes occasions qu'une alternative écolo est possible sans trop la ramener. Par exemple, ne plus jamais servir de tomates cerises à l'apéro, mais proposer à la place un bon houmous maison de saison. En fait, c'est simple, il suffit de suivre toutes les recommandations de ce guide et de montrer qu'on n'est pas plus malheureux, au contraire.

↘ **Le plus :** ça ne coûte pas cher. Puisqu'on le fait pour soi, autant que les autres s'en aperçoivent.
↘ **Le moins :** certains peuvent parfois pousser des cris d'admiration devant ton dernier voyage à vélo en te disant que vraiment c'est trop super ce que tu fais, et prendre leur prochain billet d'avion pour une semaine à Bali.

Jouer les teubés

« Ah bon, tu utilises du papier absorbant pour égoutter ta salade ? » « Oh, ce sont toutes tes bouteilles plastique de la semaine là ? » « Marrant ce gratin de courgettes en février, je pensais que la saison, c'était l'été ? » Devant des délits notoires de réchauffement climatique, tu peux interroger ton prochain sur la pertinence de ses choix. En d'autres termes : lui mettre gentiment le nez dans son caca.

↘ **Le plus :** un regard extérieur permet souvent de mieux nous rendre compte de ce que l'on fait.
↘ **Le moins :** la personne visée peut découvrir le stratagème de fausse naïveté et s'agacer de cette attitude moralisatrice déguisée. Ça peut se terminer rapidement par un : « D'abord je fais ce que je veux, t'es pas mon père. » Ou plus insidieux : « Parce que toi tu fais tout comme il faut peut-être ? Et ce nouveau pull, c'est pas du H&M ? »

Donner envie

Montrer que sans pétrole la fête est plus folle est le défi de cette prochaine décennie. Ringardisons les modes de vie non soutenables et rendons l'écologie branchée, désirable jusqu'à ce qu'elle ne devienne plus un sujet, mais un pré-requis intégré. Organisons des éco-festivals, des rassemblements festifs, instillons des bons réflexes climatiques dans les programmes de télé-réalité, semons des coquelicots, écoutons les poèmes de Cyril Dion et les chansons d'Émilie Loizeau. Chantons, dansons, buvons pieds nus dans les prés. La fête vient tout juste de commencer.

↘ **Le plus :** le moutonisme est un bon outil. Normalement tout le monde aime bien faire comme tout le monde. L'homme est ainsi fait.
↘ **Le moins :** si pour ne pas faire comme tout le monde l'alternative est de ne plus être écologiste, alors là on aura tout perdu.

PRENEZ LE VIRAGE DU SHIFT PROJECT

Think tank sur la transition carbone (présidé par devinez qui ? Son nom commence par « Janco » et finit par « vici »), ce groupe réunit pas moins de 1 500 personnes (les *shifters*) à l'échelle européenne et vise à informer la population et à trouver des solutions concrètes pour se libérer de notre dépendance aux énergies fossiles.

3,5 %

Deux chercheuses américaines sur les mouvements civils de lutte non violente, Erica Chenoweth et Maria J. Stephan, ont montré qu'il suffisait de mobiliser 3,5 % d'une population pour qu'une résistance non violente ait gain de cause.

Es-tu prêt.e à vivre dans un bunker ?

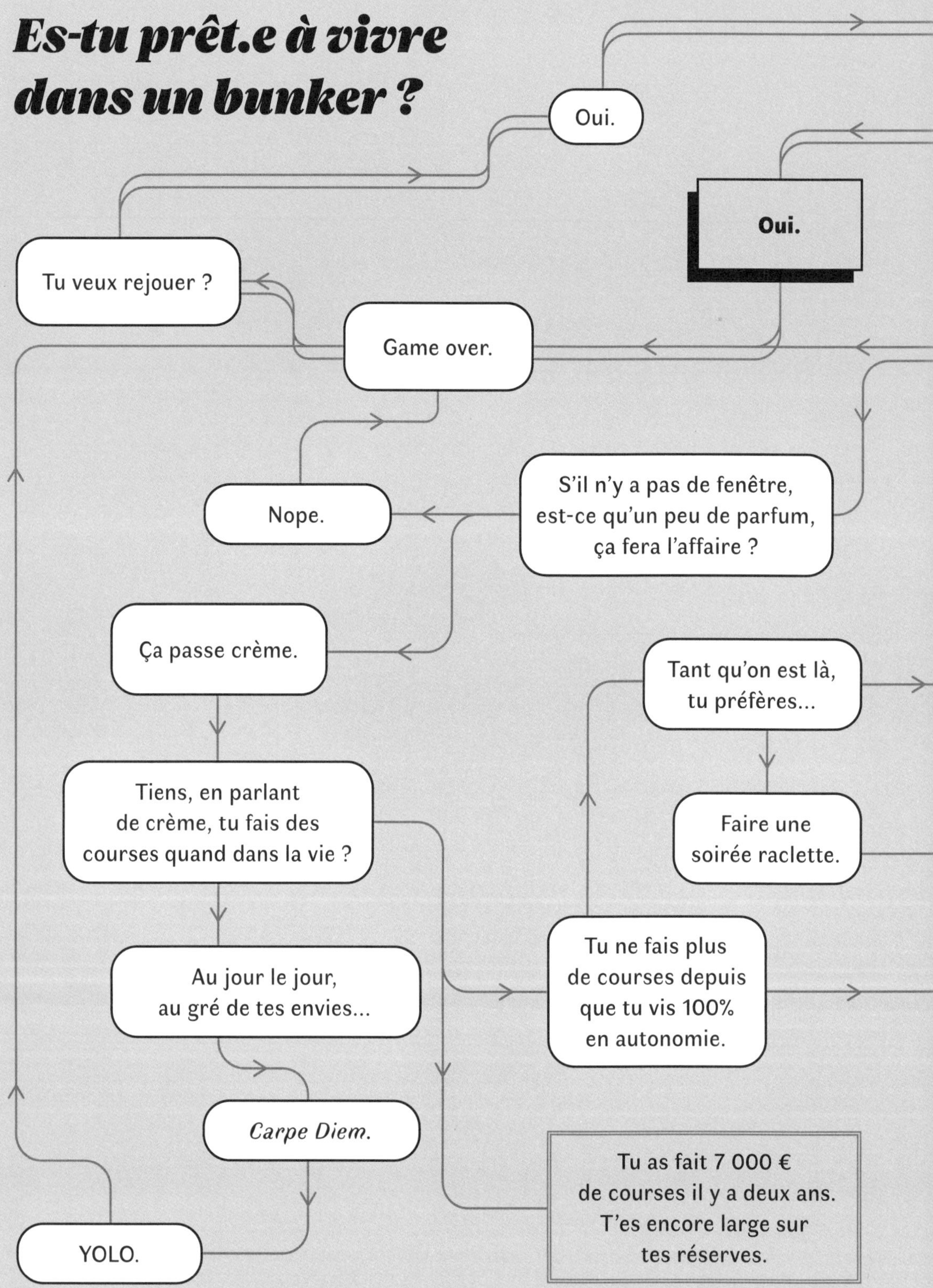

ES-TU CLAUSTRO ?

Pas du tout. D'ailleurs tu te trouves en ce moment même enfermé dans une boîte cadenassée de l'extérieur. Y'a encore de quoi mettre deux personnes. Venez.

Non, mais tu aimes bien ouvrir les fenêtres quand ça sent la chaussette sale.

Rohlala, t'es pot de colle, dis donc.

Mourir en même temps que tout le monde.

Survivre tout seul et t'emmerder pour le restant de tes jours.

Euh OK. Mais euh t'es au courant que le fromage de raclette, c'est du fromage de lait de vache ? ESPÈCE D'ANIMAL VA ! T'AS PAS HONTE ?

Donc la vie en solo, pas vraiment pour toi quoi ?

T'es viré.e

Bon, laisse tomber le bunker, c'est pas fait pour toi. Finalement t'as qu'à rester dans ton habitat actuel. De toute façon y'a même pas la clim dans les bunkers.

Youpi, à toi la belle vie dans un bunker !

Le kit promo du survivaliste

Yolo la fin du monde ! Pour profiter UN MAX de l'effondrement, pense dès maintenant à préparer le contenu de ton sac de survie pour UN MAX de confort ! Retrouve ici le kit* des incontournables du survivor de l'extrême pour assurer ta survie sur la route de l'autosuffisance et du LOL !

** **Offre soumise à conditions :** effondrement économique et social, pénurie alimentaire, coupure générale d'électricité, retard de plus de 3 minutes du métro, rupture de stock des glaces Ben & Jerry's.*

Un vélo

Oublie l'essence, ton seul moyen de déplacement possible, c'est désormais ton vélo ou tes jambes. L'avantage, c'est que ton vélo peut porter un peu plus de trucs et avancer un tout petit peu plus vite. Faut juste apprendre à changer une roue et prévoir quelques rustines d'avance.

Une mine de charbon végétal

Très pratique pour filtrer ton eau. Au pire sinon, tu nous trouves une clairière de plantes spécialistes de la phyto- épuration comme l'*Acorus calamus* ou le *Phragmites australis*. Plus pratique que de te trimballer 2 000 bouteilles d'eau.

Des graines paysannes

Idéal pour ton potager parce qu'elle se re-sèment toutes seules et repoussent chaque année contrairement aux graines hybrides première génération autrement appelées « F1 ». En plus, il n'y a pas meilleur que la tomate cornue des Andes ou l'aubergine monstrueuse de New York.

Du millepertuis

Un antidépresseur naturel. Parce que même avec une forte dose de bonne humeur il est possible que tu tires un peu la tronche.

Une couverture de survie
Que tu pourras reconvertir en veste-cape de soirée ultra stylisée si jamais une boum se prépare dans un bunker voisin. Effondrement ou pas, c'est pas une raison pour être mal fagoté.

Une tente
Ou une tante, du moment qu'elle possède une tente et sait la monter, ça marche aussi.

Un couteau suisse
(ou de n'importe quelle nationalité, l'important c'est surtout qu'il soit multifonctionnel). Histoire de pouvoir t'offrir un sanglier de temps en temps et déboucher une bouteille de vin en toutes circonstances.

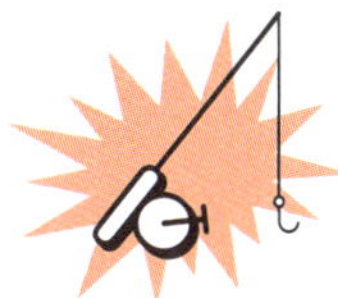

Une canne à pêche
pour taquiner le gardon et te poster au milieu de la rivière avec la classe de Robert Redford. Bon, après faut aimer le poisson…

Un bout d'Amadou sans Mariam
et un bon tuto pour réussir à faire du feu avec ce champignon. Tu peux aussi apprendre à reconnaître ce parasite sur les arbres, qui se présente comme une langue de bœuf collée au tronc à l'horizontal.

Un ukulélé
Plus petit qu'une guitare, il te permettra de perpétuer la tradition de la reprise de *Wonderwall* devant un public émerveillé : « C'est dingue, on la connaissait pas du tout cette chanson en plus ! »

Une lampe torche solaire
Pour raconter des histoires qui font peur le soir en disposant la lampe sous ton menton. Rien de tel pour pimenter tes soirées autour du feu.

Des préservatifs
En cas de rencontres sympas, ça serait dommage de surpeupler la terre. Et, le cas échéant, ça peut toujours servir de sac étanche.

Et après ?

Oh punaise ! Vous faites une de ces têtes ! Simone, c'est quoi, cette moue ? Lina, Olivier, Louise, pourquoi vous soupirez ? Stéphane, Élie, ne baissez pas les bras ! D'accord on vous a balancé des infos pas toujours chouettes à entendre, mais maintenant que vous savez tout ça, vous êtes un peu obligés de vous y mettre et puis vous avez plein de solutions sous la main. Désolé hein, mais c'est vrai que la lecture de ce livre était un vilain traquenard. Désormais, vous faites partie de la tribu des climato-actifs. Bonne nouvelle, vous n'êtes pas tout seuls face à cet avenir qui sent la fiction post-apocalyptique de blockbuster américain. Mais, d'ailleurs, est-ce que c'est vraiment nouveau, cet arrière-goût de fin du monde ?

L'apocalypse, une passion vieille comme le monde

Comme vous vous en doutez, appréhender un hypothétique effondrement n'est pas une crainte née de la dernière pluie acide, et les fictions apocalyptiques ne datent pas des récents rapports du GIEC. L'Apocalypse, ça fait un bail que les croyants en parlent. Dans son livre *Fabuler la fin du monde*, Jean-Paul Engélibert montre qu'une partie de la science-fiction s'est toujours nourrie de cette aspiration de fin du monde. Sauf que cette vision apocalyptique a perdu au fil du temps son caractère biblique et sert désormais tout un discours critique contre l'idéologie du progrès, du capitalisme, et de la domination de l'homme sur la nature. Depuis quelques années, l'Apocalypse cristallise aussi nos angoisses contemporaines et, pour la première fois, la peur de la fin du monde devient tangible à cause du dérèglement climatique.

Il faut « fabuler la fin du monde » pour en nourrir l'utopie, la formule de l'auteur est belle et pleine d'espoir : les récits qualifiés de catastrophistes permettent d'ouvrir la voie vers un après. Envisager l'effondrement (au sens apocalyptique du récit) est une condition prérequise pour espérer l'utopie.

Inventer une nouvelle fin de l'histoire

Une autre voie pour éviter les prophéties autoréalisatrices consiste à sortir du mythe de la barbarie, comme le rappellent Pablo Servigne et Raphaël Stevens. C'est en s'attendant au pire qu'on invente le pire. C'est parce que j'ai peur des autres que les autres vont avoir peur de moi et que je vais avoir encore plus de raison d'avoir peur d'eux. Pour les deux auteurs collapsofriendly c'est là que se joue tout l'enjeu de la transition : « Jouer sur les récits et les mythes pour inverser ces spirales de violence, de nihilisme et de pessimisme. »

Alors, à vous de jouer, Simone, Lina, Olivier, Louise, Stéphane, Élie pour écrire et imaginer ensemble, et de manière positive, le monde de demain. Donnez-nous envie d'y aller tous ensemble, main dans la main. Et maintenant, on rigole ?

BONUS

Interview de Jean-Marc Jancovici

« L'action a une grande vertu, elle rend optimiste »

Jean-Marc Jancovici est climato-hyper-actif depuis la fin des années 1990. Chef d'entreprise (Carbone 4), président d'association (The Shift Project), enseignant (à Mines ParisTech), conférencier, il est aussi impliqué dans de nombreuses structures dont l'objectif est de limiter le réchauffement climatique. Nous l'avons rencontré autour du thème : le climat et moi et moi et moi.

Le climat s'emballe, la société se mobilise et pourtant la COP 25 a rendu durant l'hiver 2019 un non-verdict. Rien ne semble bouger du côté des gouvernements. Ça vous met dans quel état ?

Comme j'ai fini par comprendre que ce n'est pas des COP que viennent les ruptures, ça ne me fait pas grand-chose. La Convention climat des Nations unies est un système qui ne contraint personne, et qui ne fait qu'entériner ce que les pays sont déjà prêts à mettre en œuvre, ou ont déjà mis en œuvre. Depuis le début des COP, la concentration de CO2 dans l'atmosphère a augmenté à la même vitesse qu'avant ! Pour que la Convention Climat soit le déclencheur d'une action résolue, il faudrait qu'un chef du monde puisse décider des orientations climatiques, puis ait les moyens de les faire respecter, y compris par la contrainte. Mais les pays sont souverains, et tant qu'on ne leur envoie pas des chars et des avions pour changer de cap, ils font ce qu'ils veulent. Aujourd'hui, le combat se mène donc ailleurs.

La lutte se mène notamment du côté des citoyens. Ont-ils toutes les armes ?

Pour rendre la France « neutre en carbone », ce qui est indispensable d'ici à 2050 pour atteindre les objectifs de l'Accord de Paris (moins de 2 °C de réchauffement), il faut diviser les émissions nationales par 6 ou 7, et doubler les puits de carbone (forêts, sols, etc.) pour absorber ce qui reste. C'est titanesque ! Chez Carbone 4, nous avons réalisé une étude, « Faire sa part », pour regarder ce qu'un individu peut faire « de son côté » sans que la collectivité modifie profondément son fonctionnement par ailleurs. Nous avons séparé ce qui ne demande aucun investissement (par exemple arrêter la viande, l'avion, ou certains achats) ou, au contraire, qui en nécessite (par exemple changer sa chaudière ou sa voiture). En ordre de grandeur, un ménage très volontaire peut diviser son empreinte carbone par 2. C'est énorme... et insuffisant pour la neutralité ! Tout le monde doit donc s'y mettre : ménages, puissance publique, entreprises.

Parmi ceux qui doivent s'y atteler, il y a l'État et les entreprises. Comment les citoyens peuvent-ils faire pression pour les faire changer ?

Pour faire bouger les entreprises, les citoyens ont une arme redoutable : leur carte bleue. Ils peuvent ne pas acheter ce qui leur déplaît, c'est très efficace. Mais cela demande une information précise sur les caractéristiques « climat » des produits et services vendus, qui n'est pas toujours facile à trouver. Du côté de l'État, la pression concerne les changements de réglementation. Imaginez que la France impose une garantie de dix ans sur les ordinateurs : les fabricants trouveraient rapidement comment faire durer le matériel plus longtemps, et adieu l'obsolescence programmée ! Rappelons par ailleurs que la sobriété est récessive : acheter globalement moins, c'est produire globalement moins, et c'est donc un PIB qui baisse. L'État ne se lancera pas dans cette direction sans que nous soyons clairs sur notre « hiérarchie des renoncements ». Sommes-nous davantage prêts à nous passer de services de santé ou d'infrastructures routières ? De 5G ou d'instituteurs ? Dans un monde où la consommation globale baisse, il faut un débat adulte sur ce à quoi nous tenons vraiment et ce que nous sommes prêts à lâcher.

Et là, tout de suite maintenant, on commence par quoi ?

↘ **Étape numéro 1 : comprendre.** Dans le domaine du climat, tout passage à l'acte exige d'abord que l'on ait les bons repères en termes d'émissions évitées. Il faut disposer du bénéfice « climat » quantifié de telle ou telle action. Il y a deux limites : la disponibilité de l'information est rare (impossible de savoir facilement combien de CO_2 il y a dans tel jouet ou tel manteau), et il y a une confusion fréquente avec d'autres débats

Agir pour le climat est plus facile quand on est « soutenu »

environnementaux, qui sont généralement plus anciens. Un premier exemple concerne l'alimentation. L'agriculture biologique n'émet pas moins de gaz à effet de serre par kilo que les pratiques conventionnelles, mais il est fréquent que le bio figure dans les « choses à faire » quand il est question de climat. Le bio a assurément d'autres atouts (meilleure préservation de la biodiversité, qualité des aliments, souvent circuits courts), mais le débat ne concerne que marginalement le climat. Dans le domaine électrique, les énergies renouvelables sont souvent présentées comme préférables au nucléaire par des militants « proclimat », alors que de passer de l'une à l'autre ne procure pas de bénéfice CO_2 : la fission de l'uranium n'est pas une combustion, et en fait le nucléaire est la plus vertueuse des énergies sur le plan CO_2. Le diesel est parfois vu comme « mauvais pour le climat », mais il s'agit en fait d'un problème de pollution locale, etc. Enfin, l'action « sans réfléchir » peut conduire à remplacer un mal par un autre. Les agrocarburants, initialement vus comme un substitut « sympathique » au pétrole, sont parfois pires ! Baisser la consommation des voitures est bien plus efficace.

↘ **Étape numéro 2 : se motiver.** Pour devenir « climato-actif » il faut nécessairement en avoir envie, et considérer que l'action que l'on va mettre en œuvre fait sens dans notre vie. Souvent, le climat « vient au secours » d'une action qui offre un bénéfice de court terme : par exemple passer de la voiture au vélo pour faire du sport, ou manger moins de viande rouge pour préserver ses artères !

↘ **Étape numéro 3 : passer à l'action.** L'une des difficultés, alors, est de ne pas s'exclure d'un cercle familial ou social qui ne partage pas vos convictions : refuser certains aliments, modes de déplacement, lieux de vie ou achats peut conduire à rendre ses relations difficiles avec son entourage. Plus on est jeune et libre, et plus il est facile de choisir ses relations en fonction de ses goûts. Mais quand le cercle relationnel existe déjà (couple, amis, relations de travail) et qu'il s'est créé sur d'autres bases, modifier fortement son comportement n'est pas toujours aisé sans perdre une partie de cet acquis : c'est un choix qui peut être difficile, car nous avons tous besoin de nous retrouver dans un cadre social qui valorise nos actions. Agir pour le climat est plus facile quand on est « soutenu ».

Est-ce qu'il n'est pas trop tard pour (ré)agir ?

Tant que vous n'êtes pas mort, il est toujours temps de tenter quelque chose. Et puis rappelez-vous : l'action a une grande vertu, elle rend optimiste.

Annexes

Moteur de recherche (à l'ancienne)

Sources

Chapitre Simone

Le changement climatique, en vrai c'est quoi ?
Page 14 : Il était une fois, le changement climatique...
www.meteofrance.fr : « Le réchauffement climatique observé à l'échelle du globe et en France »
www.lemonde.fr : « 2018 fut la quatrième année la plus chaude depuis 1850 »
www.futura-sciences.com : « Le réchauffement climatique a atteint + 1,1 °C sur la période 2015-2019 »
https://lejournal.cnrs.fr : « Quand la Terre était une boule de neige »
www.futura-sciences.com : « La situation climatique au temps des dinosaures »
www.ademe.fr : « Le changement climatique en 10 questions »
Page 15 : Question d'équilibre
https://reseauactionclimat.org : « Notre système climatique »
Double page 16-17 : La crise climatique expliquée à mon neveu
https://fresqueduclimat.org
Pourquoi ça s'emballe ?
Page 19 : Pergélisol *la si do*
www.lemonde.fr : « Pourquoi la fonte du permafrost est une menace pour l'humanité »
Page 19 : *encadré : Wanted gaz à effet de serre importants*
https://jancovici.com : « Quels sont les gaz à effet de serre ? »
Tout est question d'énergie
Page 20 : Démesure des mesures
www.connaissancedesenergies.org : « Unités de l'énergie »
Page 21 : On est tous des super-héros fainéants
www.youtube.com : « 1 - L'énergie - Cours des Mines 2019 – Jancovici »
Page 20 : encadré : Complètement lunaire cette énergie
www.slate.fr : « Il est désormais possible de créer de l'énergie à partir du ciel nocturne »
Les climato-sceptiques : relous des temps modernes
Page 23 : Déni de chaufferesse
www.washingtontimes.com : « Global warming labeled a 'scam' »
Qui réchauffe quoi ? Les coupables, les victimes
Page 27 : Palmarès de l'enfer
www.futura-sciences.com : « Quel pays émettent le plus de CO2 ? »
www.lefigaro.fr : « Climat : les émissions mondiales de CO2 ont augmenté de 55 % en vingt ans »
Page 24 : Polluer ici, trinquer là-bas
https://germanwatch.org : « Climate Risk Index shows increased impacts of tropical cyclones »
https://germanwatch.org : « Global Climate Risk Index 2019 »
Page 24 : Sociologie climatique
www.ipsos.com : « L'Observatoire du Bilan Carbone des ménages »
Page 25 : encadré : Les dix catastrophes liées au changement climatique les plus coûteuses dans le monde en 2018
www.lemonde.fr : « Les catastrophes climatiques ont coûté au moins 80 milliards d'euros en 2018 »
Page 25 : Électricité à tous les étages ?
www.ademe.fr : « La précarité énergétique »
Un monde trop chaud, c'est glaçant !
Page 26 : Testé et approuvé il y a 100 000 ans
www.futura-sciences.com : « Pourquoi limiter le réchauffement climatique à 2 °C et pas plus ? »
Page 26 : Relooking express
www.ademe.fr : « Le changement climatique en 10 questions »
Page 26 : Les mondes engloutis
www.cnews.fr : « 13 conséquences concrètes du réchauffement climatique »
Page 27 : Le début de la faim
www.banquemondiale.org : « Série de rapports : Baissons la chaleur »
Double page 22-23 : 1920/2020 : la révolution des énergies
https://patrimoine.ensam.eu : « La lampe populaire »
www.edf.fr : « La consommation d'électricité en chiffres »
www.afe-eclairage.fr : « Actualisation 2019 des chiffres sur les LED »
www.ademe.fr : « Réduire sa facture d'électricité »
9 milliards, c'est jouable ?
Page 28 : La bombe humaine
www.observationsociete.fr : « L'espérance de vie progresse moins vite »
Page 28 : Est-ce qu'on arrête de faire des gosses ?
Le Monde Diplomatique, « Manière de voir » #167, octobre-novembre 2019, en particulier les articles « La famille nombreuse entrave le développement de l'Afrique » et « Trop d'humains ou trop peu d'humanité »
Page 28 : encadré : On mange trop (mal)
www.who.int : « Obésité et surpoids »
Double page 30-31 : Chat ou enfant, faut-il choisir ?
Page 30 : Mille millions de mille sabords
Paul Ehrlich, La Bombe P, J'ai lu, 1973.
Page 30 : Être né quelque part
https://iopscience.iop.org : « The climate mitigation gap: education and government recommendations miss the most effective individual actions »
Page 30 : Enfant d'un soir, espoir
https://reporterre.net : « Pablo Servigne : Il faut élaborer une politique de l'effondrement »
Double page 34-35 : De Joseph Fourier à Greta Thunberg, les héros du changement climatique
https://science.sciencemag.org : « New climate models forecast a warming surge »
www.wedemain.fr : « Pacte Finance-Climat : Il faut une banque européenne pour financer la transition »
Et moi, je sers à quoi dans tout ça ?
Page 38 : www.lemonde.fr : « L'écologie, une préoccupation désormais majeure pour les Français »
Page 38 : www.futura-sciences.com : « Le trou dans la couche d'ozone n'a jamais été aussi petit »
https://grist.org : « For 7 hours, Democratic presidential candidates talked climate crisis — and it was great »

https://youmatter.world : « Étude : les jeunes accepteraient d'être payés moins pour travailler dans une entreprise écolo »
https://presse.ademe.fr : « Communiqué de presse Greenflex – Ademe / Baromètre de la consommation responsable 2019 »
www.gouvernement.fr : « Les nouveaux indicateurs carbone / contenu publié sous le gouvernement Valls III du 11 février 2016 au 06 décembre 2016 »
Page 39 : encadré : Tous ensemble
www.carbone4.com : « Faire sa part ? Pouvoir et responsabilité des individus, des entreprises et de l'état face à l'urgence climatique »

Chapitre Louise

Menu des 4 saisons
Page 49 : encadré : La planète, vous l'aimez bleue ou trop cuite ?
www.ademe.fr : « L'empreinte énergétique et carbone de l'alimentation en France, janvier 2019 »
Double page 50-51 : Des fruits et légumes pour chaque saison
https://laruchequiditoui.fr
Toujours près !
Page 52 : Trinité climatique
www.greenpeace.fr : « Manger bio et local, c'est l'idéal ! »
Page 53 : encadré : Casse-tête dans l'assiette
https://lafourche.fr : « L'empreinte carbone des produits alimentaires »
Mollo sur la barbaque
Page 54 : Plus c'est petit, mieux c'est
www.bbc.com : « Plutôt viande ou légumes ? L'impact climatique de vos aliments »
Page 55 : encadré : Étiquette de viande de bœuf à la loupe
https://clcvud13.com : « Origine de la viande : Comment lire les étiquettes ? »
Page 55 : encadré : Quel rôti pour la planète ?
https://reseauactionclimat.org : « Un coup de fourchette pour la planète »
Double page 56-57 : Toutes les vaches ont-elles le même impact sur le climat ?
www.lemonde.fr : « Pourquoi la viande est-elle si nocive pour la planète ? »
Mon régime flexitarien
Page 58 : Boire du petit lait… d'amande
www.web-agri.fr : « Objectif : réduire les émissions de gaz à effet de serre de - 20 % d'ici 2025 »
Picoler pour le climat
Page 60 : Du vin du Pas-de-Calais ?
Et
Page 61 : encadré : Zones favorables à la culture de la vigne
https://inra.fr : « La vigne, le vin, et le changement climatique en France »
Vade retro plastique
Page 64 : encadré : Le compte n'est pas bon
www.surfrider-paris.fr : « Sac plastique "biosourcé", "biodégradable"… on fait le point sur toutes ces fausses bonnes idées »
Watts the fuck
Page 67 : encadré : La marmite norvégienne
www.amisdelaterre.be : « La marmite norvégienne »
Abracadavrac
Page 68 : L'alu, c'est l'hallu
www.bilans-ges.ademe.fr : « Aluminium »
https://recyclenation.com : « What Aluminum Extraction Really Does to the Environment »
www.encyclo-ecolo.com : « Bioplastiques »
Page 68 : Le vrac, ça m'emballe
https://reseauvrac.org : « Retour sur l'édition du Salon du Vrac 2019 »
www.franceinter.fr : « Exclusif / La carte des épiceries 100 % vrac »
Page 69 : Je t'aime un peu, bocaux, passionnément
https://lexpansion.lexpress.fr : « Verre-plastique : bataille pour une étiquette écolo »
www.ademe.fr : « Analyse de 10 dispositifs de réemploi-réutilisation d'emballages ménagers en verre »
www.boutabout.org
www.jeanbouteille.fr
https://consilyon.airlab.fr
Le gaspi, c'est tellement 2010
Page 70 : Chapo - Faim dans le monde
www.un.org : « L'alimentation »
Page 70 : Y'a pas que la beauté qui compte
Et
Page 71 : encadré : Gaspillage à tous les étages
https://reseauactionclimat.org : « Un coup de fourchette pour la planète »
Page 71 : La livraison à domicile, la bonne mauvaise idée ?
Étude britannique : https://getmoreeducation.org : « Local food, food miles and carbon emissions: A comparison of farm shop and mass distribution approaches »
Pour aller plus loin
www.inra.fr : « Le protoxyde d'azote, un gaz à effet de serre qui ne fait rire personne »
www.francetvinfo.fr : « Bio : les serres chauffées restent autorisées en France mais leurs fruits et légumes ne pourront plus être commercialisés entre décembre et avril »
www.statistiques.developpement-durable.gouv.fr : « Les ménages acteurs des émissions de gaz à effet de serre »
www.connaissancedesenergies.org : « L'empreinte énergétique de l'alimentation en France décortiquée »
https://presse.ademe.fr : « #SIA2019 [étude] 1/4 de l'empreinte carbone des Français est liée à l'alimentation »
www.la-viande.fr : « Rot des vaches, méthane et stockage de carbone »
www.lemonde.fr : « Pourquoi la viande est-elle si nocive pour la planète ? »
https://greenpeace.fr : « Changements climatiques et impacts sur la viticulture en France »
www.lci.fr : « Courses en magasin ou en ligne, quel est le système le plus écolo ? »
https://youmatter.world/fr : « Qu'est-ce qui est plus écologique : la livraison ou aller au magasin ? »
www.terracycle.com : « Programme de recyclage COLLECTIBIO »
www.ouest-france.fr : « Loi antigaspillage. Le Sénat encourage le vrac »

Chapitre Olivier

Olivier emménage et ménage le climat

Page 79 : Calculer son empreinte carbone avec Micmac

http://avenirclimatique.org : « Réaliser son bilan carbone avec MicMac ! »

Ma maison au scann-air

Page 83 : Par ici la facture

www.climamaison.com

Page 82 : encadré : Vous avez dit engagement ?

https://cdurable.info : « Il faudrait 600 milliards d'euros pour rénover 31 millions de logements »

Page 83 : encadré : L'habitat participatif sera-t-il l'habitat du futur ?

Grégory Derville, Réussir la transition écologique, Terre vivante, 2019.

Énergies de l'espoir

Page 84 : Du vent !

www.statistiques.developpement-durable.gouv.fr : « Chiffres clés des énergies renouvelables, édition 2019 »

Page 85 : encadré : Zoom sur les énergies renouvelables en France

www.ecologique-solidaire.gouv.fr : « Les énergies renouvelables en France : les chiffres clés 2018 »

Page 85 : encadré : Les énergies renouvelables : le moins mauvais du meilleur ?

www.youtube.com : « 7 – Les énergies renouvelables – Cours des Mines 2019 – Jancovici »

Double page 86-87 : Nucléaire, éolienne, qui est dans le vent, qui est aux fraises

www.nuklearforum.ch : « 2019 : 450 centrales nucléaires en service »

www.francetvinfo.fr : « Désintox. Il faudrait 7 000 éoliennes pour compenser la fermeture de Fessenheim ? Faux ! Soyons précis sur les chiffres »

www.lemonde.fr : « Centrales nucléaires : des coûts de maintenance estimés à 100 milliards d'euros »

www.edf.fr : « L'épuisement des ressources »

www.sortirdunucleaire.org : « Le nucléaire : une solution à l'effet de serre ? »

Je me chauffe en vert

http://presse.ademe.fr : « [Infographie] Se chauffer sans gaspiller ! »

www.jechange.fr : « Le prix de l'électricité ne cesse d'augmenter en France depuis 20 ans »

www.guide-electricite-verte.fr : « Qu'est-ce qu'une électricité verte ? »

Page 88 : Tapis rouge pour fournisseurs verts

www.guide-electricite-verte.fr

Page 89 : encadré : Onkalo : la « cave » des déchets radioactifs en Finlande

Rapport américain : https://urbigenous.net/library/WIPP/

Page 89 : encadré : Ça tremble aussi chez nous

www.youtube.com : « Nucléaire la politique du mensonge reportage 2015 enquête exclusive Spécial investigation 2015 »

Réflexes antigaspi d'énergie

Page 90 : Choisis les champions de catégorie A

www.guidetopten.fr

Page 91 : encadré : Lave-vaisselle VS à la main : le grand combat !

www.ademe.fr : « Réduire sa facture d'électricité » et « Des gaz à effet de serre dans mon appartement »

Page 91 : encadré : Derrière la prise

www.connaissancedesenergies.org : « Consomme-t-on de l'électricité lorsqu'on laisse un chargeur branché à vide ? »

Clim', climat, climatisation

www.france24.com : « L'usage croissant de la climatisation aggrave le réchauffement climatique »

Page 92 : Les 7 péchés de la clim'

www.ademe.fr : « Des gaz à effet de serre dans mon appartement »

Page 93 : encadré : Mon toit s'habille en blanc

www.geo.fr : « Peindre son toit en blanc, une bonne idée pour lutter contre le réchauffement climatique ? »

J'arrête de ~~déconner~~forester

Page 94 : Le bon et le mauvais bois

http://education.ign.fr : « La forêt en France métropolitaine »

www.espaces-naturels.info : « Filière bois : la France doit recourir à l'importation »

www.wwf.fr : « Bois et marché du bois »

Page 94 : FSC *forever*

https://fr.fsc.org : « Le label FSC : 3 possibilités »

Page 95 : encadré : Premiers plans pour affaires de seconde main

www.fablabo.net

Page 95 : encadré : Pour les maisons en bois, hip hip hip...

www.bois.com : « Le bois pour lutter contre l'effet de serre »

Page 95 : encadré : Trois petites choses que tu ne savais (peut-être) pas sur nos forêts en France

http://education.ign.fr : « La forêt en France métropolitaine »

Les matériaux qui ont tout bon

Page 96 : Matériau thérapie

www.parc-naturel-chevreuse.fr : « Guide éco-habitat, édition 2010 »

Page 97 : encadré : « Une pinte de binouze siouplaît, c'est pour ma peinture ! »

https://magazine.laruchequiditoui.fr : « Bière, fromage blanc, les bonnes recettes des peintures naturelles »

Page 97 : encadré : Labels à la pelle

www.nouvelle-aquitaine.developpement-durable.gouv.fr : « Vivre mieux dans un bâtiment avec un air de qualité »

Ménage au naturel

Page 98 : Pas de love pour les COV

www.unbonairchezmoi.developpement-durable.gouv.fr

http://multimedia.ademe.fr : « Infographique, si on faisait le ménage dans nos produits toxiques ? »

www.ademe.fr : « Les composés organiques volatils (COV) »

Page 98 : Tournez ménage

www.sciencesetavenir.fr : « Faire régulièrement le ménage reviendrait à fumer 1 paquet de cigarette par jour »

Page 98 : encadré : Le ménage à portée de comprimés

www.slate.fr : « Des produits d'entretien en comprimés pour réduire les déchets plastiques »

Poubelle la vie

Page 100 : Sous le couvercle

www.cniid.org : « L'incinération, le changement climatique et l'épuisement des ressources »

Page 101 : encadré : Qui économise quoi ?

https://reseauactionclimat.org : « Dans ma poubelle ? »

Double page 102-103 : Fontaine, dois-je boire de ton eau ?
Page 102 : De l'eau comme s'il en pleuvait
www.cieau.com : « En France, quelles sont les ressources en eau ? »
Page 103 : De l'eau pour faire de l'eau
www.francetvinfo.fr : « VIDEO. L'eau en bouteille, un fléau pour l'environnement »
Page 103 : Ils commencent à dire non
www.biocoop.fr : « Biocoop dit «non» à l'eau en bouteille ! »
Page 103 : Même pas la moitié d'une gourde cette bouteille
madame.lefigaro.fr : « Peut-on garder et réutiliser sa bouteille en plastique ? »
Du vert sur mon toit
Page 105 : encadré : Une belle pelouse bien verte ? Un gazon maudit !
Ophélie Damblé et Cookie Kalkair, Green Guerilla, Guide de survie végétale en milieu urbain, *Steinkis BD, 2019.*
Page 104 : encadré : Façades urbaines forestières
www.zegreenweb.com : « Une forêt verticale à Milan »

Chapitre Lina

La mode : n.f. « Porter toute la misère du monde sur ses épaules »
Page 114 : Avant l'achat, une fabrication qui pollue
www.ademe.fr : « Le revers de mon look »
www.lemonde.fr : « CO2, eau, microplastique : la mode est l'une des industries les plus polluantes du monde »
Page 115 : encadré : Des vêtements qui tiennent trop chaud à la terre
www.ademe.fr : « Modélisation et évaluation des impacts environnementaux de produits de consommation et biens d'équipement »
Mon jean n'est pas si cool que ça
Page 116 : Le coton, c'est coton
www.lemonde.fr : « CO2, eau, microplastique : la mode est l'une des industries les plus polluantes du monde »
Polyester, fibre complètement artificielle
Page 118 : Paroles, paroles, pétrole
www.wedressfair.fr : « Polyester »
Vous avez dit durable ?
Page 120 : Ça déborde !
www.mescoursespourlaplanete.com : « Fashion for good : les futurs de la mode responsable »
Les joies de la frip'
Page 122 : La mode passe et les vêtements restent
www.eea.europa.eu : « Environmental Indicator Report 2014 »
https://storage.googleapis.com : « Timeout for fast fashion »
www.europarl.europa.eu : « Environmental impact of the textile and clothing industry »
Page 123 : encadré : La fripe a la frite
www.bpifrance.fr : « Mode : les friperies ont la cote »
Double page 124-125 : Lessive chimique qui sent suspectement bon VS lessive maison pour trois fois rien
Julie Bernier, Zéro déchet, Le manuel d'écologie quotidienne simple, pratique et à l'usage de tous, *éditions Solar, 2019.*
www.60millions-mag.com : « Le guide des lessives écolos »
www.ademe.fr : « Consommer responsable : les bons réflexes, de l'achat / À la fin de vie des produits »
Bien dans ses pompes
Page 126 : C'est quoi le problème avec les chaussures ?
www.ademe.fr : « Modélisation et évaluation des impacts environnementaux de produits de consommation et biens d'équipement »
Page 126 : Le cuir, tellement opaque
www.leatherworkinggroup.com
Page 128 : Au secours, ma salle de bains est une no-go zone !
www.insee.fr : « Les dépenses des Français pour leur apparence physique »
www.quechoisir.org : « Produits cosmétiques : Les fiches des molécules toxiques à éviter »
www.linfodurable.fr : « Produits de soin et de beauté en France : les chiffres à retenir »
www.linfodurable.fr : « Zéro déchet : quand les cosmétiques passent au vrac »
Page 130 : La main verte des cosmétiques
Hélène Binet, Emmanuelle Vibert, Belle et bio à Paris, *Parigramme, 2007.*
Mes bijoux coûtent une blinde à la planète
Page 134 : Carnage en or massif
www.consoglobe.com : « Recycler l'or, c'est utile et ça rapporte »
Et l'écoféminisme, c'est pour les plantes vertes ?
Page 139 : encadré : Tous cobayes !
www.generationscobayes.org
Page 139X : encadré : La superstar de l'écoféminisme
https://earthactivisttraining.org

Chapitre Élie

Comment voyager sans faire de tourisme ?
Page 146 : « Je hais les voyages et je hais les explorateurs »
Claude Lévi-Strauss, Tristes tropiques
www.franceculture.fr : « Je hais les voyages et les explorateurs ! »
Page 146 : Tourisme et climat ne font pas bon ménage
www.nature.com : « The carbon footprint of global tourism »
Page 146 : Le tourisme est conformiste
www.la-croix.com : « Les 7 chiffres clés du tourisme international »
www.youtube.com : « Un milliard de touristes : fléau, progrès ou bénédiction ? (4/5) - Ce soir (ou jamais !) »
www.youtube.com : « Saskia Cousin - Quel tourisme pour l'Afrique ? »
Page 147 : encadré : Top 10 des destinations les plus immortalisées sur Instagram
www.glamourparis.com : « Instagram : voici les 10 lieux les plus immortalisés au monde »
L'avion ne va plus bon train
Page 149 : encadré : Ceux qui m'aiment prendront le train
www.citepa.org : « Secten – le rapport de référence sur les émissions de gaz à effet de serre et de polluants atmosphériques en France »
Pour aller plus loin
https://jancovici.com : « Existe-t-il un tourisme écolo-vertueux ? »
http://sailsquare.public.s3.amazonaws.com : « Enquête : peut-on voyager sans émettre de CO2 ? »
Page 150, La compensation carbone, pour ou contre ?
Pour aller plus loin :

www.lemonde.fr : « Le principe de compensation carbone est-il efficace ? »
www.ademe.fr : « La compensation volontaire / démarches et limites »

Les joies de la tortue

Page 152 : *Homo vélocipus*
www.tourdumondiste.com : « Comment limiter son empreinte écologique en voyage »
Page 152 : À voile et sans vapeur
www.lecycledelaterre.fr : « Traverser un océan - Quel transport écologique ? »
www.ademe.fr : « Quel est l'impact de vos déplacements ? »

Double page 154-155 : La voiture électrique est-elle vraiment fantastique ?

www.lelynx.fr : « Quel est le budget annuel des Français pour leur auto ? »
www.ademe.fr : « Émissions de particules et de NOx par les véhicules routiers »

Où est-ce qu'on part ?

Page 156 : Les vacances au bout de ma rue
https://greeters.fr/
www.alternative-urbaine.com
https://fr.eatwith.com
www.mamazsocialfood.com
https://theconversation.com : « La microaventure, le voyage en bas de chez soi »
Page 156 : Les amoureux de la nature ne sont pas toujours les plus écolo
https://jancovici.com : « Est-on nécessairement écologiste quand on est amoureux de la nature ? »

En avant toute vers la détox numérique !

www.fournisseur-energie.com : « Internet : le plus gros pollueur de la planète ? »
Page 158 : Les bits nous tiennent trop chaud
www.strategies.fr : « Jean-Marc Jancovici : La tech est peut-être smart, mais sûrement pas verte ! »
Page 158 : Une seule condition : la recondition
www.youtube.com : « La vidéo en ligne, compatible avec une sobriété numérique ? Maxime Efoui-Hess »

Une valise (trop) bien remplie

Page 160 : Les indispensables de la valise climato-youplaboum
www.tourdumondiste.com : « Voyager avec un sac à dos ultra-léger de moins de 5 kilos »
Page 160 : Le casse-tête des crèmes solaires
https://sauvonsnotrepeau.fr : « Des produits solaires à filtres chimiques extrêmement » nocifs
Page 161 : encadré : Voyager en allégé
www.ecoco2.com : « Livre ou liseuse ? Leur empreinte carbone comparée »

Et sur place on fait quoi ?

Page 163 : encadré : Qui aime bien pollue bien
www.credoc.fr : « Consommation durable : l'engagement de façade des classes supérieures »

Les activités sportives les plus green pour transpirer vert

Page 164 : Le podium des pires sports de la mort qui tue
www.ademe.fr : « Les sports d'hiver »
Page 164 : Laisse tomber les équipements
http://developpement-durable.sports.gouv.fr : « La stratégie nationale / les 9 axes »
Page 165 : encadré : Qui suis-je ?
www.courrierinternational.com : « Environnement. Comment les pneus polluent nos océans »

Double page 166-167 : Dans quel bain faut-il plonger la tête la première ?

www.quechoisir.org : « Piscine (infographie) Vous et votre piscine privée »
www.fournisseurs-electricite.com : « Piscine chauffée : Consommation électrique pendant 1h »
https://reseauactionclimat.org : « Réchauffement : le niveau de la mer pourrait s'élever d'1 m ou plus en 2100 »
https://wwz.ifremer.fr : « Absorption de CO2 : comment l'océan régule le climat ? »

Chapitre Stéphane

Vous avez dit « effondrement » ? Pablo Servigne, ma psy et moi...

Page 180 : encadré : Et pourtant, on ne fait rien (et c'est normal)
Jean-Pierre Dupuy, Pour un catastrophisme éclairé, Quand l'impossible est certain, *éditions du Seuil, 2004*
Sébastien Bohler, Le bug humain, Pourquoi notre cerveau nous pousse à détruire la planète et comment l'en empêcher, *Robert Laffont, 2019*

Le grand retour à la terre

Page 184 : Villes pas très nourricières
www.terredeliens-iledefrance.org : « Le contexte alimentaire francilien »
Page 184 : Le grand virage
www.gouvernement.fr : « 20 septembre 2019 / Dossier de presse / Nos campagnes, territoires d'avenir »
Page 185 : Le grand saut : s'installer
https://fermesdavenir.org
Page 185 : encadré : À la guerre comme à la guerre
http://webdoc.rfi.fr : « Guerres 1914-1918, jardins victoire-potagers, 1939-1945 »

(Sur)vivre en ville, c'est possible aussi

Page 186 : Villes transitionneuses
www.entransition.fr
Page 186 : Pari(s) climatique
www.c40.org

Double page 188-189 : Mais sur quelle planète vivra-t-on ?

Page 188 : Courage, fuyons...
www.telegraph.co.uk : « Tomorrow's World returns to BBC with startling warning from Stephen Hawking – we must leave Earth »
Page 188 : Jamais sans mon bouclier thermique
www.hou.usra.edu : « A future Mars Environment for Science and Exploration »
Page 189 : Habitat léger
www.femininbio.com : « Les difficultés réglementaires liées à l'habitat en yourte, par Sylvie Barbe »

Les banques : un piège à compte ?

Page 192 : Plan épargne super moisi
www.banque-france.fr : « Publication du rapport 2017 de l'Observatoire de l'épargne réglementée »
www.oxfamfrance.org : « Banques françaises, les fossiles raflent la mise »
Page 193 : encadré : Votre banque est-elle climaticide ?
www.financeresponsable.org : « CLIMAT : Comment choisir ma banque ? »

Vous reprendrez bien une tasse de solidarité ?

Page 196 : Tous copains ?
www.lesconvivialistes.org : « Manifeste Convivialiste »

PAPIER À BASE DE FIBRES CERTIFIÉES

MARABOUT
s'engage pour l'environnement
en réduisant l'empreinte carbone
de ses livres.
Celle de cet exemplaire est de :
2300 g éq. CO_2
Rendez-vous sur
www.marabout-durable.fr

1883732
ISBN : 978-2-501-14755-2
Dépôt légal : mars 2020

Ouvrage composé en :
Faune, Alice Savoie / Cnap • Vesterbro • Alegreya
Achevé d'imprimer en Espagne par Graficas Estella en février 2020.